前言

对于整理术，不知大家是否了解，或许有的人对此深感兴趣，或许有的人并没有多少关注，而实际上，整理术无处不在，它就像练武的马步、打太极的推手，是更高技能的基础；它又如同数学中的运算法则，是解题的基本思路。整理术存在于我们生活中的方方面面，或者是居家整理，或者是工作整理，又或者是人生整理……想要自己这一生变得更为高效，我们必须要懂得整理术，这一门对自己意义重大的技能课。

朋友们，你们是不是有这样的困惑：

在家里，不管你怎么打理，不久就会乱得一塌糊涂；昨天还看见的物品今天要用，却怎么也找不到它——你总是生活在乱糟糟的环境里。这就是为什么要学习整理术的原因所在，相信许多人会感到不可思议，“收拾房间”竟然可以写成一本书？是的，收纳和整理的确有太多学问。你或许不知，收纳和整理并不属于处女座洁癖的症状，而是一件非常有趣的学问。当你一点点去整理家里的每个角落，重新摆放物品，分类管理，留下什么，舍弃什么，这不仅仅是对家居的收纳，更是一种对生活的梳理，使你的生活变得顺风顺水，获得幸福的转运器。

在公司，我们要做的工作太多以致头脑中一团糟，无法集中精力干好眼前的工作。虽然制订了工作计划，但从没能按计划完成过工作。办公桌上凌乱不堪，经常找不到重要文件。以为存储在电脑里的资料找不到了，只好重做一份。这些工作中常见的场景大家一定非常熟悉吧？不要觉得这都是一些小事，其实我们可能忽略了，这些细节能引起工作不顺、浪费时间和精力的现象，如果让这样的情况频繁发生，那我们的工作有什么效率可言呢?

对于时间，我们是否有这样的疑问："为什么我总是处于忙乱中？""为什么我总是没有时间去学习一些新的东西？""为什么我总是要应付那么多的工作？""为什么我总是抽不出更多的时间陪伴家人？"……这些问题无一例外地让我们抱怨缺少时间。我们真的缺少时间吗？不！时间对于每个人来说都是公平的，我们从来都不缺少时间，我们只是缺少对于时间进行有效的管理。不规划好自己的时间，即使每天给你48小时，你也会觉得时间不够用。

你拥有不同银行的储蓄卡，里面都有着不小的数字；家里的保险箱或者橱柜甚至还放着现金，因为不知道怎么打理这些钱财，只能任由自己的财富在通胀中贬值。

在职场，你做着根本就不喜欢的工作，拿着少得可怜的薪水，你还得朝九晚五为工作辛苦奔忙，你会感叹：活着怎么这样难?

心情不好，常常就像一场连阴雨，阴云久久挥散不去；不管你怎么控制自己，还是控制不住自己的情绪，与压力交锋，你总是失败者。

……

是生活的不顺心造成的这些苦恼吗？不，是我们自己对生活缺乏合理的调整与安排罢了。通过整理，我们能为自己及时建立合理的生活秩序和生活平衡，提高人生的效率。超级整理术的重大意义在于，左右之间，决定事之成败；取舍之间，决定人之高下。物品该如何摆放，信息该如何整理，人际交往如何由复杂变简单，本书都将为您提供参考意见和改进技巧。

整理术正是给有准备、想准备之人准备的。只有掌握了整理术，才能在各种琐事和工作的难题到来之前将其一一化解，化被动为主动。机会属于有准备的人，只要学会整理术，进而把整理变成一种习惯，就能抓住甚至创造机会，使自己成为轻松工作与生活的主宰。

王志琴
2016年3月

目录

生活整理法：整理是生活的艺术

人生整理法：整理是人生的魔法

工作整理法：整理是工作的督导

时间整理法：整理是时间的升华

目 录

生活整理法：整理是生活的艺术

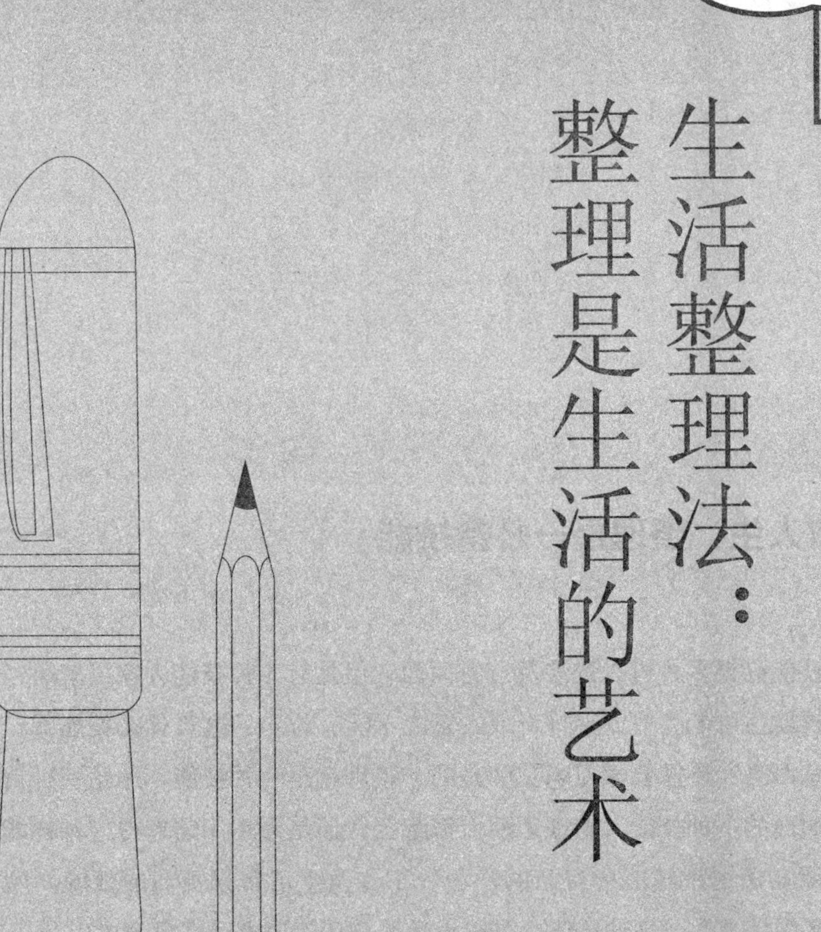

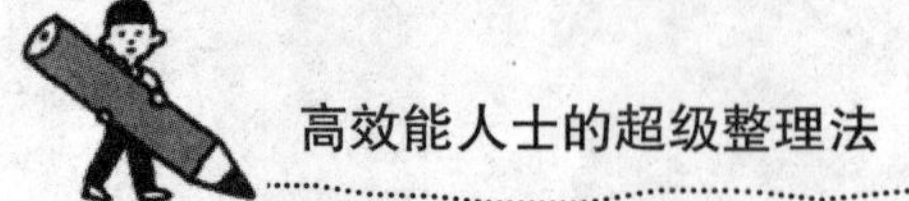

第1章　整理是一切的开始
——成功人生必备的高效整理术

整理，可以说是人生的一项技能，它涉及生活的方方面面，它能让你的生活更为舒适，可以让你的工作更为高效，让你的人生更为成功，所以说我们要用心去学习这一本领。只有懂得自我整理，我们的生命才会更为精彩。希望每个人能够认识到整理的重要意义，从此时此刻此地开始，追求精致生活、高效人生，让自己的人生价值实现最大化。

高效人生，整理是一必备技能

人的技能有很多，可以说涉及方方面面，但是有一种技能大家了解吗？那就是整理技能。可能有些人会好奇或者置之一笑，说："这算什么技能呢？不就是整理东西吗？还需要学习吗？"是的，整理就是一种技能，还是一种贯穿生活方方面面的一种技能。整理东西大家都会，但是你不一定懂得这种技能，也不一定能利用这种技能为自己的学习、工作及生活带来更高的效率。所以说，我们必须认真学习这种技能，寻求生活的技巧，追求更高效的人生。

24小时的时间可以变身成为48小时吗？繁杂的工作可以有条不紊地完成吗？难以控制的局面如何扭转？这些都是生活中的一些现象，但是只要我们学会了整理术，懂得有技巧地去整理，你就发现一切会变得非常清晰。不仅在生活上懂得整理，在工作上也要学会，这样才能建立健全的组织系统，让生活质量更高、工作更专注。

对于自己，我们需要整理这一技能。比如，对于平时自己的穿着打扮，如果你不懂得好好整理，就会显得很不得体，不仅无法体现出美的一面，也无法给人一种干净利落的好形象。把自己收拾的好了，你才能更好地投入自己的工作或者生活里。又比如自己平日的生活习惯和个人性格方面，如果我们懂得培养自己好的行为习惯、懂得整理自己的心情，那么我们就会更好地与人相处，我们的幸福指数也会不断提升。所以说，整理是一种技能，它会给你带来一种清新自然的感觉，也会让你得到更多人的喜爱与欣赏。

对于家庭，我们也需要懂得整理。想要有一个温馨舒适的居住环境，就要学会精心地收拾打理，否则就会生活得乱七八糟。不管是客厅还是卧室，不管是厨房还是卫生间，处处都蕴藏着很大的整理学问。有的人想要穿一件衣服，一眼就能找到衣服的存放位置，而有的人却翻遍所有地方也找不到衣服，这就是懂整理与不懂整理的区别；朋友一起来个家庭聚餐，在厨房里，有些人的厨房是干净整洁，餐具摆放合理有序，即便是第一次进去忙起来也是有条有理，可是有些人的厨房却是“乌烟瘴气”，即便是自己在里面也常常找不到东西放在了哪里，这也是懂整理与不懂整理的区别。所以说整理是一项必备技能，希望我们好好学习这项本能，还我们小家一片清新舒适的空气。

对于工作，我们更需要学会整理。想要实现工作效率的最大化，想要自己的工作井然有序，整理这项技能就必不可少了。有时候，我们很忙，但是我们的效率也不见得有多高，于是下班的时间我们拼命地加班，与其抱怨周围环境的不公，我们不如多反思一下自己，同样是做一份工作，为何别人就能迅速高效地完成，而我们加班加点，却总是费力不讨好呢？这就来源于整理，如果我们懂得整理，我们就不会浪费时间找资料，就不会慢吞吞地毫无计划地工作，也不会因为自己的记性而造成不必要的麻烦……总之，整理就是为了你的工作高效率化，就是为了让你的人生价值实现最大化。

整理的意义不仅仅体现在上面提到的个人、家庭、工作中，整理可以说是渗透到生活的各个方面，你不要忽视这种技能，不要对此不屑一顾，或许你觉得你会整理，你自己已经做得很好了，但是当我们系统地去接触这项技能的时候，我们就会发现其实我们平日的方法真的是很业余，相信大家也能从这些技能中学到很多技巧，这对于一个人的一生有着很大的影响，希望每一位都能重视起来。

整理启示

掌握了“整理术”，把工作与学习安排得更有效率，我们的人生就会取得更加丰硕的成果。如果此书能助您实现自己的事业目标，那么没有什么比这更令人欣慰的了。

自我调整，让人生更精彩

南怀瑾先生说：“历史上的伟人，第一等智慧的领导者，晓得下一步是怎么变，便领导大家跟着变，永远站在变的前头；第二等人是应变，你变我也变，跟着变；第三等人是人家变了以后，他还站在原地不动，人家走过去了他在后边骂：‘格老子你变得那么快，我还没有准备你就先变了！’三字经六字经都出口啦，像搭乘公共汽车一样，骂了半天，公共汽车已经开到中途啦，他还在骂。这一类人到处都是，竞选失败了，做生意失败了，都是这样，一直在骂别人。所以大家都要做第一等人。知道怎么变，等它变了，你已经在那里等着了。”是的，我们要学会“变”，换句话说就是要懂得不断整理自己的人生，调整自己，让自己不断地适应社会的发展，或者是有一种超前的意识，向上的动力。人生的整理就是一个选择、调整的过程，在这样的过程中我们会活得更自主，也更成功。由于人生目标的变动，我们的计划也要随之调整，为了更好地适应另一种生活，就需要我们在体验生活的过程中不断改善自己。

晴晴是唱片公司的高管，作为首席执行官，晴晴现在负责公司旗下两个唱片公司的工作，别看她平时的工作量很大，但她做起来驾轻就熟，非常出色。

或许在很多人眼里是不可思议的一件事，起初来到公司的晴晴其实对这个行业一点儿都不了解。当时晴晴只是作为一名业务员进入唱片公司的。那时，为了能够胜任这份工作，晴晴没有退缩，她选择了在工作中不断地学习，来弥补自己专业知识的不足。

在学习前，晴晴对自己的现实情况和能力做了一定的分析：“管理经验和人文素养是我最重要的优势，我所欠缺的是对音乐娱乐行业的了解，对于这一点我要在业余时间不断地学习，来补充自己的不足。”

对于晴晴来说，真的是需要多方面的学习，她的学习也是从点到面，里里外外逐步深入的。任务是挺繁重的，但是随着晴晴的不断地学习和努力，她终于看到了希望，自己已经慢慢地喜欢上了这份职业，每当自己学到一点儿新的知识时，她就有很大的成就感和自信心。当她的工作一天比一天做得好时，学习劲头更足了。

以前她经常听的是罗大佑、李宗盛、周杰伦、张惠妹的歌，但现在晴晴对当下的许多流行音乐也是越发喜爱，各种新形式的歌曲正一点点地陶醉着她……每当听到公司歌手在录一首好歌，晴晴就立刻把小样拿给同事听，或者自己独自反复欣赏，这让她感到很有趣也很有成就感。

很快，因为晴晴表现出色，她被公司提升为部门经理，每年要只身前往陌生的地方工作和生活，年仅26岁的她却丝毫没有感觉到压力，反而发现了一片全新的广阔天地。

可以说在踏入自己选择的事业时，每个人都要进行充分的准备和整理——这是需要一定勇气的。而晴晴的人生整理总是试图尝试能够学习更多的知识，不断调整自己的节奏，在完善自己的同时也让自己的人生过得更为丰富多彩，所以，我们看到了一个不断创造、体验和享受的人生。

我们要时时刻刻记住，只有不断学习的人，才能提高自己的各种能力，让自己在竞争激烈的社会中立于不败之地；只有不断调整自己的人，才能看到一个更优秀的自己，为实现自己的人生价值确定正确的方向！

整理启示

“整理术”不只是物品的整理，更包含人生的“整理”。一个人只有学会“整理”自己的人生，他才会向成功的彼岸靠近，才会拥有属于自己的成功。所以说，如果觉得自己做得还不够好，有哪些地方需要改进，那就大胆尝试，好好“整理”一下自己吧！

有效的整理，工作更轻松

朋友们，你们是否有以下苦恼：

（1）每次工作的时候都感觉慢吞吞的，跟不上正常的节奏，所以每天都要挤占休息的时间来加班。

（2）总是找不到急需的资料，昨天的资料今天就不知道放在哪里去了。

（3）很多时候因为自己的记性差而造成不必要的麻烦。

（4）工作太多，在脑子里堆积，感觉乱哄哄的。

（5）嘴里总是嘟囔着“忙死了，忙死了。”

拥有这些苦恼的人在表面上看来真的是非常忙，每天为各种事情急得团团转。可是他们的效率是不是很高呢？这其实未必，虽然忙得不得了，但是他们工作效率很低，业绩也平平，有的甚至赶不上一般人的水平。那这到底是为何呢？因为他们不懂得整理的重要性，从来都是在混乱的状态中来对待工作，所以只能瞎忙。事实上，不擅长整理的人，无论他能力有多强，也不可能取得非常大的成就。下面的例子其实就是那些不擅长整理的人所具备的一些典

型特点。

邢龙毕业之后顺利地来到了一家连锁企业就职。一开始邢龙非常努力认真地工作，对于工作也做得非常到位，他的良好表现得到了领导和同事们的认可。后来，领导就派邢龙去一家连锁门店做店长。

邢龙当上店长后，依旧努力认真地履行着自己的职责。不管大事小事，邢龙可谓是事必躬亲，尽职尽责，每天忙得不可开交。无论是否属于他的工作范围，他都忍不住要去插一把手。渐渐地，下属们也开始把很多事情交给他去做了，当然，工作中还是会出现一些很重要，但是自己又不太懂的事情。关于这方面的苦恼，邢龙总是应付着过去，在他心里宁肯去做一些琐碎的小事，也不想面对这些自己不擅长的事情。直到快要到最后的期限了，他才动手去处理，结果往往会因为时间仓促，不得不草草了事。

当店长的日子一天天过去，转眼间都好几个月了，可是邢龙觉得自己越来越忙，整天有着忙不完的一堆事在等着自己处理，日子可以说是很不清闲，但是可恨的是邢龙感觉到自己所付出的一切并没有得到什么回报，业绩一点儿也没有提升。有一天，领导让他起草公司的人力资源管理制度的文件，还特意为他准备了一些有关人力资源方面的工具书，好让他有所参考，期限是半个月。

邢龙翻开那些有关人力资源的工具书，看着看着邢龙就觉得没有什么兴趣了，然后他觉得时间还早着呢，也没必要这么早准备，以后再说吧。于是邢龙就合上了书本，开始打扫房间了。

于是，次日，邢龙像以往一样去店里上班，仍然按部就班地处理着店里的日常琐事。很多原本就应该由下属去完成的事情，比如业务谈判、客户回访，邢龙也亲自过问，还是让自己每天像陀螺一样高速地旋转。

转眼之间，领导交代的任务截止日期已经到了，领导要邢龙交出人力资源管理制度的文件，邢龙这时才忽然想起来这件事，于是他打算晚上加班完成，但是适逢月底，正是店里需要盘点库存的时候，邢龙不得不忙到深夜才回到家里。一身疲惫的他不得不坚持着继续挑灯夜战，一直熬到第二天早上才基本完成。

邢龙将文件递给领导看的时候，领导面色凝重，非常不满意。这一次展示才华的机会，就这样被邢龙错过了。没过多久，邢龙的职位又发生了变化，他被调离了店长岗位，转到一个不冷不热的岗位任职。

如果你不懂得整理，那么你总是做一些费力不讨好的事情，你的效率就会极其低下，更不用说有什么成就可言。就如案例中的邢龙，即便是做了店长，也是忙得一团糟，更可怕的是根本不知道自己所在的岗位该去做什么，不该做什么。最终，邢龙面对的就是工作受挫，从而失去更好的机遇。

整理启示

在我们周围，明明有着卓越的能力，却因为不擅长整理，导致自己的能力无法最大限度地发挥出来。朋友们，想要让你的努力不再白费，想要给你的工作带来更高的质量，想要你的工作效率得到更大的提升，多学一点儿整理术，因为它会让你的人生变得更轻松，更精彩。

学会整理，重纳新气象

民谚称“腊月二十四，掸尘扫房子”。在我国很多地方，腊月二十四是扫尘，除尘布新的日子，举行过祭灶后，便正式开始做迎接新年的准备。扫尘就是年终大扫除，北方称“扫房”，南方叫“掸尘”。这一天不仅仅是清理房子，也是扫除一年的晦气、霉运，迎接崭新一年的到来。扫尘之日，全家上下齐动手，用心打扫房屋、庭院，擦洗锅碗、拆洗被褥，干干净净迎接新年。其实，人们借助“尘”与“陈”的谐音表达除陈、除旧的意愿。据典籍记载，上古就有年终扫除的习惯。据《吕氏春秋》记

载，中国在尧舜时代就有春节扫尘的风俗。按民间的说法：因“尘”与“陈”谐音，新春扫尘有“除陈布新”的含义，其用意是要把一切“穷运”“晦气”统统扫出门。

从这个风俗来讲，整理房间不简简单单的是一种打扫，还是提升房间中的“气”的一种手段。事实上，人的存在与“气”息息相关，“气”不仅能影响一个人的生活、健康，甚至还能左右个人的工作和恋情。

下面我们从几个角度来谈一下整理与“气”之间的问题。

门口的鞋架上鞋子摆得不整洁，到处都是鞋子，当我们打开房门的时候感觉自己一下子就被堵在了门口，又如客厅的沙发上堆放着零乱的衣物，还有小孩的玩具堆得到处都是，杂志、书籍自由散落在各个角落，请问我们应该坐在哪里？这样的房间可以说是处处充满晦气。

卧室是休息的地方，是一个放松身心的地方，所以我们的卧室应该整理得更加温馨一点儿，可是有的人们喜欢把卧室里放上一些与卧室不协调的艺术品，如收集的刀剑、鬼魅的面具等。其实这些东西是不适合留在卧室的，容易影响家人的休息，还会做噩梦，可以说充满一种邪气。

厨房是家人创造美食的天地，每天我们从厨房端出可口的饭菜，新鲜的水果，那是一个给人带来美好心情的地方。如果我们的厨房收拾得干干净净，餐具安置得井然有序，那么我们的饮食也会更加卫生，我们的心情也会更加舒畅，没有垃圾的霉味，也没有泡在水池里好久的碗筷，一切显得清新明亮，这就是一种祥和之气。

拥有一种全新的气象，需要我们合理地整理。生活中很多人都非常苦恼，不知自己应该从何处下手，于是在自己的房间里也是乱得一团糟。其实，收拾整理并不如你所想象的那么复杂，你只要记住开始整理的三个原则，就能见招拆招，轻松应对各种问题。下面我们来介绍一下这几个原则：

第一，该扔就扔，把坏运气丢出家门。

收拾的时候我们就要做好归纳整理，想清楚哪些东西是需要的，哪些东西已经没必要了，然后果断地把没用的东西丢进垃圾袋，出门全部扔掉。当你重

新审视自己的房间时，一切都会显得非常清新。

第二，学会收纳，迎接好的气息。

假如一个人房间里的物品总是摆放得乱七八糟，一进门自己的心就像是被什么东西堵住了一般，这样的房间何谈生机与气象？因为通常每件物品都能产生自己的气场，相同气场的物品放在一起会形成很和谐的氛围，相反，如果杂乱地摆放，必然导致气场相互冲突，在混乱之中就会产生各种不良的“气”，从而造成运势下降。

第三，大规模的除污行动，扫除一切污秽。

上面我们说到了丢弃与收纳，那么这一条就是清理了。我们要做好整理工作，让房间看着明亮，让物件摆放得井井有条，这样屋内散发的气息将会更为祥和，好的气息也会不断地吸纳进来。所以，为了长期保持房间整洁，必须定期清扫哦，勤劳的人是有福气的。

整理启示

我们应该确立一种思想：只有通过整理，人才能在自然的状态下快乐地生活。选择有心动感的东西，珍惜对自己十分重要的东西，能理直气壮地做着自己喜欢的事情，就是无上的幸福。如果将此称作开运的话，我们应该确信，能实现这个愿望的最好方法就是整理。

从丢弃杂物中学会如何决断

很多人面对屋里陈旧的、无用的、碍事的东西总是不舍得丢弃，或许说自己也懒得去思考并做出决定，于是时间久了就堆得越来越多，当有一天必须舍弃一个的时候，拿起这个看看，拿起那个看看，总是不知道如何选择，其实无

形中我们的决断能力已然受到影响。所以说，我们应该知道丢弃物品只不过是根据自己价值观判断事物的一种表现，通过丢弃物品可以培养和锻炼自己的决断能力。如果不丢弃物品，一味地任其不断地增加，就会失去培养决断能力的机会，这样岂不是太可惜了吗?

小雨在市中心买了一套房子，150平方米左右，住着一家三口。她的房子也算是挺大的了，但是当你走进她的家时，会觉得她家好挤、好小，感觉处处是东西，被各种杂物塞得满满的。你肯定不相信她的房子有这么大。事实上是她把如此大的空间变成了狭小的居室。平日里小雨也不懂得整理，东西拿进来随处就扔下了，于是犄角旮旯里塞得满满的。儿子五岁，家里的玩具到处都是，好多玩具还是儿子五岁之前买的，有的已经坏掉了，儿子都想扔了，但是小雨却拿不定主意，总是说："留着吧，就当做一个纪念吧！"于是家里的玩具越堆越多，而实际玩的却没有几个。带进来的东西越来越多，但是丢弃的东西却没有多少，即便再大的房子也装不下一年又一年的累积。现在人们的生活水平越来越好，家里很多电器、衣服或者物品之类的显然已经过时，但是每当老公说有些东西还是扔了的时候，小雨都显得手足无措，她觉得都是一些当年喜欢的东西，很多也是之前花了很多钱买来的，于是总是纠结着扔还是不扔，不扔的话房间里就越来越多，扔了的话自己还是舍不得。在家里是这样，工作上小雨也没有什么决断能力，遇到事情拿不定主意。在工作上需要做选择的时候，也不知道该如何取舍，所以小雨总是非常苦闷。有时候领导安排下几个任务，面对繁杂的工作，小雨总是乱了阵脚，不知道如何安排，最后各个任务都做得不圆满，领导也因此对她很不满意。

其实，小雨工作生活的不如意，有一部分也是由于她不懂得整理。假如小雨能够学会整理，懂得取舍，那么她的人生决断力也不会那么差。很多时候一些小的细节会对于人生良好习惯的养成有着重要的意义：你整理的不仅仅是房间，而是自己的人生；丢弃不仅仅是为了清除一些废旧物品，更是为了培养一种决断力。朋友们，你如果果断一点，该扔的就扔掉，该怎样处理就行动起来，那么你就不会那么纠结，你人生中的垃圾也就不会继续堆积。

整理启示

其实，很多时候，整理并不是简单地去丢弃物品，而是在培养自己的决断能力。在整理中，如果你请别人“代替”丢弃物品，那就失去了整理的意义。总之，我们的目的就是通过丢弃物品和整理，使自己的决断力乃至思想和价值观发生改变。

行动起来，身体随整理而轻盈

有人说“整理能让自己的身体变得更加轻盈，可以说有减肥的效果”，这句话可能很多人不相信，觉得简直是太离谱。但是其实这也不是不可能的事情，因为你的整理也需要很大的能量，你的运动会让你的身体变得随之轻盈起来。

对于那些整理达人来说，如果一天中能够一次性地清理掉很多杂物，或者说扔掉几十袋的废物，你的身体可能会出现一定的变化，比如说，腹泻。其实这没有什么大碍，是一种正常现象，可以帮助自己一次性地排出原先积存在体内的毒素，而过两天就会复原，甚至还会通体舒畅，皮肤也会变得光滑。记得有一位姑娘曾经说过，当时她决定好好整理一番自己的卧室，从衣柜到床铺，处处精心地收拾了一番，当时自己真的是感觉消耗了巨大的体力，浑身都在活动，当收拾完毕休息的时候，感觉自己已然轻盈了好多。

“整理一直处于活动状态，瘦身是一件可能的事情。”“房里的东西扔了，打扫干净了，没有灰尘，自己的皮肤也越来越好了。”乍一看，都会认为这样的词句好像都是不靠谱的虚假广告，但经过具体的整理实践后，这些词句对你来说已不再是离谱儿的大话了。

或许在起初的整理阶段，我们会觉得这种想法太离谱儿，总是认为，这是人们的一种心理暗示，其实，就算从科学的角度来讲这也是一件合理的事情。尽管这只是个人的感受，但专业人士自认为有其充分的根据。

一间房子，整理之后就会变得清新自然，里面的空气也会清新。本来房间里堆放的东西多了，就容易积聚灰尘，当我们把那些不必要的物品收拾干净清理出去之后，地板上的尘土就会很明显地暴露出来，这时候我们就可以用吸尘器或者抹布把它们擦拭干净，随之我们就会明显感觉到空气质量的提升，灰尘少了，杂物少了，我们的皮肤也会变得干净，这难道对一个人的皮肤保养没有好处吗？不难想象，只要通过不断地、勤快地打扫房间，减肥也必然会产生良好的效果。

很多人觉得经过自己一番的整理工作，自己对物品的需求明显降低了。之前的时候人们总是买许多的衣服，明明已经超过了自己的需求，但是就是觉得自己始终没有衣服可穿。后来经过整理，自己终于把一些自己不需要的东西都给清理掉了，整个衣柜变得整洁而一目了然，存留下来的都是自己经常穿的或者是自己非常喜欢的衣服，于是自己就会觉得我所需要的一切物品已经备齐了，无须再一味地消费。在过去，无论囤积物品还是暴饮暴食都没有改变“不满足”的欲求。因为有些人只是把冲动购物和暴饮暴食当做缓解压力的一种手段。

若能不断地完善整理工作，使房间持续地处于整洁的状态，则不再思考有关整理的事宜也可以。接下来的对自己的人生十分重要的课题也变得明确。许多女性都想节食减肥。她们这时就能专注于此，在不知不觉中增加步行距离，减少食量，开始采取许多减肥所需的行动。

整理是一件快乐的事情，它让你的整个身心都处于活动状态，看到整个房间清新明亮，难道你不会觉得非常舒爽吗？你的身体处于活动状态，你会消耗体力，这也是一种锻炼；房间的杂物少了，灰尘少了，你的皮肤也会自然而然地变得健康而美丽，你的心情也会更加美好。所以说整理会让你的身心更加愉悦，我们为何不行动起来呢？

整理启示

其实，很多整理的优点都是一些有经验的整理达人总结而来的，有时候我们可以很好地借鉴，避免走很多弯路。整理对身心、对人生的意义，虽然很多人总是在质疑，但是相信时间久了，我们就会明白其中的道理。

第2章　整理并不那么简单——你必须要知道的常识和误区

有人说整理很简单，也有人说整理是个难工作，所谓仁者见仁智者见智，这种情况也是很正常的。整理有很多技巧，掌握了技巧，你的整理工作就会变得得心应手，但同时对于整理也是存在许多误区的，所以我们也要学会避免这些陷阱，这样才能功夫不负有心人，让你成功躲避那些“费力不讨好”的事情。本章将详细地为大家提供一些整理常识和误区，希望在大家的整理工作中可以起到指点迷津的作用。

你知道你要整理什么吗?

朋友们，当你整理的时候你知道怎么去做吗？你能清楚地明白在一个任务中自己主要针对的整理的对象是什么吗？如果我们回答“知道”，那恭喜你，你的整理工作应该是很明了，任务相对轻松，结果也会比较满意；但是如果你回答“不知道”，那么你的整理工作就要好好地反思一下了，或许你只是单纯地以为整理就是收拾干净，或者是收起来眼不见心为净就可以，但是如果你连自己的目标都不明朗，你的整理结果也必定是非常令人担忧的。所以说，我们必须要对一件事情有一个清醒的认识，切实地明白自己的任务目标是什么，这样做起事情来才能有针对性，效果才会明显，你的努力才不会白费。

云云是一个五年级的小姑娘，她最近迷上了整理，总是说要学习她的小伙伴晓霞，晓霞的房间整理得干干净净，非常舒心，像一个公主房。从晓霞那里受到启发之后，一天下午放学回家云云就开始收拾自己的小卧室了。看到女儿懂得自己收拾房子，云云的妈妈感到非常欣慰，因为平日里让她自己收拾，云云总是懒得动弹，突然间妈妈觉得女儿长大了。于是云云关上了房门，告诉妈妈等会就给她一个大大的惊喜。但是时间过去了好久，云云始终没有出来跟妈妈分享。于是妈妈准备好晚餐之后就去云云的房间要看一下，云云开门之后，眼前的一幕让妈妈都惊呆了，小卧室里变得越来越乱。云云羞愧地低下了头。妈妈问云云："这是什么原因呢，怎么收拾反而更乱了呢？"云云低着头说："妈妈，我不知道从哪里开始整理，也不知道自己要整理什么。"听云云一说，妈妈终于明白了，原来女儿不知道自己到底如何整理，当她收拾书桌的时候，书桌上除了学习用品之外的东西她就不知道放在哪里，于是她就选择放弃书桌，开始整理自己的小衣柜，可是衣柜里的衣服很多，她又不明白先整理哪些后整理哪些，于是她就想整理一下自己的娃娃，可是不知道怎么安置会显得更加漂亮、温馨，于是云云就乱了阵脚，不知从何下手。

看到女儿伤心，妈妈没有怪云云，而是细心地教导她如何整理。妈妈说："整理是有很多技巧的，我们一定要明白自己的出发点是什么，知道自己整理的对象，然后有针对性地进行整理，不要半途而废，也不要总是这山看着那山高，一会儿就转变自己的心思。当你整理课桌的时候，你就要明白课桌上应该整理什么，哪些东西应该清理掉，书籍摆放整齐，学习资料要做好归纳，当你明白了自己的整理对象，你才能有目的地去完成这个任务，从而进行下一个目标……"妈妈和云云讲了很多，此时云云感觉受益匪浅，脑海中豁然开朗，终于知道了自己应该怎么去做。

朋友们，生活中我们要整理的东西有很多很多，但是不管多繁杂，只要我们头脑清醒，能迅速做好判断，找出自己的出发点和对象，那么我们的思绪很快就会理清，我们的任务也会顺理成章地完成。

整理启示 

我们整理的对象有很多。比如说，文件及办公桌的整理，主要指纸质文件的整理，目的是创建一个舒适整洁的工作环境。作为一个现代商务人士，电脑想要得到更有效的使用，就要懂得把电脑及电子邮件整理好。大脑的整理其目的是让自己的创意、烦恼、目标、担心的事项等不至于把自己推向混乱的状态。所以说整理涉及方方面面，是一门技术活，我们还需要多加学习。

有了规则，你无须刻意思考

对于整理，我们可以结合自身的喜好和工作任务的特点，设置一定的规则，这样整理起来就更加明确、方便，效率也会大大提升。规则设置好之后，我们就无须去花费时间记忆物品的位置，这样的方法对于我们来说真的是非常实用。

电脑是我们办公和生活娱乐不可缺少的工具，里面存储着许许多多的资料，如果你不懂得整理，时间长了里面的资料就会越来越多，当你需要某个资料时，就要浪费许多时间去挨个儿寻找，所以我们也要懂得制定一些小的规则，让我们使用起来更加方便：

第一，文件的名称应统一。

第二，根据不同的类型对文件夹进行区分保管。

第三，没有整理好的文件，我们要设置专门的文件夹进行归纳，并合理命名。

第四，学会备份，以免资料丢失。

第五，用桌面快捷方式进行搜索。

规则制定好了之后，我们的使用就会更加方便，避免毫无头绪地找寻资料，当我们需要的时候就按照自己的规则有目标地寻找就好了，可以说是非常便捷。

总之，“统一化”“一元化”和“自动化”是“超级整理术”的基础。只要设定一些简单的规则，然后遵守就可以了，既不需要记忆力也不需要毅力，谁都可以做到。

虽然我们要为了工作的方便快捷而制定一系列的规则，但是我们也不要过于死板，把自己束缚在里面而不知灵活变通。因为我们整理的目的是提高工作效率，获得更多的可支配时间。所以，我们制定的规则一定要是切实可行的，要根据自己从事的领域制定相应的整理规则。值得注意的是，我们整理起来不要做得过于烦琐，如果太烦琐，那我们就失去了整理的本质意义，从另一个方面来讲烦琐也会让我们失去耐心，事情原先处于糟糕的状态肯定就不会持续下去。

朋友们，整理是为了更高效便捷地生活，一定记住不要忘记初衷，要保持简单化，不要过于详细。只要我们的生活能够不断改善，效率能够不断提升，那么我们就会一步步接近目标，这样就是进步的体现，所以整理得不彻底也没关系。不必追求完美，否则只会让自己更疲劳，而且把大量时间花费在整理上也很可惜。总之，放松心情来学习整理吧。

整理启示

有时候，我们面对繁杂的工作，寻找自己需要的东西真的是非常麻烦的一件事，即便记性再好也有可能出现马虎的情况。假如我们制定一些简单的小规则，那么我们的生活就会多一点儿秩序，多一点儿条理，所以说，抓紧行动起来吧！

分类整理比按场所整理更高效

冉冉是一个喜欢整理的姑娘，从15岁左右开始她就非常痴迷于房间的整理，总是在家里忙个不停。可是出乎意料的是，冉冉的整理好像没有什么多大意义，虽然一直忙碌着，但是冉冉自己也不知道自己在做什么，只不过每天都在重复罢了。她要整理客厅，还要整理父母和哥哥的卧室，此外还有卫生间、储藏室，几乎每天都对各个场所进行持续不断的整理。

“每周六就是我整理厨房的日子。”冉冉一人独自宣布道，就像超市的告示上那些打折日那样，“今天就整理餐具吧。明天该整理整理卫生间的搁架。”

不管成效如何，冉冉总是在思索着自己今天该整理哪些地方，明天又该整理哪些地方。这些念头多年来一直浮现在冉冉的脑海里。

转眼见到了十八九岁的年纪，冉冉的整理习惯还是这样保持着，多年来似乎没什么变化，她自己也没有意识到有什么不对。从学校一回到家，连衣服都没换，冉冉就穿着学生制服冲进卫生间，打开墙上左右对开的壁橱，当即决定“我现在的目标就是把这个柜子整理干净！”于是冉冉就把柜子里的所有东西都取出来摆在地上，她决心要重新整理一番。地上摆放的是爸爸的剃须刀，妈妈的化妆品，哥哥的洁面用品，还有一家人的牙膏、牙刷、香皂等，冉冉把这些东西都分类后放入盒中，再放回抽屉里。看着抽屉里井然有序的物品，冉冉会陶醉好一阵子，待充分享受完这份成就感后，冉冉又继续对旁边的一只抽屉里的物品进行整理。

不知不觉到了晚饭的时间，冉冉听到了爸爸的叫声：“冉冉，快过来吃饭吧！”但是冉冉还没有完成任务，还有一只抽屉需要整理，冉冉也无心吃饭，继续坐在卫生间里忙碌着。

看到这里，我们不禁有这样的疑惑：“咦？冉冉该不会在整理和昨天同样的抽屉吧？”

事实的确如此，冉冉确实在不自觉中犯这样的错。

这天，冉冉又开始整理门口柜子上面堆积得乱七八糟的东西，虽然她整理的不是一个地方的东西，但是整理的内容还是差不多的，有化妆用品，也有洗刷用品，还有卫生用品，这些东西跟上次的整理真的没什么大的差别。冉冉这才明显地觉察到，自己正在把和昨天一样的东西，以同样的方式分类、收进盒子，再放回抽屉里。

冉冉突然明白了什么似的，愣在那里，她非常惊讶：为何这么多年来自己一直做着这么愚蠢的事情呢？这时她才发现自己一直遵循的原则是挨个儿整理不同的场所，这样极易犯错，导致不断地重复，最终成效也不是多么明显，换句话说有点费力不讨好的意思。

“啊，真的是这样吗？”有人说。

“可是根据场所进行整理是很大一部分人的选择，难道这都是错误的吗？到底是怎么一回事呢？”

因为匆忙整理之前的阶段，同一类的物品往往都分散在两个以上的收纳场所，在这种状况下，不作任何考虑就按“不同场所、不同房间”分别进行整理，就会出现和冉冉先前相同的情况，在不知不觉中继续重复相同物品的整理。这无疑是进入了一个周而复始、循环往复的“地狱”。

可是，既然这样，我们该如何整理呢？其实只需要改变一小步就可以了。我们在整理的时候不要按照房间和场所进行整理，我们应该把物品进行归类，按照类别进行整理，这样才会更有秩序，比如说，“今天我要把鞋子整理一下，明天整理书房里的书籍”，这样就是按物品的类别进行整理。很多人不会整理的最主要原因是物品太多了。而物品不断增加的最主要原因是没有控制好自己拥有物品的数量。这样势必造成收纳场所的分散。若在这种状态下，依然在不同场所分别整理，那么，这种整理是永远不会结束的。

朋友们，请记住这一点，想要让你的房间变得更加整洁，想要让你的整理工作不再白费力气，那么就按物品的类别进行整理吧，多一点儿秩序，才能多一点儿效率。请大家一定记住这一要点。

整理启示

整理需要不断地反思，如果我们一直埋头于整理中而不看看成效如何，那么整理的意义何在呢？有时候真的可能会造成一定的反作用。所以说，好好审视一下到底哪些地方需要改进，不要让自己的整理工作偏离了正常的轨道。

避免陷入收纳陷阱，谨防随意堆积

现实生活中，很多人非常忠实于“收纳”，是收纳让生活变得更加整洁，是收纳给自己的工作和生活带来了更多的空间，收纳可以说给人们带来了很多福利。比如说，当人们在网上或者书籍中看到了一些关于收纳的小技巧时，人们总会欢呼雀跃地去实践；很多人不仅会把收纳物品的小纸箱剪开做成小抽屉，还有用自己的零花钱买来杂志上介绍的收纳产品亲自试用的经历。关于收纳，可以说是一种受到大众追捧的整理方式和生活方式。但是收纳给人们带来的效果也并不一定都是好的。任何事情都有着两面性，很多喜欢收纳的人，也是极易堆积物品的人，这是因为他们只是盲目地收纳，掉进了收纳的陷阱，不仅整理工作不见成效，反而越整理越杂乱。

下面为大家介绍一个这方面的案例。

陈笑笑是一个非常整洁、非常爱干净的女孩子，今年她上初三了，平日里她的穿着打扮可以说是整整齐齐、干干净净，每天都给同学带来一股充满阳光似的气息，不仅如此，她的课桌上的书本也是码放得整整齐齐，非常有秩序。这样一个懂得整理的女孩的家里自然也是非常整洁的。董小林是陈笑笑的同桌，平日里看到笑笑整理得如此整洁，小林也非常羡慕。有一次，董小林去陈笑笑家里做客，当走进笑笑的卧室的时候，她简直惊呆了。卧室里各种物品摆放得整整齐齐，还有各种类型的收纳盒，一切看起来温馨而有井井有条。于是回到家之后董小林也开始学着陈笑笑的方法整理房间，她买了各种各样的收纳盒，把物品都全部收纳起来。通过一番整理，当她把所有乱七八糟的东西都装起来之后，感觉自己的卧室起了好大的变化，她非常欣慰。可是后来董小林就不这么觉得了，她总是找不到自己需要的东西，整个房间到处堆放着各种漂亮而又不同功能的收纳盒，每次需要一个物品的时候她就要翻遍所有的收纳盒，结果到最后东西都扔了出来，整个房间里凌乱不堪，还不如之前没有收纳的时候整洁。董小林越想越苦恼，有一次在放学的路上她就跟陈笑笑诉说了自己的烦恼。于是笑笑又给她讲述了自己的看法与建议。笑笑说：“一开始的时候我也有过你这样的经历，但是妈妈告诉我整理也要有次序，收纳还要分类别。如果只是把表面的东西放进收纳盒里藏起来，那么你所做的一切将不会有任何意义，不仅不能解决杂乱的问题，还会让你变得焦躁不安，这时候你的收纳反而起相反的作用了。所以当我们收纳的时候，不要弄太多的工具，物品的收纳要注重分门别类，这样才能更方便实用。”听完笑笑的话，小林终于明白了自己的失误。

是啊，我们何曾没有遇到这样的情况呢。只要稍加留意，就不难发现我们的房间里到处都有收纳用具：放在地板上的杂志架、用来装书的彩色胶合板木箱，抽屉里还有各种尺寸的隔板。可是即便如此，我们的房间就整洁了吗？好像事实并不是这样的。很多人会说“真是奇怪，不管我怎么收纳，但是还是没有看出整理的效果。”当我们绝望地重新审视着那些被收纳的物品时，终于有了重大的发现：原来那些被收纳的物品实际上几乎都是没用的物品。换句话说，我们所做的工作不是整理，不过是物品的填装作业罢了。在所谓的需要收纳的物品上面我们只是放了一块遮羞布，然后就藏了起来，因此其中的杂乱就不再显现于他人面前。收纳法的弊端在于它把物品收纳后让人误以为整理的问题已经得到解决。如此一来，就是在收纳满满当当的时候房间里依然杂乱无序，只得再去采取更简便的收纳方法，从而掉进了一个无法摆脱的陷阱。

整理启示

其实，做到合理收纳之前我们必须学会丢弃，只有懂得了丢弃，你才能更好地完成收纳工作，否则你的生活将会更为杂乱。当我们把那些废物都清理干净，只保留一些需要的东西的时候，我们的一切物品将会整理得更为顺手，当我们找寻物品的时候也会更有效率。

随心所欲地整理，一切都是徒劳

有的人总是说“我有我自己的一套方法，并不一定要按照所谓的整理术来整理”，可是结果却是事与愿违，整理得一团糟；也有的人说“整理也要看心情，想整理的时候我就整理一下，不想整理的时候我何必难为自己”，因此干什么事情都要看自己心情的他就变得越发邋遢。整理是一件需要我们认真对待的工作，我们要保持高度负责的态度，不要总是觉得整理是一件微不足道的事情，也不要觉得整理对生活、工作、人生起不到多大的作用。其实不管做什么事情，如果你选择去做，就要尽力而为，整理如此，其他事情也是这样，如果总是由着自己的性子，那么你所付出的那些零星的努力也都是徒劳的。

张宁是一名文职人员，平日里她的工作其实也不是特别繁忙，主要是与一些资料打交道，只是她不懂得整理，让自己总是处于手忙脚乱的状态罢了。张宁做事总是随心所欲，有时候领导给她提意见，表面上她接受了，说自己一定听从领导的安排与指导，不断完善自己。可是实际上张宁还是我行我素，尽管整天忙得不可开交，工作还是不见什么成效。很多工作是有方法与捷径的，张宁依然固执己见，当自己完成不好任务的时候，她就觉得是外界因素造成的，跟自己关系不大。有一天清晨，领导给她安排了一件很重要的事，告诉她那份资料第二天必须交上来，到时候还需审核一下，所以时间非常紧迫。当时张宁拿到手之后感觉这个工作非常容易就完成了，自己对里面的内容也非常了解，所以没放在心上，继续忙着前几天的工作任务，心想着既然明天交，那我晚上整理一下就好了。可是忙着忙着，张宁居然把这件事给忘了。当时张宁的手头有几份比较难以处理的文件，她就死盯着这几份文件不放，后来下班的时候终于忙完，这时她出差在外的老公说她的母亲在家身体不舒服，让张宁赶紧过去照顾一下，下班之后张宁就飞奔到家，迅速把婆婆送进医院，折腾一晚上，张宁可以说是身心疲惫。第二天领导找到张宁，问那份资料做得怎么样，这时张宁心里一惊：自己完全忘了这件事！尽管张宁再三说明情况，但是这次领导已经不愿意听她的任何解释，不久，张宁就被辞退了。

家庭需要整理，工作也需要整理，整理在生活的各个方面都非常重要。有时候我们在工作中可能真的比较繁忙，当面对一堆任务时，出现手忙脚乱的状态是正常的，但是这是可以避免的。只要我们懂得整理，那么一切就会变得更为顺利。比如说，张宁面对工作极为任性，她总是固执己见，按自己的一套方法来办事。但是我们应该想一下，万一自己的方法是错误的，难道还要继续在这条路上走下去吗？做工作分清主次，事事整理出头绪，那么即便再忙的工作你也能安排得非常有条理。

朋友们，我们可以有自己的个性，但是对待工作我们不能随心所欲，在整理中这个道理也是非常重要的。当你随心所欲整理的时候，你的整理就变得没有规则，你的整理也会变得杂乱而没有条理，最后你之前整理的那些成果也是零散的、没有多大成效的。

整理启示

整理就是为了得到更为高效的生活，整理术可以说是我们整理工作中的一面大旗，我们要不断学习这方面的知识，让我们的整理工作朝着更准确、更有效的方向发展。

第3章　打造出完美家园——让生活美好，让心灵宁静

一个人心情的美好离不开好的生活环境，舒适的家园才会给你带来更多的幸福感。想想这些也不无道理，乱糟糟的环境怎么不让人心里添堵呢？衣柜杂乱，你知道穿什么吗？厨房乱七八糟，你知道从哪里开始吗？所以说，不要烦恼了，让家归于整洁，一切都会变得顺畅。

你知道为何非要整理东西吗？

我们需要学习整理，可是我们为何要这么做呢？整理有什么必要呢？现在从几个角度为大家讲述一下为什么要整理物品。

第一，你的房间或者利用空间是有限的，但是你的东西是没有限制的。

不管我们的房子有多大，或者不管我们的办公空间有多大，如果你懂得整理，那么你利用的空间就会变大，你的居住环境也会变得更为舒适，相反，如果你不懂得整理，那么你的生活就会变得一团糟，给日常工作或生活带来非常多的不便。所以说，我们必须学会整理。

不管你是平房、楼房还是别墅，每一栋房子都是花费你大笔的心血积聚而成的。想一下，你住的房子里如果到处堆放着一些乱七八糟没用的东西，房间里堆满各种各样的物品，包括用得着的或者用不着的，那么你的利用空间就变得非常的狭小，那么你耗费如此大心血买的房子就成了堆积杂物的场所，想想真的是太不划算了。

要是能丢弃多余的物品，现在的居住空间就可以变得更加舒适。兴许甚至可以搬到比现在面积更小、房价更低的地方，却比现在住得更悠然自得。因此，我们一定要意识到一件非常重要的事情：拥有大量的物品，其实就是在浪费金钱。

房子的空间毕竟是有限的，即便再大的房子也受不了一个人的邋遢，因为你需要的东西或者你积攒的东西是没有限制的，永远都会有东西吸纳进来。因此我们必须学会整理，不断地“更新换代”，这样才能更好地利用有限的空间以达到更好地吸纳物品的需求。

第二，你有多少时间浪费在找东西上？

无论是私人时间还是工作时间，我们肯定要用到各种物品，从早上起床的牙刷、毛巾、碗碟、衣服、鞋、包包，到办公室的电脑、圆珠笔、本子……一个个数起来的话，真是没完没了。

——我今天选择穿哪双鞋子比较适合这个活动呢？

——我的连衣裙到底放在哪了呀？

——昨天刚刚整理好的文件，今天又找不到了！

东西太多，却又不懂得整理，所以时间就这样白白浪费了。

据调查，上班族每年花费在找东西上的时间长达150个小时，这太不划算了！看到这个数字，难道我们还不紧张吗？

有时候东西太多，没必要的有必要的挤到一块也是一种负担。比如打扫房子的时候，你要擦拭、清扫、收拾……是不是感觉要用好多时间？

为了减少找东西和打扫卫生的时间，我们来好好整理一下自己的东西吧。

整理东西的原因有很多，我们这里也不再一一赘述，但凡想要生活得舒适、方便、高效，我们都需要整理。所以说，不要为自己的不负责任和懒惰找借口了，行动起来吧！

整理启示

了解整理的原因，我们就能更为主动和积极地投入这项任务中，我们也能更好地认识和感受到整理技能的重要意义。总之，学会整理，你就会在生活的很多方面把握主动权。

衣柜杂乱，你知道穿什么吗？

开始整理之前，自问以下问题：

（1）在同一衣橱里，你同时摆放有冬装和夏装吗？你能把淡季里的衣服存放到别处吗？

（2）你把工作服悬挂在居家服的旁边吗？

（3）你的鞋子随处摆放吗？你可以把它们有序地放在盒子里、门后面或床底下吗？

（4）你有一些让你念念不舍的过时但实用的服装吗？如果你不是经常穿它们，就把它们储存起来吧。

（5）问问自己还有哪些衣服是可以移除和存放到其他地方的？

（6）哪些是你最近没穿过的？它还值得你继续让它放置在那个位置吗？

（7）你能够在重新配置衣橱时为它增加挂衣杆吗？也许有一条是用来挂连衣裙、休闲裤和外套，有两条是用来挂上装、裙子和夹克的。衣橱里还有空间增加一个架子吗？

（8）测量你的衣柜的高度、宽度和深度。确切掌握你所能利用的空间，这样会为你重新摆放衣柜节省不少时间。努力寻找还没被利用到的空间，为你衣橱的改造找到灵感。每根可移动的杆可挂六件衣服。

衣柜是一个人的小天地，特别是对女人来说，尤为重要。但是你的衣柜是怎样的呢？衣服收拾的是整整齐齐还是扔得到处都是？如果你有一个耳目一新的衣柜，不论是找衣服还是选衣服都是非常便捷的，但是乱七八糟的衣柜则会让你的生活更加忙碌。对生活节奏较快的现代人来说，要把衣柜整理的一丝不乱似乎不是件容易的事。其实只要掌握一些小技巧，就可以轻松打理你的衣柜。懂得整理，你的生活就会变得轻松、优质、高效。

在衣柜的选择上我们要充分考虑一个因素，那就是卧室的大小。这样衣柜里的柜格、抽屉，甚至是吊杆、衣挂等，其宽度、高度和深度都是符合自己要求的，收纳起来当然也会事半功倍。

如果有些衣服经常穿，那我们不妨采用吊挂的方式把它们都挂在显眼的位置，这样的收纳方法是极为方便的。如果有些衣服很少穿，那么我们就选择集中处理的方法，可以叠放在一起，也可以放在收纳盒里，这样就能节省出很多空间。

偶尔穿过一两次但是还没来得及洗的衣服怎么处理呢？我们不妨在墙面上或者是其他合适的地方钉一排挂钩，把这些衣服有秩序地挂好，这样就不会显得凌乱不堪。

衣柜内用来放置折叠式衣物的层板，深度30～40厘米，最好不要超过45厘米，以免因过深不易取放。

其实很多衣柜的上方都有很大的空间，这里我们一定要充分利用起来。我们不妨置办几个大小合适的收纳箱，把一些不常用的衣物或者是冬季的棉服等放置在里面，这时我们就会发现我们衣柜里的空间大了好多。

衣柜的下方可设置抽屉，抽屉依照收纳物不同，高度也不一样。例如放置内衣裤与袜子的抽屉，可利用隔板简单区分，高度只需18厘米即可，连女性内衣都可以对折放入；放置一般折叠衣物的抽屉，则需20～25厘米，不论是折叠或卷放，都很容易收纳，最下方的抽屉建议做成较深的（30厘米），可以放置较占空间的厚毛衣。

为了防止混乱，我们一定要对抽屉进行合理的规整。我们不妨去店里购买

一些隔板，这些隔板大都是塑胶制成的，它们可以轻易地为你的抽屉隔出一些空间。适当的划分有利于分门别类地收纳物品。

每个人的衣柜里或多或少的都有些“重量级”的衣服，如果过多需要吊挂的衣服堆积到了一起，那么吊杆就无法承受这如此沉重的压力。所以说，我们一定要考虑好吊杆的承重能力，衣柜内的吊杆长度最好不要超过120厘米，如果过长，必须在中间增加立柱支撑，免得因吊挂整排衣物过重而变形，甚至断裂。

配饰都放在哪里呢？是不是可以放在衣柜里？是的，我们可以充分利用衣柜的空间，把配饰放在衣柜的侧壁，这样对我们来说是极为方便的。我们可以在衣柜侧壁的合适位置放置一个收纳袋或者是挂链之类的东西，然后按照自己的习惯放置自己需要的配饰。

如果衣柜的空间比较大，不妨在衣柜的下方再做些衣架横梁，专门挂裤子和裙子等。又或者是安装移动式鞋支架，这样的鞋子收纳方式不仅能将鞋子撑起，还方便鞋子的挑选。

卧室太小怎么办？小的卧室难以放置过多的衣物，这时候我们的衣柜就要担任更大的“角色”了。我们需要充分利用悬挂、叠放、收纳等方法，对衣物进行一番细致的安排，既要充分利用好空间，又要把衣服规整得一目了然，可要说难度相对要大一点，毕竟放置的衣物会多很多。

整理启示

整理衣柜之前，我们一定不要忘记了清理一下自己的衣柜。清理衣柜的最好方法是把衣柜里的衣服统统拿出来，然后一件件挑选；把你喜欢的或者适合你的衣服重新挂回去，并把其他不需要的集中到一起，是送人还是卖掉随你喜欢。

营养健康，需要一个洁净的厨房

走进厨房，你是觉得手忙脚乱，还是倍感舒心？不管怎样的感触，相信都是源自你是否懂得整理自己的厨房。如果不善于归纳整理，厨房是最容易让人手忙脚乱的地方，比如需要用到的各种琐碎的小物品总是零散地堆放在各个角落，让人找起来大费周折。两个人的时候还好，要是公婆来做客时手忙脚乱，那可真是栽了面子。现在学会归纳整理自己的小厨房还为时不晚，这样你需要的东西就会及时地出现在你手边，让你随取随放，十分便利。

厨房油腻潮湿，而且设有火源，所以一定要注意收纳，以便把这些东西同水源和火源隔离开。在决定物品的存放位置时，要从安全性、使用频率和重量等多方面来考虑。收纳做得好，才能够打造一个实用、干净的厨房。

1．吊柜

最上面放不经常使用的，跟季节有关的轻物品，收纳时一定要注意从正面可以看到内藏物。另外，因为下面容易取放，所以放一些经常使用且重量比较轻的物品。

2．吊架

吊架用于控水或在烹饪中作为辅助空间使用，所以非常方便。也许你会经常把金属盆和锅放在上面，但是把这个地方腾出来才是正确的。在吊架上放上菜板就能有效地利用空间。

3．灶台下面的柜子

这个部位可以放置任何东西，没有什么特殊要求，其实为了方便，我们可以放一些炒菜用的调味品，比如，油、盐、醋、生抽、料酒等。

4．水槽下

水槽下面是厨房里最潮湿的地方，所以说我们放置东西一定要注意什么该放什么不该放。对于面类、电器类、食品类的东西就不要放置在这里了，但是我们可以放置一些洗涤用品、餐具、洗菜用的盆子等。

5．抽屉

有时候厨房里会用到很多样式不一又零碎难以整理的用具，这可怎么办呢？其实这些用品可以放在抽屉里，既干净又便捷。在这里我们需要充分利用隔板来归纳整理这些小用具。我们就利用空盒子做隔板，或者利用筐和小型密封容器，就能充分地利用抽屉里的空间。

每个家庭的厨房都有很多用不着的物品。那么就以整洁的厨房为目标开始整理吧。按照这个顺序去整理，肯定会让你的厨房变得很干净。

我们先谈谈食品的整理问题。我们首先一定要记住定期地清理厨房的过期食物，这样不仅节省了空间也保证了饮食的安全，所以说这一步非常重要。此外，我们要学会归纳，把同类的食品放置到一起，把快过期的食品与其他食品区分开，这样我们在使用的时候就会很清晰了。

你的厨房里是不是有很多的锅碗瓢盆？是不是有很多形状各异的小工具？想一下，你真正用到的有几个？其实，很多工具我们不常用，经常使用的也就几个而已，大部分的工具放在厨房里只会让我们更加手忙脚乱。所以说，如果你买了一些新的工具或者是有几个已经用得太久了，那么你就把那些长时间不用的或者陈旧的工具果断地处理掉吧，这样你的厨房就会节省出很多空间。如果你不想处理，那么最好把它们收起来放在别的地方，方便的位置还是腾出来放置那些常用的物品比较好。

现在我们再谈一下小物品的整理问题。钢丝球、海绵、抹布、垃圾袋、洗洁精、保鲜袋……这些都属于厨房常用的小物品，我们不妨把它们全部拿出来规整一番。对于这类东西，我们最好给它们安排一些比较固定的位置，这样用的时候也方便，找的时候也不麻烦。牢牢地记住物品的摆放位置后，再买同样的东西一定要放在一起。旧了的抹布或海绵扫除时使用。

整理启示

厨房是一个家的能量来源，厨房收拾得干净整洁不仅让人看着耳目一新，还会保护家人的身体健康。所以说，我们要懂得认真整理好我们的这个小天地，为家人带来营养，补充能量。厨房作为我们日常生活的一个重要的组成部分，不再是单纯地承担烧菜做饭的功能，还渐渐成为人们享受美食、休闲娱乐、放松身心的场所。要为家人烹制美味佳肴，厨房一定要整洁。让我们以提高厨房机能为目的开始整理吧！

时间不要浪费在找东西上

一大清早，琳琳又开始上演这熟悉的一幕：

“怎么回事啊，老公，我的连衣裙呢？白色的连衣裙哪去了呀？我明明记得挂在衣柜里的啊！”琳琳焦躁地叫嚷着。

沙发上、床上、衣柜里……到处是随穿随扔的衣服，怎么可能找到呢？本来琳琳是去参加朋友的婚礼，结果找衣服就找了一早上，好好的心情就被自己的邋遢给破坏了。

“没有，没有，哪儿都没有，奇怪！我记得洗了以后就放在这里的。”

同一个衣柜，一会儿被打开，一会儿又被关上，琳琳万分焦急。

“到底放到哪儿去了？”

说着琳琳就开始抱怨自己的老公。

“啊！在这里。对呀，终于找到了。我怎么搞的嘛！”

原来琳琳那天洗了一堆衣服，当时懒得挂起来，顺手扔在一边，结果压在底下没找到，一大早的还生了一肚子的气。

这种情况对于琳琳来说已经不是一次两次，可以说形成了一种坏习惯，她每天浪费在找东西上的时间真的是难以想象。不管是在家里，还是在公司里，要么就是找不到生活用品，要么就是有哪些工作资料搞丢了，上次她也是因为上交资料的时候找不着自己备好的文件而被老板大骂了一顿。

这种体验，相信对你来说已经不是一次两次了吧？不管是工作中还是在家里，本来干劲十足，心情很好，仅仅因为找不到需要的东西，就受到了不小的打击。

等到好不容易找到它时，你已经累得筋疲力尽。多少时间就在你找东西的过程中无声无息的耗费了。

你还想说“我想提高工作效率、我想节省时间、我想成就一番事业”之类的话，请问原本拥有的时间都让这种找东西的习惯给浪费了，还怎么去与他人竞争呢？

很多人的东西堆积如山，常常陷入焦虑和花时间找东西的忙乱中，却不曾想花点时间拿出切实的解决方法。所以说，我们一定要多学习一些整理的技能，平日里也要养成一种习惯，不要把宝贵的时间浪费在没意义的找寻上面，否则早晚有一天你会吃大亏。

有人认为，“人生1／3的时间都浪费在找东西上面了”。这句话非常有道理，而且往往是越想找什么越找不到什么，东西都看到你了，你还没有看到它。因为找不到东西，所以很多事情也没有办法做，心情就会很差，影响各方面的效率。

那么我们如何避免这种情况的发生，或者说如何把找东西的频率降到最低呢？

第一，我们可以学会区分哪些东西可以留下，哪些东西可以舍弃，也就是学会丢掉不必要的东西。

什么是不必要的东西，什么是必要的东西呢？怎样区分这两者呢？

其实，这个问题一般需要根据各自的情况而定。通常情况下那些一直用得到的，或者是马上要用的东西、用途非常明确的东西就是“必要的东西”，是要留下的。除此以外，都是“不必要的东西”。假如我们不好好地花点时间结合自身的情况来区分一下，整理一下，那么我们的生活物品就会越来越多，什么都不舍得丢弃，那就需要付出巨大的代价——时间。其实我们生活中的很多舍不得丢弃的废品已经严重影响我们的生活，甚至在心灵上造成了一定的堵塞。所以说，没多大用处或者必要的东西，适当地扔掉吧，东西少了，自然就容易找到你想找的东西了，也不会浪费时间了。

第二，合理归纳，物归原处。

生活习惯的混乱会让你的一切都显得杂乱无章，这样的生活真的很累，所以说我们要改正自己的一些坏习惯，懂得及时整理，及时归纳，有秩序有条理地生活。比如说在家里，我们在整理好家的时候还要学会保持，不要白白收拾，平日里拿的东西做好收纳，什么东西安置在什么位置，然后下次取放的时候就按原来的位置寻找，不要随处乱丢，这样下来，我们的家也不会看着凌乱不堪，你找东西的时候思路也是非常的清晰。

时间是非常宝贵的，我们不要把时间浪费在不必要的事情上，要懂得合理利用时间。懂得整理就是减少浪费时间的一个重要方法。不要觉得这是小事，其实这无形中已经给你的生活造成了方方面面的影响。

整理启示

等你掌握了“超级整理术”之后，这些被浪费的时间都可以节省下来由你自由支配，光想到这一点，是不是就足够令人开心呢？所以说，行动起来吧，为了自己更为精彩的人生。

收纳工具，让生活充满创意

我们都想让家保持的干净整洁，但是家是几个人共同生活的地方，难免都会遇到杂乱的时候。这时候如果我们去找一些东西，经常会遇到翻东翻西找不到的情况。这是为什么呢？因为我们不懂得去合理规整，为不同类型的物品选择不同的收纳工具，如此下来，就显得杂乱无章，找东西也就比较忙手忙脚了。其实，只要用点技巧，学会用收纳工具整理家里的东西，我们就不会那么麻烦了，此外我们也可以变废为宝，自己制作收纳工具，把家收拾得更整洁。不管怎样，只要懂得整理，你的思绪就不会混乱。

1．百变牛奶盒

是不是喝了牛奶就把牛奶盒扔了？其实牛奶盒有很多的用处。牛奶盒既不透水又方正，剪开来洗干净，就可以当盒子用。几个牛奶盒粘在一起，就变成了一个有很多格子的收纳盒。如果嫌牛奶盒不好看，可以贴上漂亮的包装纸。我们也可以用牛奶盒，不过是放在收纳盒或收纳筐里。收纳盒和收纳筐都没有隔断，牛奶盒正好可以放在里面当隔断，增加利用率。

2．透明的塑料水罐

透明的塑料水罐用起来很方便，但时间长了就会变颜色。因为没有破损，丢掉不免可惜。可以用它来收纳其他小物品。如果把塑料杯、调羹，或招待客人的刀叉餐具之类的东西放在里面，旧水罐就成了很好的收纳罐。

3．用大号登山扣收纳腰带

很多年轻姑娘都喜欢用腰带来装饰自己的衣服，因此家里免不了堆积着各式各样的腰带。如果随意扔在一边，腰带就容易缠在一起而且也不美观，那怎么办呢？很简单，买个一按就开的大号登山扣，把腰带像穿钥匙一样都穿在登山扣上，再挂在衣橱里或者门背后，想用哪根，按开锁扣就能很方便地取下来。

4. 隔板

家里如果有了隔板，就可以用它在储物柜、储物室中轻松地隔出一些空间，也可以把储物箱隔成N多个小格子，这样你就可以把不同的物品分类摆放了。

5. 裤架改成杂志架

家里的杂志太多，沙发上、饭桌上、床上、地板上……到处都是。明明感觉刚刚整理完，可是又扔得乱七八糟。朋友们，把它们收集起来，挂在塑料架子上吧。这个杂志架可用挂裤子的裤架改装，放不特别厚重的杂志非常合适。裤架的宽度和杂志差不多，也不会占用太大的空间，所以很实用。把它挂在沙发旁边或是居室柜的侧面等不起眼的地方，挂在卫生间里也是不错的创意。

6. 各式储物箱

市场上摆放着各种类型、各种样式、各种材质的储物箱，我们可以根据自己的喜好挑选一些来帮助自己收纳家里的物品。一般塑料材质的比较结实，密封性比较好；藤制的很美观，透气性好；还有各种形状颜色不同的，有一定的装饰作用。不过有一点我们应该注意，在挑选的时候最好选一些大小相差不多的，否则类型各异、大小不一的放在一起会让房间显得更为凌乱不堪。

整理启示

生活中总是充满着很多技巧，只要我们懂得发现，懂得思考，懂得整理，一切都会变得多姿多彩。又比如说，已废旧的塑料唱片，可加热使其变软，再用手轻轻地捏成荷叶状，这样就成了一个别致的水果盘。也可以随心所欲地捏成各种样式，或用来盛装物品，或当摆设装饰，都别具特色。一个小小的创意，会让很多无法归类的物品各就各位，让家变得更整洁。

第4章　营造和谐好环境——为自己打造一个怦然心动的居所

对于自己居住的房间你满意吗？是否有一种怦然心动的感觉呢？或许对于这个问题的答案我们自己心里应该非常清楚。好的环境就会营造一种和谐的氛围，这包括自己与物品之间或与生活居所之间的和睦关系，一切的和谐会让你的感觉更为舒适，进而时运也会变得顺利好多。所以说，主动一点儿，为自己精心打造一个美好的环境吧！

小小整理术，让卧室看起来更宽敞

卧室是大多数人花费时间最多的地方。奇怪吗？想想看：我们平均每天在这个房间里度过10个小时——睡觉、休息及做睡前准备，或者为一天的生活做准备。这一切都将充分鼓舞我们把卧室布置成一个休养生息的地方。很多人总是觉得自己的卧室很挤，东西永远摆放不开，于是一味地抱怨自己的房子太小，要是有个宽敞的房子就好了。可是你是否发现其实并不全在于此，如果你懂得整理，那么你的房子就会变得宽敞很多，舒适很多。房间不在于大，在于你如何整理。越是偏小的房间，整理就显得尤为重要。卧室虽是我们的私密地方，但若整理有序、收纳整洁，自己不但取拿物品方便，住着也会觉得舒坦。如何对卧室进行整理及收纳？也可充分挖掘你的卧室空间，利用某些家具进行巧妙布置及收纳。

整理小技巧之一：家具的选择要考虑房间的大小。

家具不能随便选，要结合自己房子的大小来选购。其实对于卧室来说，床是真正的主角，所以很多人对于床的选择也是很讲究的，毕竟是我们休息的主要地方。如果卧室空间足够大，那么选择什么尺寸的床都可以，如果空间很小，就不要选择大床，那会使空间显得过于狭小。对于家具的选择上，大卧室可以选一整套家具，这样显得比较和谐；小卧室最好放弃那些成套的大家具，选择一些比较小的衣柜，这样对于空间的搭配来说比较方便。

整理小技巧之二：家具位置选择要合理。

床是卧室的主要角色，所以应当摆放在房间的中部，并且通向床的道路应尽量通畅，使其成为最方便接近的地方。两个床头柜分置于床的两边，衣柜则放置在床的对面，这样既对称，又能方便你的生活，使自己清晨的梳妆打扮忙而不乱。总的来说，我们在摆放家具的时候要讲究和谐，要把卧室里的物品摆放得整齐有序、干净利落，这样我们的生活才会舒心、轻松。

整理小技巧之三：合理利用小空间。

1．床头上方空间的利用

床头上方是我们较少开发使用的地方，将其设计成开放式的墙内收纳柜，格局上整齐划一，且海量容纳功能使得卧室犹如藏书阁般清雅。

2．拓展床下空间

如果床下是空的，那么我们可千万不要浪费了这个隐形空间。我们可以把一些不常用的东西放进收纳盒里，然后把它安置到床下，这样将会节约很多室内的空间。

3．床尾空间的利用

床尾放置一个脚凳不仅可以摆放一些四季要更换的床上用品，而且一些毛毯、靠包、家居服也能暂时放置一下。平时一些杂志、书籍也可以放在小凳上以便下次取阅。

4．墙角空间巧利用

你是怎么布置卧室的墙角的？是不是压根儿都没想到这个地方也可以整理出新花样？其实这个位置是可以进行一番个性化的设计的，我们只要用一块

与墙壁颜色相同的板从屋顶隔开，贴上自己喜欢的壁画或装饰纸，既美化了卧室，其板后空间又能存放各种小物品。

5. 巧用床边桌

床边桌对于我们的生活还是很方便的，我们可以放置一些比较常用的物品，比如杂志、闹钟或者是一个相框等。床边桌有抽屉式的也有柜子式的，对于我们平时的收纳还是比较实用的。

整理小技巧之四：卧室放置物的要求。

我们可以根据自己的喜好在卧室里放置一些装饰品，放的合理就会让整个卧室看起来温馨而又美观，但是如果不合理，那就显得整个卧室特别的不和谐，对我们的心情也是不好的。比如那些比较危险的工艺品、鬼脸等收藏品，我们最好还是不要放进去。此外，很多人喜欢养花，但是并不是所有的花都能放卧室里的，有些花放卧室里对身体是有害的，如夹竹桃、夜来香等。这些我们一定要注意。

整理小技巧之五：放置地毯。

一般在卧室里走动的时间通常仅限于睡前或起床的那一小片刻，时间虽不长，但踩在冰冷的地板上，总是令人感觉不到温暖，特别是在寒冷的冬季里。所以，在床边或床尾放置一块地毯，可以让上床下床时的脚掌得到温暖的呵护。

整理小技巧之六：用心设计飘窗。

飘窗可以说是一处绝佳的风景线，只要我们用心去装饰，我们就能从上面设计出一个个惊喜。我们可以把飘窗打造成一个精巧的娱乐休闲室。比如，可以在飘窗上摆上一个棋盘，然后放上几个软垫。与朋友下棋聊天，不仅惬意，而且利于稳定心境。如果不喜欢下棋，可以把电脑或者电视放到飘窗台上，躺在床上看自己喜欢的节目和电影，又温馨又舒服。有一点需要注意，为了保护眼睛，我们需要准备好遮光布，这样我们白天在玩电脑的时候就更加舒适了。

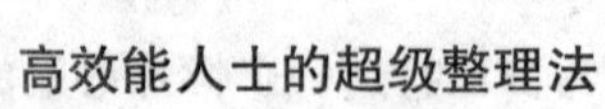

整理启示

如果你懂得整理，那么不管你的房间是大还是小，都会为你带来宽敞明亮的视觉感，让你的心情也会因为卧室的舒适而更为明朗。房间不在大小，而在于你是否懂得去改造，去发现这些潜藏的小技巧。

创造一个属于孩子的小天地

陈宁有一个8岁的女儿，名叫妞妞，现在已经是小学三年级的学生了，妞妞特别喜欢绘画，于是陈宁便根据女儿的兴趣爱好为她报了一个绘画兴趣班，自从报了绘画兴趣班以后，妞妞一有时间就回房间练习书法。

考虑到妞妞是一个女孩儿，陈宁把她的房间布置得非常漂亮，不仅为女儿买了一套漂亮的桌椅，还在上面摆了许多漂亮的洋娃娃和一个会报时的卡通钟表，墙壁上还贴满了各色卡通图案。

令陈宁大感疑惑不解的是，自从为妞妞重新布置了房间以后，妞妞再也静不下心来练习绘画了，一会儿玩玩洋娃娃，一会儿摆弄摆弄卡通钟表，一会儿再看看墙上贴的那些可爱的卡通人物，书桌不再用于学习，居然成了妞妞的玩耍场所。不但如此，妞妞总是拿着画笔到处乱跑，将颜料涂得到处都是。

看着妞妞这样“不成器”，陈宁不禁摇头叹气，为什么自己精心布置了房间，女儿反而不肯专心练习绘画了呢？

一个周末，陈宁带着妞妞到一个朋友的家里做客，朋友的名字叫李云。李云与陈宁成为好友已经多年，她现在也有一个女儿，比妞妞大一岁，叫涵涵，已是一名小学四年级的学生了。

陈宁带着女儿妞妞赶到李云家的时候，开门的正是涵涵。和陈宁及妞妞打

过招呼之后，涵涵就回房间去了。看到陈宁脸上的疑惑，李云解释道："涵涵最近报了一个绘画兴趣班，你们来之前，她正在专心画画，她现在去画自己的画去了。"

得到涵涵的许可之后，陈宁就去参观涵涵的房间了，她打开门一看，发现涵涵正在认真练习书法，连她进来了都不知道。看看专心练字的涵涵，陈宁想到了同样报了绘画兴趣班的妞妞。起初，她想不明白为什么两个人对待绘画的态度不一样，可当她看了涵涵的房间后，她明白了。

涵涵的房间有着非常浓的学习气氛，里面放有一个橙色的书桌和书柜，书柜里摆的都是一些孩子爱看的童话书、科普类的书籍以及字典等工具书。在她的书桌上，还摆放了一盏护眼台灯和一些文件夹、书立等学习用具。

反观妞妞的房间，摆放的都是一些容易分散她注意力的物品。陈宁没想到，她精心布置的温馨的房间竟然成了女儿不爱学习的罪魁祸首。所幸，她发现得及时。

回到家以后，陈宁放下手里的包，直奔女儿的房间去了，她决定重新布置一下。布置过后，妞妞书桌上的洋娃娃、卡通闹钟、卡通图案都没有了，取而代之的是一些学习用具。现在，妞妞练习书法再也不会三心二意了，而且，她看书的次数更加频繁，老师留的作业她也总能高效地完成。对于女儿的变化，陈宁看在眼里，喜在心里，她没有想到房间的布置竟然给女儿带来了这么大的影响。

一个小小的房间整理术，对于一个小孩子的成长却有着如此大的影响，想必对那些不懂得整理孩子房间，甚至是从没有在意这方面的家长来说是非常震惊吧？是的，为孩子提供一个良好的生活空间，不仅有益于孩子健康、快乐地成长，还会给他留下一个美好的回忆。所以，为了孩子，请整理布置好他的房间。那么，我们该如何去给孩子整理一个好的空间呢？

第一，装修与家具的安排。

对于孩子来说，安全是最重要的，毕竟小孩子年纪小，自我保护能力还是比较差的，所以说我们在选择家具的时候一定要注意那些边边角角，最好不要

选一些棱角比较尖锐的。此外，孩子的桌椅也是有讲究的，要根据孩子的身高进行调整，否则极易造成驼背、近视等疾病，这些对于孩子的健康成长是极为不利的。所以，包括床在内的家具选择都要尽量符合孩子的生理尺寸和活动特点，青少年时期的床则应更注重身体发育的需要。最后，孩子房布置切忌不分性别。男生和女生有着不同的性格特征，我们要根据不同的性别进行设计，如果忽略了这一点，把男生的卧室装饰的女性化或者是把女生的卧室装饰得过于男性化，孩子的身心发展就会或多或少地受到影响。

此外，我们需要注意，孩子的房间没必要摆放过多家具。这是为什么呢？因为孩子需要的是一个宽敞的成长环境，过多的家具会让空间变得太压抑；而且家具多了，甲醛也多，对孩子的健康不利。专家建议，孩子的房间，家具体积不应超过房间总体积的50%。

第二，灯光适宜，呵护孩子视力健康。

在孩子的房间内，灯光布置亦是至关重要的。当然，白天最好有理想的自然光线。晚间为满足孩子的学习需求，室内书桌上的照明亮度一般不应低于100勒克司，最好为150勒克司左右。这就要求孩子书桌上以布置可调式台灯为佳，若安装吊灯时，吊台离桌面的高度要随灯泡的瓦数变化而改变，一般情况下，白炽灯25瓦时距桌面45厘米，40瓦时距桌面60厘米，60瓦时距桌面150厘米；荧光灯15瓦时距桌面65厘米，30瓦时距桌面110厘米。尽量减少因照明不良、光线昏暗或刺目强光和眩光给孩子造成视觉疲劳及引起视力下降等。

第三，要有一定的学习氛围。

学习是孩子的首要任务。因此，拥有一张集电脑、书写二合一的桌子非常重要。建议父母们选购时，可根据需要确定桌面大小，并且，桌腿高度可调式的（能配合身高随意调整高低）桌子。在这里需要注意的是，家长在选择家具的时候最好问问孩子自己的想法，毕竟这是属于他们的小天地，如果得到他们的认可与喜欢，那么他们对这个家会充满幸福感。一般有两种类型的书柜可以供大家选择，一种是独立书柜，另一种是组合书柜，我们可以根据孩子的喜好去挑选。独立的书柜比较小巧，有单门和双门之分，而且可以自由组合。特点是空间比较大，能存放较多的书籍，也可以根据书籍的高度和物品大小任意调节。组合书柜通常会和书桌组合——下面是书桌上面是书架。组合书柜的特点是方便拿取。

第四，讲究色调的柔和。

卧室的环境对孩子来说也是非常重要的，比如色彩。在颜色的选择上最好淡雅一点，不要太花，也不要太艳丽，否则容易给孩子造成一种杂乱的心情；但颜色太深沉，又容易让人昏昏欲睡，也不适合孩子的个性。因此，孩子的睡房最好用粉色系列，如粉红色、粉蓝色、粉绿色，这些柔和的颜色可安抚孩子的情绪，使他睡得更安稳。

一个小小的细节对于一个人的成长来说可能会造成非常大的影响，为了孩子的健康成长，请整理布置好他的房间，这不仅仅是一种舒适的生活环境，还会改善孩子的心理环境。所以说，爱孩子那就从整理做起，整理他的房间，为整理好孩子的美好未来创造良好的生活氛围。

整理启示

拥有一间独立的房间，对孩子的成长显然是有益的。独立的房间，不仅能满足孩子们的自我意识，还能培养他们独立生活和思考的能力。所以说在房间的整理上，为了孩子的健康成长，各位父母还是需要用心一点儿多学习一些整理方法的。

收纳喜欢或实用的东西让你更舒心

整理房间的过程中我们会有取舍，最终有一部分物品要留下，那就是一些非常实用的或者自己非常喜欢的东西，其实东西的数量减少后，剩余东西的存在感也越来越鲜明，被精简选择出来的令自己满意的物品所围绕，看到一切清晰明了，我们的内心也会更为舒坦。

我们喜欢收纳一些东西，当我们在生活中看到它们的时候，不管实际用处大小如何，看着它们内心总是升起一些愉悦的心情。这样我们的心情更好，这些东西也为我们的生活环境装点色彩，那么这些东西也是必须存在的。举个例子来说，对于吃东西而言，本质上我们的目的是填饱肚子，所以买了东西只是放在我们平常用的餐具里凑合着吃，但是当自己为自己做的点心、买的水果配上非常漂亮的餐具时，我们会发现我们吃起来会感觉更加美味、舒心。餐具中的食材料理看起来那么津津有味，令人垂涎欲滴，感激与感谢的心绪便油然而生。日常生活中，周围都是经过自己严格挑选的中意的物品的话，生活的喜悦之情与殷实之感也如泉涌，这一点我们应该是颇有感触的。所以说，在清理好自己的房间时，我们丢掉的那些东西对于生活来讲并没有什么大的影响，精简之后留下的喜爱之物给我们提供了更大的接触空间，让我们的幸福感不断增强。

除了喜爱的东西之外，我们的居室中还有一项必备物品，那就是实用的东西。

在不断淘汰那些不必需、不合适、令人不舒适的东西后，就会对正在使用中的东西更有感觉了，因为它们会或多或少地影响着我们的生活。我们需要它，所以我们不能舍弃它。

丽丽结婚已经五年了，她的宝宝也四岁了，但是她的家里却并没有因为多了一个孩子而凌乱不堪，因为丽丽非常懂得合理归纳、整理自己的家。在丽丽家里，很少见到一些没用的东西，总是感觉她把家收拾得井井有条。随便拿起一件物品，在丽丽看来都是一些生活必需的东西，也是时常会用到的，因为在丽丽看来，她的东西都是精简打理过的，之所以会利用最大化，就是因为她懂得舍弃，并懂得保留。所以她的居室让人感觉如沐春风般舒适，没有繁杂的废物碍眼，碍事。比如说，出席什么场合需要穿什么衣服，丽丽都能很快找到，对于那些过时的或者不喜欢的衣物选择妥善清理出去，这样她的衣柜还有卧室一直非常整洁。她对于宝宝也是按照自己的方法进行教育，一些损坏的或者不

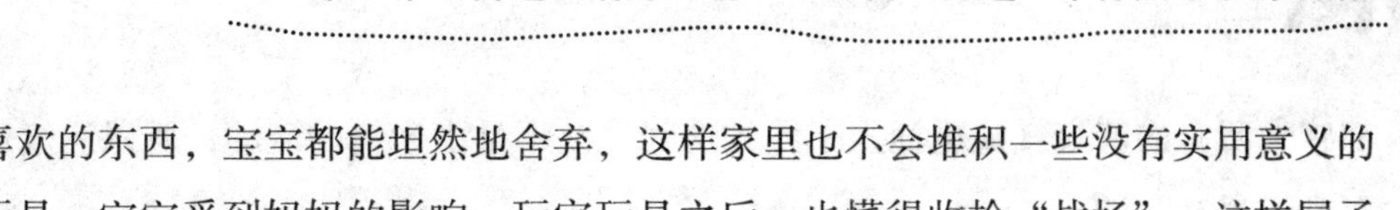

喜欢的东西，宝宝都能坦然地舍弃，这样家里也不会堆积一些没有实用意义的玩具。宝宝受到妈妈的影响，玩完玩具之后，也懂得收拾“战场”，这样屋子就不会变得凌乱不堪。

是的，家里堆积的东西少了，才能不断收纳新的事物，才能容纳更多的新鲜元素，有舍才有得，没有必要的东西是可以选择放弃的，毕竟我们已经选择了保留自己喜欢的或者实用的物品。让我们的居室变得焕然一新，这样不更好吗？

整理启示

真的非有不可吗？经过深思熟虑，决定对于物品进一步精简，最终只剩下真正必需的、令人舒适的东西。不仅能防止能量消耗，而且精简后剩余的东西都井井有条地摆在目所能及的地方，能使我们倍加珍惜。

宽敞的居室，才能注入新鲜空气

周末的时候，芸儿和小惠一起约好去新同事小乔家玩，当房门打开的那一刻，芸儿和小惠简直惊呆了，他们大发感慨，说道：“天哪，跟我们的房间感觉好不一样啊，具体说不出什么感觉，就是觉得很清新，而且感觉空气非常通畅。房子也不是很大，为何如此宽敞呢？”于是在欢笑声中两人进入了小乔的家。

进入客厅，他们两人感觉的是眼前一片明亮，屋里非常整洁，没有乱七八糟的东西，一盆绿油油的植物让屋子显得更加富有生气，各个家具整洁地摆放着，感觉神清气爽。

小乔说：“我比较喜欢整理，每次在清除无用之物、清扫擦洗干净后，我都感觉所有的清爽气流也涌入了我的房间。是不是由于气的流动，所以运气也上升了呢？”

是的，屋子里东西少一点儿，无用之物清理干净一点儿，整个房间就会显得宽敞，空气当然更为流通了。随着空气流通，不断注入新鲜空气，少一点儿污浊，身体感觉更舒服，内心也会更加舒畅。虽然这是单纯的想法，但是很多事实证明这种单纯确实是非常重要的。

其实我们应该发现，我们把房子整理得舒适，空气顺畅，那么不仅对于我们的身心有帮助，房间里面栽种的植物也会焕发出生机，我们应该从这些绿植身上看出来新鲜空气的重要意义。所以间接地说，整理对于我们来说是非常重要的。小乔还说：“现在即使日视一株植物也能感受到它的细微变化，浇水的多少或调整温度的方法也都能凭直觉做好。不仅如此，我还有所领悟：原来植物也喜欢空气流通的地方。”

小惠是一个非常懒惰和办事磨叽的人，平日里回到家就懒得动弹，更别提收拾屋子了，自从这次来到小乔家之后，小惠简直像是变了一个人，看到小乔家舒适的环境和精致的生活，小惠受到了极大的震撼，回到家之后她仔仔细细地把屋子收拾了一遍，还不断地咨询小乔要怎么规整，怎么整理物品。看到自己的家焕然一新的模样，小惠终于明白了整理给自己身心带来的舒适感和幸福感有多重要。

不懂得清理，难免房间里面会滞留一些污浊之气，空气不好，或多或少地会对人们的心情有着一定的影响。所以说，为了身心健康我们也应该努力学习整理，营造一个幸福舒适的好环境，给自己的人生不断注入新鲜空气。

整理启示

待在房间里感觉不到，从外面回来，打开门，就有一股怪怪的味道扑面而来，很不舒服。这是房间住久了，里面堆积了大量废气，没有及时得到清理。夏天开门开窗通风还好一点儿，冬天总是让空气捂在屋子里，问题更严重。所以说我们必须学会整理居室，这样才能时刻保持屋内空气的清新。

学会让自己融入周围的环境里

有一个县太爷，为了教化民心，计划重建县城当中两座毗邻的寺庙。公告一经张贴，前来竞标的十分踊跃。经过层层筛选，最后由两组人马为雀屏之选：一组为工匠，另外一组则为和尚。县太爷说："各自整修一座庙宇，所需的器材工具，官家全数供应。工程必须在最短的时日内完成，整修成绩要加以评比，最后得胜者将给予重赏。"

此时工匠们迫不及待地领了大批的工具以及五颜六色的油漆彩笔。经过全体工匠不眠不休地整修与粉刷之后，整座庙宇顿时恢复了雕梁画栋、金碧辉煌的面貌。

另一方面，却见和尚们只领了水桶、抹布与肥皂，他们不过是把原有的庙宇玻璃擦拭明亮而已。

工程结束时，已到了日落时分，正是评比揭晓的关键时刻。这时，落日余晖恰好把工匠所整修的寺庙上的五颜六色辉映在和尚所整修的庙宇上。

这时候，和尚所整修的庙宇呈现出柔和而不刺眼、宁静而不嘈杂、含蓄而不外显、自然而不做作的高贵气质来，与工匠所整修的令人眼花缭乱的颜色形成强烈的对比。

事实上，庙宇的功能作为一个心灵的故乡、一个净化心灵的场域，太过于华丽铺陈，将失去其真正的功能。就庙宇的社会功能的角度而言，和尚与工匠对修庙的境界，其高低不言而喻。和尚整修庙宇与工匠整修庙宇的理念迥然不同。和尚利用最简单的法则来驾驭最复杂的环境，用最少的资源创造最大的成效，用无形的观念超越有形的物质。换句话说，他们充分地借用、活用及善用了别人的无形智慧与资源。

朋友们，同样是修整一座庙宇，但是不同的人有不同的方法，也就成就了不同的效果。整理是讲究技巧的，要学会实现与周围环境的和谐，这样整理的效果才会更佳。希望和尚的修整观念能给大家整理居室带来一定的启发。

周围的环境包括很多，比如，你身边的人和事、所处的生活环境，不管周围的景况如何，我们都要懂得与它们和谐共处，自然地融入到一起，这样你的生活才会更为和谐美好。

平常，我们一直被那些冗余的东西和信息包围，到最后自己是谁都搞不清楚了。比如说，出门的时候应该携带什么、了解什么、穿什么、吃什么饭、做什么运动——大量的东西和信息把我们包围，使我们无法作出正确的判断。其实这不都是因为自己没有合理整理好的原因吗？这种情况是可以改变的，我们可以重新开始，学会选择，让手头的一切与自己能够实现和谐统一，留下哪些适合自己的、实用的事物，这些点点滴滴的事情对于营造与自己协调的空间氛围，是必不可少的要素。

整理启示

假如人人都懂得整理，明白自己所需要的和必要的，那么人们的每一天都会更为明朗舒适，如果占有欲极强的人能懂得舍弃，丢弃那些无用的东西，那么一切不就显得更为和谐吗？我们的世界就会恢复平衡，再无环境的破坏，地球也会重现生机，我们还怕无法拥有和谐的宇宙吗？

第5章　给你的房间排毒
——丢弃无用之物，只保留必需的

人的身体需要排毒，排除毒素才能更加轻松，同样我们的房间也需要时常排毒，丢弃那些无用的物品，房间才会更加清爽。不要总是收集太多的东西，有些东西该扔了就扔了，免得家里像是废品站一样，东西堆积得到处都是。所以说，我们要多加整理，找个容易的地方开始，学会分类归纳，有所舍弃，慢慢地我们的房间就会变得清新自然。

该扔就扔，别让家变成垃圾站

由于冬天已经远去，春天已经来临，所以免不了要将一些厚衣服装箱，既然要倒腾，索性全都倒腾一遍。于是，晨晨开始清理家里的每一个角落，结果让她大跌眼镜，她从那些不怎么动的箱子和柜子里翻出了如下物品：

高中时买的好看的画册和一些贴纸，一共占了好厚的一摞；

高中时绘画比赛获奖时发的一大盒绘画工具，原来都没法用了；

大学时最爱听的磁带和CD，总共二十二张；

两双过时的凉鞋、一双掉色单鞋、一双老棉鞋、两双拖鞋；

宝贝出生之前自己买的一些衣服，越看越难看，竟然在此堆了一整箱；

家人一起旅游的时候在青岛的海边捡的小贝壳，还有一些好看的石子，买的小首饰、小玩具，整整一袋子，估计七八斤重；

用了一半的护手霜，还有一大瓶用后头发不适应的洗发膏；

一条存放了七八年的老被子；

……

东西太多太多了，难怪屋子这么挤。看着这些，晨晨都吓晕了，这都是些什么呀？竟然在屋子堆积了这么多，本来屋子也不算特宽敞，没想到自己存了这么多的东西，都好几年没动过了，偶尔接触也不过是为了整理柜子，将它们从一个地方挪到另一个地方。于是，晨晨狠了狠心：扔掉吧。大多是一些没用的东西，扔了之后房间里也能显得宽敞好多。晨晨上上下下跑了四五趟，总算将这些物品一齐扔到了楼下的垃圾桶里。

奇妙的是，当晨晨把最后一件物品扔掉后，竟然感到一种前所未有的轻松。从某种程度上说，这些没用的东西一直都在紧紧地束缚着晨晨，它们总是让晨晨把注意力放在过去，而无法看到未来。更让晨晨感到震惊的是，自己的生活空间竟然一直被这些没有多少意义的东西所占据。好在晨晨觉得自己的天地突然打开了。

当晨晨面对空下来的衣橱或是柜子的时候，可以想一想明天弄点什么好玩的东西来布置一下，或是看看今年衣服流行元素是什么让自己也潮一潮。这种感觉在晨晨看来真的是好极了。

是啊，很多时候我们总是舍不得，带回家的东西总是存着，可是难道你没发现，我们囤积的物品已经在房间里放不下了吗？很多东西我们甚至是好多年都没碰过，比如一些旧衣服根本不穿了，但是还是堆在衣柜里，当我们找衣服的时候，脑袋简直乱得一团糟。朋友们，做一个会整理的人就要学会适当地舍弃一些东西，清理清理，你的房间才会更加宽敞舒适，你的内心也会更加轻松，因为你的周围终于恢复了往日的整洁。

1. 不穿的旧衣服

有些衣服我们根本都不穿，但是却不断地占据着我们的衣柜，每年都在买新衣服，那些以往的衣服就在那里积存了下来，当我们挑选衣服的时候就显得乱七八糟，多得翻不过来，于是我们会感到很反感，头绪也很乱。其实，我

们可以整理一下自己的衣柜，把那些不穿的衣服挑出来，如果好点的、干净整洁的，我们可以选择捐献给偏远地区的贫困人家，或者是送给关系比较好的亲友，这样既不造成浪费也能帮助他人。对于一些实在不适合我们的衣服可以打包一下扔掉，这样经过一番整理，我们的衣柜就会变得更加宽敞。

2．孩子不玩的玩具

有的家庭父母会为孩子买很多很多的玩具，随着年龄的增长，玩具也慢慢堆成山，可是同时孩子在成长的过程中那些小时候的玩具就已然显得多余了，这些玩具我们可以咨询一下孩子的意见选择一部分清理掉。比如，亲戚朋友家谁的孩子比较小，如果其中有他喜欢的玩具，我们可以让他们随意挑选，这样也是一种环保的处理方式。此外，我们可征求孩子意见，把孩子小时候读的一些童话书、故事书等文化用品我们也可以捐赠给那些需要帮助的小朋友，这是一种爱心，同时也会让你的房间变得更为整洁。

可以规整的东西有很多，这个也是根据各自的条件和个性来选择哪些需要丢弃。打扫心灵空间就如同打扫自己的房子，东西归于整洁了，废弃物变得少了，那么你的房屋空间也就大了，也可以填充一些需要的东西来增添生活的色彩，我们的心里也会舒坦很多。

整理启示

有些东西我们可以选择环保的方式，废物利用，展现自己独特的智慧，但是有些东西如果不需要了我们真的是可以选择丢弃，不然整个屋子都塞满了一些废弃物，岂不成了垃圾站了吗？所以说我们要好好思考一下该如何整理自己的东西。可以想象一下假如你的家里少了那些杂乱，少了那些沉积多年的灰尘，会是一番怎样的天地呢？

不急躁，从简单之处着手整理

如果你想好了，要进行自己的整理工作，那么你就不要犹豫，抓紧行动起来。但是也不要急躁，想着一口吃个大胖子，一种良好习惯的养成不是一蹴而就的事情，需要有所坚持，否则一次性把自己的热情都用完了，以后就会对此产生反感，慢慢地一接触到这件事情就感觉压力太大，内心也会变得非常压抑。结果会是怎么也不愿意开始动手整理，或者整理了一部分就已经累得精疲力竭，这样的话，不久房间就又恢复原样了。

选择入手整理也是需要好好思考一下的，我们可以从一些对自身压力比较小的地方着手，一点一滴逐步深入，这样不仅操作起来简单，而且还不会丧失自己的兴趣。

比如说，我们可以从小处入手，设定容易执行的场所和时间计划，每个书桌抽屉用一个小时整理完成，钱包几分钟的时间，每个包包十几分钟的时间……从一点点细小的地方着手，对比于之前的情况，这就会让你看到不一样的效果。当你看到这些不同的时候，你就会明白整理的意义如何，整理之后你的心情如何，这样你会有更大的动力去整理更多的东西。你可以根据实际情况设定时限和场所并开始执行。

小李是一个整理达人，平日里她总是用一些小技巧来整理房间，所以朋友们都喜欢去她家玩，她的家总是让人感到舒服、清新。小李有一个好朋友叫敏敏，敏敏是一个比较懒惰的女生，尽管每次小李都跟她说一些整理房间的好处，敏敏就是听不进去，觉得太麻烦，每次整理一会儿就懒得继续整理，总是觉得太累了，整理一会儿就没心情了。后来有一次朋友去敏敏家做客，看到家里一团糟的样子大家都感觉非常不方便，最后还是决定去小李家聚餐。敏敏看到之后感觉非常羞愧，决定要重新整理一番，于是私下请教小李一些整理的技巧。小李说："你的耐心不够，总是一会儿就烦了，但是我可以告诉你一个小技巧，你可以从一些比较容易做的地方开始整理，先做一些简单的，然后逐步深入培养自己的兴趣。”听了小李的一番讲解之后，敏敏就先从容易着手的地方开始学习。首先，她改掉了不收拾床铺的习惯，每天起床之后她就把床铺整理得非常整齐，整理之后她感到整个人的心情都舒畅多了。后来敏敏对于换洗的衣服也不再乱扔，而是整齐地放在衣柜里……慢慢地，整个家越来越整洁，敏敏觉得整理不仅没让她增加疲劳和压力，反而自己觉得心情更好了。一段时间之后，敏敏就养成了这种整理的好习惯，当小李和朋友再次去敏敏家的时候，她们玩得非常开心，都对敏敏的整理能力赞不绝口。

有时候我们会因为自己的惰性和“怕麻烦”的心理而懒于整理，但是你越是不整理，你周围的环境就越乱，从而你的思绪就越糟糕。一个好习惯不是一下子就能养成的，但是我们可以慢慢地一点点地改变自己去养成一种良好习惯。所以说，从小处入手，当你因为细微处的变化而惊喜时，你就能慢慢地深入进去，自己也会不断产生新的兴趣，从而为做出更大的改观打下基础。

整理启示

找一个最容易开始的地方入手，这样你就不会有太大的压力，由简单到复杂这是一个循序渐进的过程，也是一个好习惯慢慢养成的过程，所以说，找到适合自己的方法，用实际行动去努力，慢慢地你的周围一定是一片清新自然的景象。

把自己最犯愁的放在最后整理

一件事情的开始很重要，因为它是一个好的起点，打好了基础才能更好地进行下面的任务，所以说从轻松、简单的地方开始着手很重要，因为这种方法比较适用大多数人的心理。同样一件事情的最后也是非常重要的，对于整理我们可以把最难整理的地方放在最后。刚开始就攻克了难关可以建立自信，这种理论听起来蛮有道理，但是当房间非常杂乱、能量削弱的时候，这样执行起来不就太痛苦了吗？对于那些不太好整理，下手非常麻烦的事情一般需要消耗我们很大的心力，所以说完成起来也是需要很长时间，在这个过程中就极易产生放弃的心理，那么保持情绪持续高涨也非举手之劳了。

阿娇对于整理房间很有自己的一套，这也源于自己一次次的经验总结。起初整理房间的时候，阿娇也没有什么经验，总是自己摸索着来，她总是觉得把最难对付的部分一鼓作气整理完毕的话，后面的活儿也就轻松了。于是每次整理，阿娇都累得难受，觉得太费劲，结果就总是整理一会儿就躺着看电视了。后来阿娇跟妈妈谈起此事，阿娇说："其实我也喜欢把房间收拾得干净利落，可是每次都坚持不住，不知道为什么自己做起来就这么难呢？可是妈妈整理起来为什么看着没有这么艰难呢？"阿娇的妈妈说："其实你可以试着改变一下你的方法！每次你总是从自己觉得最难的地方整理，按理说那也没有什么不妥的，但是娇娇你必须清楚地知道：这样做容易消耗能量，结果往往是半途而废。在这种方法指导下即使累得精疲力竭，也不要以为是自己没有能耐，我们只是搞错了先后顺序，所以千万不要轻言放弃。"后来阿娇听取了妈妈的意见，觉得非常实用，现在也算是一位整理方面的达人了。

朋友们，我们在整理中可以把自己认为最花费时间和能量的步骤（难度感觉大的地方）尽量往后延迟，完成简单轻松的工作后再来解决。这样会对你的良好习惯的养成和兴趣的保持有着重要意义。比如说，有的人很不喜欢整理厨房，如果一开始就选择从厨房入手的话，很快就使整个人都虚脱掉，元气大伤，体力透支。这就是所谓解决顺序和处理方法本末倒置。

整理启示

整理不是随随便便地打扫一下就可以的，也有着很多技巧和方法。我们应该多去寻求一些小窍门，这样才能使自己更好地投入其中。

轻松取出，你的收纳才成功

你为何收纳？自己是否明白整理的目的是什么？其实我们整理是为了方便、整洁、高效地生活。我们收纳不只是为了收进去，看不到乱七八糟的一面，而是为了更容易地拿出来，不让自己无谓地去浪费时间。

比如说厨房，假如我们不能明确而又有条理地去分门别类地收纳，那么整个厨房就会出现“乌烟瘴气”的一面。本来是放餐具的地方，里面却到处是一些调味品，本应该放置食材的地方，里面的盘子却扔得到处都是，一切显得杂乱无章，当你去找东西的时候显然已经摸不着头脑了，忙东忙西却怎么也忙不出个结果。换个场景来讲，如果能明确分类，不但自己以后使用起来方便，就连外人使用这些东西，摆放得一目了然、井井有条的厨房也不会使人手忙脚乱。

在收纳方面，亮亮就做得非常好。别看亮亮是一个男生，但是他却能把家里打理得有条不紊，一切都显得那么井然有序。平时，只要亮亮找什么东西，他都能很快地想起东西放在何处。因为他有一个很好的整理习惯，同一类东西都合理地安置在一个地方，比如说，厨房，餐具、食材、烹饪餐具等，他都能够区分开放置，冰箱里面每一层应该放什么食物他都做好标记，当有需要的时候他就可以迅速找到物品，就算是朋友来家里聚餐，他们也能非常迅速地入手。不仅厨房，亮亮的衣柜也是一目了然，他的上衣、裤子、领带、袜子、背心、腰带……所有这些都做了很好的收纳。有的人衣柜非常杂乱，有时候找一件衣服就要耗上一个早上的时间，整个卧室翻得乱七八糟。而亮亮需要穿什么衣服的时候，他能够一眼就看到自己想要的。这就是合理收纳的好处，它能让你非常容易地取出你想要的东西。

你能把物品做好收纳，收拾好放进去这是整理的第一步，但是你放进去之后能轻松地从收纳工具里取出来吗？如果不能轻松地取出来，那么你的收纳就似乎不成功，因为不便捷，不实用。因此，能方便地取出来是关键的一步。

整理启示

整理的目的是让自己更为方便和高效地生活，假如达不到这个目的，那么你就应该好好考虑一下自己的整理哪些地方存在不足了。所以说，我们不仅要整理得井然有序，还要分类明确，最终的目的就是能快速找到自己需要的物品。

你的“宝贝”或许已成为负担

人都有恋旧的心态，于是就在很多有纪念意义的日子里珍藏一些“宝贝”，渐渐地随着时间的积累，这些“宝贝”就越来越多，可是有的“宝贝”你却好似已经忘了它的存在，有的占着空间却已毫无用途。那么久而久之这就成为一种负担，你该怎么处理呢？

李姐就有着类似的苦恼。多年前李姐曾经花了不少钱买了一台美容器，当时还是非常稀缺的，一开始的时候李姐每天都用，感觉非常欣喜，可是慢慢地大家都用一些高档的化妆品，方便而且效果也较好，也有许多人选择去美容院，这样舒适方便且更能满足人们的各种需求。于是李姐也渐渐丢弃了自己的美容器，选择了其他美容方式。

想想当时买美容器的时候也花了不少钱，而且也陪伴了自己许久，于是李姐也没舍得处理掉，就把它包装起来放在了柜子里。有时候想起来还拿出来用一下，可是考虑到它已经不太适应现在的生活节奏，慢慢地李姐就彻底丢弃它了。

有一次，李姐和她的姐妹去买家电，突然看到一款特别轻巧的美容仪器，价格也不贵而且方便实用，仔细看了看还带着各种各样的功能，李姐才恍然记

起自己家里存着的那台笨重的仪器，没想到现在已经更新换代到如此地步。于是李姐随意逛了逛，又看到了好多品类的美容器，这时李姐才明白，原来在不知不觉中，市面上早就有了更好的产品，自己早已落伍了！为此李姐还郁闷了很久。

有些东西其实我们放在那里已经无形间给我们造成了一定的负担，我们不妨紧跟时代的脚步，选择更新换代，没用的就处理掉吧。

阿珍的爸爸平时工作挺累的，于是生日那天阿珍就给他买了一台按摩椅，当时阿珍的爸爸是非常喜欢的，经常坐着按摩休息，他的小儿子阿乐看着也挺好玩的，觉得终于不用替爸爸捶背，有了高科技代替自己的双手了。可是后来，这台按摩椅阿珍的爸爸也很少用了，于是就放在了一个角落里，一年又一年过去了，上面落满了尘土，很少有人想起来去按摩。

后来阿乐也大了，有一次看到这台按摩椅，就跟他爸爸说："既然不用了，那就扔了吧，在房间里也是碍事，估计也不太好用了。"阿乐的爸爸就说有时候想起来可以再用用，当时花不少钱买的，扔了可惜，于是就留了下来。

后来收拾屋子，阿乐把按摩椅好好擦拭了一下，自己也试着按摩了一下，觉得不舒服，所以没一会儿阿乐就不用了。

随后阿乐去电器店里好好转了一圈，看到好多品种的按摩椅，而且现在卖的都非常人性化，按摩起来非常舒适，比自己家里那一台好多了，于是阿乐就给爸爸买了一台新的带回家。

其实，按摩椅这类产品每年都在更新换代，当时阿珍买的那台还是按摩椅刚刚问世的时候买的，在当时的确是最好的、最贵的，所以父母就一直认为它是最好的。然而，以前是最好的不等于现在也是最好的。不了解市场变化还真是可怕。不舍得扔，留着也没用，于是这些"宝贝"就成了心里的负担。

整理启示

朋友们，有些东西我们珍藏的时间太久了，其实已经没有任何理由继续存留，我们不妨接纳一些新的元素，让这些过时的或者没必要的东西离开，这样你的负担也会小一点儿，你也不会因为它们的存在而苦恼。想想家里有哪些放置了很久的东西。如果有的话，看看它的功能、设计是否已经落伍，市面上有哪些新产品。

半途而废？“犹豫袋”帮你搞定

当你开始整理的时候，信心饱满，斗志昂扬，但是这并不代表着你能够善始善终。因为有时候在中间的过程中你很有可能遇到拿不定主意的一些物品，不知道是扔了还是再利用，当然这种情况是很普遍的，即便是一些整理高手也会遇到，这里我们将为大家讲解一下此类问题的处理方法。

其实这种情况也不难处理，只需要大家做一点儿小准备就可以了。在整理之前，我们可以准备好几个透明的包装袋，当遇到不知所措的物品时，它就能帮你轻松搞定，以免自已半途而废。

那么我们应该如何使用犹豫袋呢？需要注意什么呢？在这里我们做一下简单介绍，帮助大家更好地投入到整理中去。

第一，我们要在“犹豫袋”上面写上我们整理的具体日期，只需要简单用数字标注一下就可以。这样做是为了能够清楚地记住处理的期限。

第二，“犹豫袋”不是随便找一个袋子就可以的，最好选择一种透明的白色袋子，因为这样我们可以清楚地看到里面装的东西是什么，在整理的时候可以更加方便地找到所需物品。

第三，在整理工作全部完成的时候，我们就要好好思考一下怎么处理“犹豫袋”里面的物品了，我们不妨再把袋子里面的物品进行归类整理。首先，我们可以选择出自己仍然还需要的那类物品，做好标记，如“再利用”，然后把它们重新规整到合适的位置去。其次，我们要找出那些自己确定要丢弃的物品，做好标记，写上“可丢弃”，忙完之后自己就可以把它们处理掉了。最后就只剩余一类物品了，那就是待定的物品，我们把它们放到一起，在袋子上面标注上“待定”，对于这类物品，自己想清楚处理方法之后就可以做好规整工作了。

这样的方法真的非常实用，即使有了你决定不了是否应该扔掉的东西，只要有了这个备用袋，你就可以放心地继续整理。

朋友们，“犹豫袋”在整理工作中是必不可少的，它能让你的整理任务变得井然有序而不至于乱了阵脚，所以说，想要让房间变得更清爽，我们就应该养成正确使用“犹豫袋”的习惯。“犹豫袋”可以帮助你在整理的时候不会因为犹豫而中途放弃．不会在整理过程中走神或者误入歧途。简单地说，这个袋子就是为某些东西留的一条后路，可以帮助你顺利完成整理工作。

整理启示

对于那些总是拿不定主意的人来说，“犹豫袋”是必备的。在整理中随时备好“犹豫袋”，这样可以提高我们的效率，使我们的整理工作顺利进行到底。

第6章　简约生活整理法
——追求简单，让生活更自在轻松

我们要的是生活，而不是活着，一个不懂的调整自己状态的人是不会明白如何去生活的。不要说你很忙，谁又是时刻清闲呢？那是因为你不懂如何安排自己的生活。懂得合理安排自己的生活，你就能忙里偷闲享受生活的乐趣。朋友们，我们不妨放慢自己的脚步，追求简约的生活，活得更轻松自在一些，或许你就能从人生中发现很多惊喜。

均衡营养，你的身体需要整理

我们的生活中有很多方面需要整理，比如自己的房间，又比如平日的衣服、做饭的厨房，可以说是处处离不开整理。此外，还有一点非常重要，那就是我们的营养搭配问题。营养搭配关系着我们的身体健康，而且对于一个人的身体健康有着重要的意义，不管是处于特殊时期的老年人、青少年、孕妇、病人，还是身强力壮的年轻人，都需要懂得营养对健康的重要意义。所以说，我们需要懂得整理好自己身体的内部环境，让自己有一个强健的体魄，这样才能有更充沛的精力投入到生活与工作中，才会把我们的人生经营得更为高效。

那么，营养均衡，合理膳食，我们的身体需要怎样的整理呢？

第一，均衡营养要粗细搭配。

就营养学观点而言，粗粮和细粮都有自己独特的作用，而且在口感方面也各有优劣。粗粮往往还有大量的不可溶性纤维素，有利于保障消化系统正常运

转，同时，大多数粗粮还含有钙、铁等人体必需的无机盐，具备极高的综合营养价值。而细粮当中含有大量的氨基酸等，对人身体来说也是不可缺少的一部分。所以说我们要粗细结合，搭配食用，这样我们的身体才能保持健康状态。

1．粗粮的功效

粗粮有哪些呢？小米、高粱、黄豆、绿豆、玉米、燕麦……这些都属于粗粮。由于加工简单，粗粮的口感有些粗糙，但也正因为如此，粗粮中保存了许多细粮中没有或者含量较少的精品成分。举例来说，粗粮中含的碳水化合物比细粮要低，含膳食纤维较多，并且富含维生素B族。同时，很多粗粮还具有重要的药用价值：如荞麦含有其他谷物所不具有的“叶绿素”和“芦丁”，可以治疗高血压；玉米可加速肠部蠕动，避免患大肠癌，还能有效地防治高血脂、动脉硬化、胆结石等疾病。

2．细粮的功效

我们平日吃的小麦和大米就是属于细粮。细粮的口感比较好，人体容易消化吸收。有的细粮含有丰富的蛋白质或氨基酸，如大米中有大量的人体所需的多种氨基酸，能够满足人体对蛋白质的需求。

粗细粮合理搭配，可增添食品风味，增加维生素和微量元素，提高食物蛋白质生理价值，有些粗粮蛋白质的生理价值比细粮高，而且粗细粮搭配可以使氨基酸互补，提高蛋白质的营养价值。

第二，均衡膳食要蔬果搭配。

蔬菜和水果是广受大家喜爱的食物，此类食物营养价值极高，而且含有丰富的水分和酶类，对于人们的消化非常有益。同时，果蔬属于蛋白质和脂肪含量很低的食物，进食后不容易发生肥胖。此外果蔬中还含有维生素、糖类、无机盐以及膳食纤维。不仅如此，果蔬中含有芳香物质，能够增强食欲。

1．蔬菜的营养功效

蔬菜中含有人体中不可缺少的营养物质，比如维生素、矿物质等，所以我们必须对蔬菜有深刻的认识。那么蔬菜主要分为哪些类别呢？蔬菜按其可食部分可分为和结构分为叶菜类、根茎类、瓜茄类、鲜豆类、菌藻类等。其中叶菜

类主要包括白菜、菠菜、油菜、卷心菜、苋菜、韭菜、芹菜等；枞茎类主要包括萝卜、马铃薯、藕、甘薯、山药、芋头、葱、竹笋等；瓜茄类包括冬瓜、丝瓜、葫芦瓜、黄瓜、茄子、西红柿和辣椒等；鲜豆类主要包括毛豆、豌豆、蚕豆、扁豆和四季豆等；菌藻类主要包括食用菌（蘑菇、香菇、木耳、银耳等）和藻类（紫菜、发菜等）。其消费量约占每日膳食的一半。

2. 水果的营养功效

水果，我们都吃得多了。大家都知道水果不但为我们提供丰富的膳食纤维，还有维生素及其他营养。水果，可以说是一种深受大众喜爱且营养价值极高的食物。水果中因含有芳香物质，因而具有特殊的香味，食后能刺激食欲，促进肠胃消化。水果中的色素不仅使其呈现鲜艳的颜色，还对人体健康有益。如番茄红素、叶绿素、类胡萝卜素、花青素等，具有抗氧化及防病、治病等多种功效。水果中主要的有机酸包括苹果酸、柠檬酸和酒石酸等。这些有机酸一方面能使其具有一定的酸味，可刺激消化液分泌，有助于食物的消化；另一方面还可使食物保持一定的酸度，对维生素C的稳定起保护作用。

第三，均衡膳食要酸碱搭配。

正常的人体呈中性略偏碱性。人体在进行新陈代谢时，会有大量的酸性物质产生，这些酸性物质被血液中和，以保持体内环境酸碱平衡。但进食过多的酸性食物，会导致体内的酸性增加，使体内的酸碱性失衡，进而影响身体健康。所以说，我们在饮食中要遵从酸碱平衡的理念，千万不要因个人爱好而忽略了身体的需要。

1. 酸性食物的营养功效

一些含有较多非金属元素的食物都属于酸性食物，如磷、硫、氯等。因为这些元素在人体内经氧化后，会生成带有阴离子的酸根，因此属酸性食物。诸如，牛，羊、猪、鸡、鸭、鱼肉、谷物等。酸性食品含有丰富的蛋白质、脂肪和糖类的食品，因此是补充身体营养的必需的食物，也是儿童、青少年生长发育阶段必不可少的“营养型食物”，而且因其味道鲜美，非常适合孩子们的口味。

2．碱性食物的营养功效

食物的酸碱性与人类的味觉感受无关，只取决于人的代谢物属性。人类在进食后，身体会产生代谢物，如果代谢物的属性是碱性，那么食物的属性就是碱性。碱性食物能够为人体提供必需的微量元素和维生素及膳食纤维。膳食纤维不容易被人体消化，但是能够促进肠蠕动、预防便秘，同时还能降低肠道对致癌物和其他毒素的吸收。皮肤粗糙常令女人头痛心烦。要想拥有“丝绸”般的皮肤，除了日常的保养护理，饮食上一定要注重荤素搭配、酸碱平衡。多摄入生理碱性食物，可使皮肤更加光滑，改善皮肤粗糙状况。

整理启示

朋友们，我们关于整理术的学习要不断深入，不仅表面工作要整理，我们的身体内部环境也要时刻关注。我们要懂得建立自己的饮食模式，进行营养管理，多学习一些营养知识，这样才能调理出最健康的身体。

衣服整理好，清晨没烦恼

每个人的衣服都有很多，每当挑选衣服的时候，春夏秋冬四个季节的衣服真的是让自己看得眼花缭乱，特别是那些不爱整理的人们尤为苦恼。有时候清晨醒来打开衣柜看着乱七八糟的衣服我们简直是“挑花了眼”，可以说是费心费力，这就是不懂得整理术的原因。假如我们能够很好地学习一些整理技巧，那么我们就可以避免这些烦恼。

当我们开始整理的时候，我们不妨问自己以下几个问题：

（1）在同一衣柜里，你同时摆放有冬装和夏装吗？你能把淡季里的衣服存放到别处吗？

（2）你把工作服悬挂在居家服的旁边吗？

（3）你的鞋子都放在哪里？是随处乱放，还是放置到合适的位置？比如，在鞋架上、鞋盒里还是床底下？

（4）你有一些让你念念不舍的过时但实用的服装吗？如果你不是经常穿它们的话，就把它们储存起来吧。

（5）问问自己还有哪些是可以移除和存放到其他地方的？

看完以上的问题，我们是否会呈现出平日里自己整理衣柜的场景？当我们打开房间的时候，我们不妨带着这几个问题去留意一下，看看自己到底整理得如何。如果你懂得整理，那么你的衣服将会井然有序地呈现在你的面前，你也不需要大费周折地寻找。

在我们整理之前，我们需要把所有的衣服都清理出来，自己已经不需要的就直接处理掉，以免在衣柜里占用空间，还会给自己平时找衣服时带来不便。这是必须要做的一步。下面我们就开始具体谈谈我们的整理工作。

（1）首先把衣物按季节分门别类，把本阶段要用的内衣、外衣、裙、裤、配饰等都清理出来。其余的衣物，毛衣、牛仔裤、厚T恤和裙子等可折叠收纳的就叠好放进收纳柜、空皮箱或储藏室内。一些要挂的衣物，就洗净，套上塑胶套，挂在衣柜内侧或上层。

（2）不同的衣服按其类别进行归类，比如衬衣、裤子、裙子、外套、羽绒服等，我们可以根据它们所属的类型，放置到一处。

（3）对不同类型的衣服进行分类处置。比如长裙最好用挂钩挂起，毛衣选择折叠的方式，袜子和内衣内裤这种小件衣服放进收纳盒或者是抽屉里，容易起褶皱的衣服洗干净之后整齐地挂起来。所有这些我们可以根据自己衣服的材质、类型等进行仔细的规整。

（4）如果吊挂的空间不足，也可考虑在卧室的一角，以天花板为支撑力，吊两条长吊衣杆，或上下两层的短吊衣杆，再以拉门或布帘隔开。不论吊何种衣物，最好依同一方向挂好，这样比较齐整避免杂乱无章。

（5）对于那些无须熨烫的衣服我们只需要把它们折叠整齐然后有秩序地

放在衣橱里就好了，但是对于衬衣之类的衣服我们最好先把它们熨烫整齐之后再挂进衣橱里，这样的衣服在穿的时候不会起皱。女套装的收纳，宜内吊裙、外吊衣，同一套衣服挂在同一衣架上。男西装及女性两件式的衣裤或衣裙，也可比照套装的收纳方式挂在同一衣架上，或者分别挂于两个衣架上，但要放在一起，才方便寻找。

整理启示

人们的生活越来越好，节奏也越来越快，但是这一切是否让自己的生活变得没有条理了？或者我们是否都没有时间去整理一下自己的生活了呢？朋友们，静下心来，让自己的生活更精致一点儿，这样我们才会生活得更加舒适、惬意。

打扫卫生，真的那么简单吗

整理房间有个很重要的一步，那就是打扫卫生，不要觉得打扫卫生是日常生活中的一件“小事情”，如果我们稍加注意的话，就不难发现，并非人人会打扫卫生，能做好这件“小事情”。比如，很多人在扫地的时候不知道洒点水，结果弄得尘土飞扬；有的人只知道做一些“表面工作”，导致犄角旮旯里面堆积着很多垃圾；有的人只知道扫扫地面，可是墙上和屋顶上的灰尘就抛在了九霄云外……总的来说，为了保持室内清洁卫生，房间要经常打扫。但是，若清扫的方法不对，不仅不会使室内变清洁，反而会导致越扫越脏，使空气中灰尘颗粒浓度增加，影响人的身体健康。

可是，我们到底应该怎样打扫呢？其实正确打扫卫生，应该包括打扫墙面卫生、地面卫生，擦洗桌椅板凳和处理垃圾四个环节。既然打扫是整理的一个重要步骤，我们就要从以下几个方面来探讨一下：

1．墙面

墙上的卫生还是比较简单的，毕竟墙面上一般比较干净，我们无须每日都去清扫，只需要隔一段时间清扫一下就好了。我们可以根据墙上是否有灰尘或者有蜘蛛网来判断是否需要清扫。

2．地面

扫地是每天都必须做的事情，但必须注意程序和方式。扫地之前，要视灰尘情况适量、均匀地洒些水，以滋润地面，减少灰尘飞扬，待片刻之后再行打扫。扫地时用力适度，注意方向和顺序，切忌“漂扫”和“划大字”。扫完地面之后，我们要用拖把再拖几遍，这样地面上的污垢和灰尘才能得到更好的清理。

3．擦洗家具

其实，我们在打扫墙面或者是每日扫地的过程中，我们的家具都或多或少地落上了灰尘，这时候我们要及时擦拭一下，这样我们的清理工作才算是做得到位。如果你不这样做，那么你的身上或者是衣服上就很容易沾上灰尘。擦拭桌椅板凳，要注意前后左右，里里外外都要擦拭，切忌只擦表面，不及其他。

4．处理垃圾

每一次打扫都会产生一些垃圾，处理垃圾的问题是整理过程中非常关键的一步，所以说我们不可小看这一点。我们要本着“及时打扫，及时处理，正确处理”的原则，把垃圾装入专用袋放入垃圾容器，或者直接倒入垃圾容器中。切忌忽视垃圾处理，或留存垃圾长期不处理，或乱倒乱堆垃圾等不良现象。

上面所说的这些主要是一些大面上的整理，房间里还有许许多多卫生死角，在整理的过程中这些重要的地方我们一定不要忽略了。举例来说，沙发后面、桌子底下、电脑表面、厨房的灶台下面、床头柜的后面……这些都是不容忽视的部分。此外，还有一些我们经常接触却没有注意清洁的日常物品，如电话座机、遥控器、门把手等，也会成为卫生死角。对于这类使用频繁、又没法用水清洗的物品，可以用棉签蘸70%～75%浓度的酒精擦拭。

朋友们，讲完这些相信大家对打扫也有了一个更为深入的认识，那心动不如行动，抓紧进行一次打扫吧！

整理启示

打扫是一件非常不可思议的事情。只要试着打扫一下，就总能除去一些污垢。看着周围的环境变得焕然一新，自己也会感觉小有成就吧。这种小小的成就感就像开关一样，能调动我们的积极性，使我们工作起来更精神集中、更有活力。

学会“放手”，让自己松口气

人的生命是有限的，我们不可能独自完成所有的事情，追求简约的生活就要学会整理，在忙碌中找出合理生活的技巧。假如我们对待事情不分轻重缓急，事事都要亲力亲为，那么我们岂不是哪天就要累死了？生活有重要的事情也有繁杂的琐事，很多时候我们要懂得去分工，而不是低头蛮干，忘却了自己的角色，这样下来我们生命中才有更多的时间用在做一些有意义的事情上。所以说，不管是生活还是工作，想要追求更为简约的生活，我们从此刻开始好好学习一下整理吧，这不仅是对自我的解放，也是对生活品质的追求。

若曦的妈妈是一个公司的部门经理，她每天的生活何止用一个“忙”字来形容！简直是忙得不可开交。为什么这么说呢？作为一名部门经理，平日里上班的时候公司就有一大堆的事物需要她去处理，不仅要完成上面交代下来的任务，还要操心手下员工的工作。本来许多琐事交给手下的员工就完全可以，可是有时候员工做的令她不满意，她就非常烦躁，于是就把一堆活儿揽到自己手里忙碌起来。有时候，好不容易可以休息一下，她就处处去检查员工的工作进

度，一会儿批评一下这位员工做得不行，一会儿又插手另一位员工的工作……其实很多事情她手下的员工是可以胜任的，但是她总是去插手，长时间下来的“干扰”让那些员工们非常反感，感觉领导干涉得太多，他们已经没法好好工作。若曦妈妈的行为就是典型的“费力不讨好”。不仅在公司里，在家里也是这样。若曦和弟弟上初中了，已经懂得帮妈妈分担家务，可是若曦妈妈却不这么认为，她觉得孩子全部的时间就是学习，不要让他们把时间浪费在做家务等事情上，因此即便是每天下班后累得不行，若曦的妈妈回到家也是一刻也不闲着。打扫卫生、收拾房间、做饭及刷碗、帮一家人洗衣服……每次孩子们都觉得非常心疼妈妈，主动帮着分担，但是都被妈妈拒绝了。很多小朋友的妈妈下班之后有好多自己的时间，她们懂得合理分工，把自己与家庭的时间与精力都搭配好，既顾及家庭也保有自己独自的生活空间，可以说是一种更为积极的生活方式。而若曦的妈妈却每天都沉浸在忙碌的生活中无法走出。

学会解放自己，把自己的工作适当地分担出去，这样才是更好的生活方式。假如事事都包揽在自己身上，那么你该活得有多累啊！不管是在家庭中还是工作中，整理一下工作任务，学会“放手”，让彼此都为共同的目标出一分力吧！

有位著名的学者曾说过：“管理者就是对具体事务进行组织和分配，让别人拼命干活儿的人。”一个高效率的管理者应该把自己的精力集中到少数最重要的工作中去，次要的工作应该交给下属去完成。人的精力是有限的，只有集中精力做自己最应该做的事情，才可能创造出有价值的成果。所以管理者必须学会放权，利用宝贵的时间去做更加有意义的事情。

杰克是一名当地的团餐服务总经理兼总厨，她想扩展公司的业务，但又怕公司难以应对迅速增加的订单。她最大的担心是，她不得不因此从外部投资者那里获得资本和投人。尽管她是一个了不起的厨师，但杰克感觉，这样的业务决断超出了其经验和能力。

杰克的一名面包师告诉她，寻求外部合作并非公司扩大规模的唯一选择。这名手下建议露西，她可以考虑和其他团队成员分担公司某些明确的职责，从

而达到扩大公司规模的目的。这样就避免了因担心失去控制而踟蹰不前。杰克采纳了这一建议。

杰克分析了公司业务的几个关键部分，挑选出了一名值得信赖的雇员去负责拓展公司业务。令她惊讶的是，这次战略性的“冒险”回报明显，这名雇员带来了很多新业务，远远超出她的想象。

一个优秀的管理人员，不在于其多么会做具体的事务，因为一个人的力量毕竟是有限的，只有发动集体的力量才能战无不胜，攻无不克。管理人员尤其要注重培养自己驾驭人才的能力，知人善任，了解什么时候什么力量是自己可以利用以助自己取得成功的。

整理启示

简约生活是需要我们自己整理出来的，不是忙出来的。聪明的人在做事上总是懂得利用集体的力量，不仅让自己的生活变得更为精致美好，还能让集体开心地创造出更多的惊喜。“费力不讨好”是很多人的苦恼，包括管理者，现在你知道原因了吗？

懂得整理，才能做工作的主人

陈刚就是一个典型的“工作狂”。他每天只知道工作，大脑里几乎没有休息的概念。由于操劳过度，几年下来，朝气蓬勃的年轻人看上去却像个忧郁的小老头。圣诞节，他的好朋友张伟约他一起去游玩，他却不忘记提着笔记本电脑。张伟是他大学时的同学，现在是一家公司的部门经理，就好奇地问他提着笔记本电脑干什么，他说有个企划还没有做完。气得张伟夺下他的笔记本电脑，将他驾到车里去。

即使这样，在游玩的过程中，陈刚还是一副无精打采的样子，总是不时地陷入沉思之中。张伟对他说："你要注意休息，懂得劳逸结合，你再这样工作，不仅身体垮掉，精神也会垮掉的。"

陈刚听完后笑着说："好多事情，我哪有时间休息啊！"

张伟说："不是有休息日吗？而且国家的法定假期你不都可以休息吗？"

"我是说工作……"

"我的工作比你少吗？"

陈刚不由得愣住了。是啊，张伟现在是经理，自己还是一个普通职员，他怎么就能从工作中脱离出来，有充足的休息时间呢。

张伟意味深长地说："你不要以为工作是最重要的，其实，休息一样重要，休息不好是会影响工作的，有时还会适得其反。"

很显然，陈刚已经被工作牢牢地束缚住了，可以说是一个工作的奴隶。如果我们只是为了工作而工作，那么我们的工作将没有什么快乐而言。朋友们，如果成了一个十足的工作狂，那么我们其余的生活空间该怎么去填充呢？所以说，我们要摆脱工作的枷锁，努力做工作的主人。不做工作的奴隶而做工作的主人，就是要求我们重新整理好自己的心态，有主人翁责任感。这是每个社会组织、团体都在呼吁和盼望的精神。有了它，我们的社会才有了爱满人间的温馨，我们的组织才会有团队与家庭一样的稳定与温情。主人翁责任感所拥有的巨大力量，不单单能提高一个人工作的效率，更能促成整个组织成就良好的业绩。

柳溪是一个勤奋的女孩儿，但是她最近有些倦怠了，她搞不明白一件事："这么努力工作到底为了什么？"

柳溪每天的工作状态好像都是加班，公司总有忙不完的事情，自己的疲惫感与痛苦感与日俱增，每天回到家之后，她已经累得不想做任何事，做饭都不想动弹，出去走走就更是一种奢侈了。在她看来，躺在软软的沙发上看会儿电视，已是自己一天中最悠闲的时光了。有一天晚上，柳溪回来得早，她很庆幸自己在十一点就能上床睡觉了，这样第二天就精神饱满地继续工作了，不过，躺在床上的时候，突然间她又感觉到莫名的无助："自己工作及生活的意义就

是如此吗？我早睡的目的就是为了第二天不再那么疲惫不堪吗？”

想到这里，柳溪开始觉得有些无奈，压力扑面而来。导致第二天她的精神状态非常糟糕，而且这种糟糕的状态持续了很长一段时间。

有一天，柳溪陪同经理外出约见客户。两人先去了一家饺子馆吃饭，柳溪注意到，这家饺子馆在大厅有一座透明的小玻璃房子，里面有4个动作熟练的小工，和面、擀皮儿、剁馅儿、包饺子……

经理注意到柳溪的眼光，说：“这些人每天早晨不到6点就起床了，就这么一直忙到凌晨才能歇息，更不用提什么周末了，每个月工资也就那么点钱。他们老板根本不会担心他们跳槽。因为赚这么点工资的人，你不用指望他能储备多少积蓄去为跳槽做准备。其实，他们不轻易跳槽的更多原因是因为他们觉得这里还有他们的理想没完成，比如，有的师傅想成为高级厨师，就得在这里学习、磨炼等，而那些没有成为厨师的小工，也希望通过这个平台早日实现他们的厨师梦。他们上班并不累，上班也不是他们的枷锁，他们很乐意在这里工作，因为他们有理想在！”

柳溪听了经理的话，若有所悟，突然明白了自己工作的意义：一来可以积累人脉，二来可以增加自己的实力，工作其实并不妨碍自己去实现理想。此后，柳溪不再觉得上班是件多么委屈的事了，态度变了，她的工作效率也高了很多，还收获了意外的惊喜——升职！

朋友们，看完以上的几个故事，你们知道如何去调整自己的工作状态了吗？

整理启示

一个人从出生到死亡，有半生以上的时间都在工作。换句话说，一个人想拥有怎样的人生，必须思考的问题之一是：如何做工作的主人。如果做不好这一点，那么一半的人生是在被“奴役”。这样的人生几乎没有意义。

忙里偷闲，追求更高效的人生

如今社会，大人们忙赚钱，小孩儿也同样身不得闲，放学后的他们恨不得每时每刻都被家长安排到辅导班继续“深造”，就连离退休的爷爷奶奶辈也忙于发挥余热，或健身保健或吟诗作画。可是我们如此紧张地前行真的好吗？我们的身体和精神能吃得消吗？难道忙就代表着高效率，就一定能与生活质量成正比吗？是与不是，或许我们自己应该清楚吧！人生不仅需要工作，也需要休息，不仅需要忙碌，也需要休闲。我们不能无休止地忙碌，人生如果没有休闲，就像一幅国画挤满了山水而不留一点儿空隙，缺乏美感。人生没有悠闲，就不能领悟、体会、享受人生。所以要整理好自己的生活，调整一下自己的状态，学着忙碌中偷闲，这样我们的生活才会更加舒心。

在第二次世界大战中期，英国在德国法西斯的铁蹄下惨遭蹂躏，风雨飘摇。伦敦经常遭敌机的狂轰滥炸，可空袭关头，丘吉尔首相有时居然在自己的居室里织毛衣。消息传开，全国上下极为震惊，在这样危难紧急的时刻，国家的元首居然还有闲情逸致去织毛衣，这简直太不可思议了。

其实这正是丘吉尔的良好心态的体现。在战火四起、国家存亡的危难时期，丘吉尔每天要处理军事、政治、外交、经济等各方面繁杂的事务，休息的时间很少，神经经常处于高度集中的状态。但是长时间的紧张和忙碌，很容易让人头脑模糊，思维混乱。而在如此重要的时刻，身为国家最高统帅，如果不慎做出了错误的决断和指令，那么国家很可能就会因此而毁灭。因此，他必须让自己放松，让自己保持冷静的头脑和清晰的思维，从而以更加充沛的精力去应对纷繁复杂的国家事务。

于是，为了松弛紧张的神经，他想出这样一个办法：工作空隙时间坐下来织毛衣，以此来分散自己的注意力。织毛衣与紧张的战争筹划相比，可以说是一种很好的、独特的休息方式，是一种行之有效的“松弛术”。

正因为丘吉尔拥有着这样的智慧和心态，又善于放松自己，虽然政务缠

身，每天只休息三四个小时，但是他却依然精力充沛，头脑清醒。并且一直活到90岁，成为当时最为长寿的一位国家元首。

看完丘吉尔的故事，我们不得不被他的良好心态所折服。很多时候我们总是在困难面前变得焦躁不安，这恰恰就是不懂得调整自己心态的表现。每个人都有着做不完的事，但是难道这就代表着我们每时每刻都要沉浸在忙碌中吗?投入最多的时间并不代表着我们就能得到更高的效率，我们的身心需要放松，我们需要忙里偷闲，这样劳逸结合才能带来更高的效率。

环球电信公司的总裁亨得利也是一个忙中偷闲的能手，不管工作有多繁忙，不管谈判有多紧张，只要一有空闲，他都会出去散步，去欣赏自然界中的花草树木。即使是在全世界电信行业高峰会议上，当别人都在忙得焦头烂额时，他也会有时间和闲情逸致地在度假村的湖边散步。有人不解，问亨得利："平时看你悠闲自在，但是一到谈判的时候，总能精神百倍，咄咄逼人，你有什么秘诀吗？"亨得利笑笑说："要说秘诀的话，那就是忙中偷闲。忙里偷闲可以让我的身体和大脑得到充分的放松和休息，这样我就可以精神百倍地迎接工作中的挑战。"

一个不会适时休息的人，只是一台工作机器，连上帝也不欣赏。当工作很疲倦时，休息才是最重要的事。所以，为什么不在疲惫的时候静下心来，忙里偷闲一下，帮助自己调整身心，享受生活的乐趣呢?

要学会放松，你还可以试试下面的方法。

第一，随时保持轻松，让身体像只猫一样松弛。猫全身软绵绵的，就像泡湿的报纸。懂得一点儿瑜伽术的人也说过，要想精通"松弛术"，就要学学懒猫。

第二，工作的环境要尽量舒适轻松。记住，身体的紧张会导致肩痛和精神疲劳。

第三，每天对着镜子看，并且自问："我做事有没有讲求效率？有没有让肌肉做那不必要的劳作？"这样会使你养成一种自我放松的习惯。

第四，晚上回想自己的一天过得是否有意义。丹尼尔·乔塞林说过："我不以自己劳累的程度去衡量工作效率，而用不累的程度去衡量。”想想看：“我感觉有多累？如果我觉得累了，那不是因为劳心的缘故，而是我工作的方法不对。”

整理启示

不管你的工作有多么繁忙，只要你合理地整理好，就能够劳逸结合，在百忙之中抽出一些时间来休息。人不是陀螺，转得久了，只会让自己晕头转向，影响工作。只有休息好了，我们才能在第二天精神饱满、神采奕奕地迎接新一天的开始。

人生整理法：整理是人生的魔法

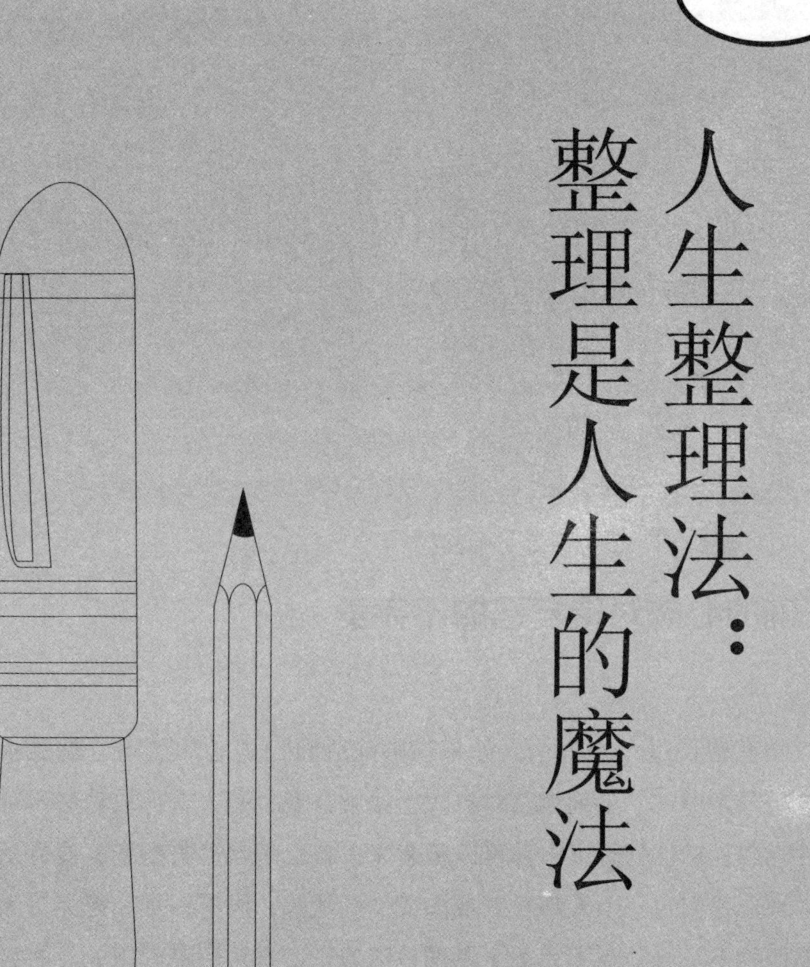

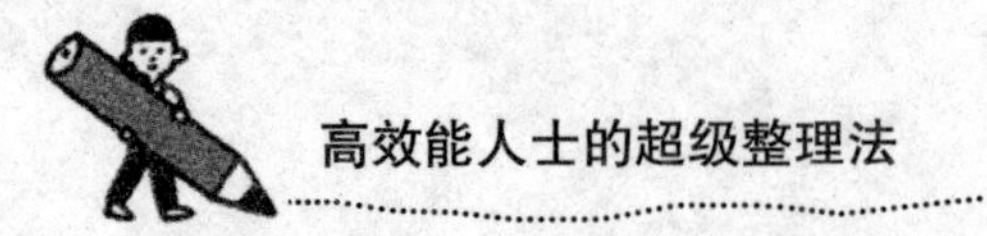

第7章 整理混乱的自我
——成为一个自己欣赏的人

朋友，你信命吗？如果命运给你进行了一系列安排，不论公平与否，你是否敢于改变自己的命运、追求更好的未来呢？这就是一种人生的整理，把自己交给自己，通过不断的努力，把自己整理成一个自己欣赏的人。有些东西是早已安排好的，比如自己的不完美，这些既然无法改变，我们何不尝试用自己的双手从其他出发点进行改变呢？相信本章内容能让你更好地认识自己、接受自己的缺点，学会不断激发生命中的正能量。

用正确的心态对待自己的不完美

有位哲学家曾说过：“一个人如果能够战胜自己内心的黑暗，就能永远站立在灿烂的阳光中。”正确地面对自我，接纳自我，是人获得成功必不可少的心理条件。别人把你打倒了，你可以爬起来；自己把自己打倒了，或许永远也无法爬起来。我们每一个人都有着或多或少的缺陷，没有一个人是完美无瑕的，我们要做的不是沉浸在不完美中卑微地活着，而是用积极健康的心态接纳自己，放下内心的包袱，整理好心情，用自己的双手去改变自己的不完美，成就更完美的人生。

有个女孩的歌声悠扬动听，宛如山间黄鹂，但这个女孩总是不开心，因为她长着一口十分难看的龅牙。一次，她去参加歌唱比赛，表演时，她总是有意识地用手去掩饰自己难看的牙齿，于是她的表演就变得很滑稽，自然没有得到

好分数。比赛结束后，一个音乐人找到了这个女孩，真诚地对她说："我相信你会成功的，但是你必须忘掉你的牙齿。"在这位音乐人的鼓励下，女孩的心结慢慢打开了，她不再刻意掩饰自己的一口龅牙，开始忘我地唱歌。后来，在一次全国大赛中，她以美妙的歌喉以及极富个性的表演征服了在场的所有观众和评委，成为家喻户晓的明星。

这个长着龅牙的女孩就是美国著名的歌唱家卡丝·黛丽。现在，人们说到卡丝·黛丽，脑海里浮现的尽是美好的画面，她的龅牙也变成了她的招牌特征。

每个人都会有一些缺陷：外貌上的、性格上的、经历上的……缺陷或大或小，或多或少，人人都有。然而，面对缺陷，大多数人是去掩饰。掩饰缺陷也许是人的天性，毕竟能在大庭广众之下袒露自己缺陷的人实属不多。能在大众面前坦然地接受并承认自己的缺陷，需要多大的勇气与力量啊！在缺陷面前，人们会存在着各种心理，怯懦、虚荣、紧张、自卑……所有这些，没有超人的勇气是万万做不到的。

从前有一对靠着说书弹弦谋生的盲艺人师徒俩，因为失明，徒弟整天唉声叹气，无法学好手艺，他甚至失去了生活的勇气。一天，师傅病重，在临终前，他对徒弟说："我这里有一张复明的药方，我将它存在城中药铺，当你弹断1000根琴弦的时候，你才能取出药方。记住，你弹断每一根弦时必须是尽心尽力的。否则，再灵的药方也会失去效用。"徒弟谨遵师傅临终前的嘱托，为实现复明的梦想，他一直弹弦不止。

50年匆匆过去了，徒弟也已经年迈，随着一声脆响，他终于弹断了第1000根琴弦，他奔城中的药铺赶去，当他满怀期望地等着取回药方时，掌柜的却告诉他，那是一张白纸。他明白了师傅的良苦用心，他学到了手艺，这就是药方，有了手艺他就有了生存的勇气。他努力地说书弹弦，最终成了受人尊敬知名艺人。

失明是他们无法改变的事实，想要更好地活下去就要看他们的心态与个人的努力了。师傅懂得生存下去的方法就是坦然接受自己，用自己的手艺弥补人生的缺陷，而一开始徒弟却是因为失明丧失了生活的信心。一个人的心态如何要靠自己的整理，我们不仅要懂得整理生活，还要懂得整理自己的心。把一些消极的情绪统统清扫掉，让自己变得更为积极乐观，这样才不枉在世上走一回。师傅给了徒弟一个治疗不完美的秘方，这支撑着徒弟学成了弹琴的技艺，并最终找到了解救自己的秘方。这个秘方就是原谅自己的不完美，只有勇敢地生活，在不完美中也能活出灿烂的人生！徒弟的改变就是一种精神与内心信仰的重整，如果没有这次重整，那么他就永远无法走出自己人生的困境。

人生的意义不在于拿到一副好牌，而是在于怎样打好一副烂牌。就算我们天生在某方面存在缺陷，只要我们勇敢、认真地朝着正确的道路走下去，就一定会拥有一个精彩的人生。

整理启示

缺陷既然已经属于自己，我们就应该正确地面对它。如果拥有一颗真诚、美丽善良的心，不必太在意自己身体上的缺陷，努力地做好自己该做的事，使自己更充实，更有内涵，做一个开朗、善良，并且积极进取的人。虽然我们无法使自己外表完美，但绝对有能力使自己内心完美，不会被缺陷和完美所带来的种种所累。

肯定过去，才能整理出美好的未来

过去的事情就过去了，如果过不去，你难道要一直折磨自己？很多人总是沉浸在往事里难以自拔，总是懊恼之前做的事情没有达到自己的预期，感觉自己做错了什么，又好像失去了什么，因此总是不满意。更有的人会为自己的

过去感到自卑，或是身份地位，或是取得的成就，到最后不仅没有什么改变意义，还会阻碍当前的发展，想一下，值得吗？朋友们，这时候我们就需要对自己的内心进行一番整理了，我们应该告诉自己这样一个道理：每个人都是不完美的，每个人都会做错事情，每个人都有着无法改变的过去……既然已然成为过去，我们不妨试着放下，相信所有过去你都做了正确选择，相信过去的一切在某种意义上一定有着它存在的价值和意义，这样我们才能重整心情，走向光明而更美好的未来。

美国总统林肯，在他当选总统那一刻，整个参议院的议员都感到尴尬，因为林肯的父亲是个鞋匠。

当时美国的参议员大多出身名门望族，自认为是上流社会的优越的人，从未料到要面对的总统是一个卑微的鞋匠的儿子。

于是，当林肯站上演讲台的时候，有一位态度傲慢的参议员站起来说：“林肯先生，在你开始演讲之前，我希望你记住，你是一个鞋匠的儿子。”

所有参议员都大笑起来，为自己虽然不能打败林肯但能羞辱他开怀不已。等到大家的笑声停止，林肯说：“我非常感激你使我想起我的父亲。他已经过世了，我一定会永远记住你的忠告，我永远是鞋匠的儿子，我知道我做总统永远无法像我父亲做鞋匠做得那么好。”参议院陷入一片静默。林肯转头对那个傲慢的参议员说：“就我所知，我父亲以前也为你的家人做鞋子，如果你的鞋子不合脚，我可以帮你改正它，虽然我不是伟大的鞋匠，但我从小就跟父亲学到了做鞋子的技术。”

然后他对参议员们说：“对参议院里的任何人都一样，如果你们穿的那双鞋是我父亲做的，而它们需要修理或改善，我一定尽可能帮忙。但是有一件事是可以确定的，我无法像他那么伟大，他的手艺无人能及。”说到这里，林肯流下了眼泪，所有的嘲笑声全部化成了赞美的掌声。

林肯没有成为伟大的鞋匠，但成为伟大的总统。他伟大的特质，正是他永远不忘记自己是鞋匠的儿子，并以此为荣。

我们的出身是无法决定的，但是活得精彩是靠自己努力而来的，所以我们无须自卑，就像林肯，即便他是被人嘲笑的鞋匠的儿子，但是他照样成为一位总统。

每到年末的时候，会听到不少的人在说：“又虚度了一年。”说这样的话的人其实是没有明了生命最本质的意义，只在意该赚的钱没有赚到，该谈的恋爱没有谈成，或者该去实现的旅游计划没有实现……生命是一种度过，从哪里来，到哪儿去，都是未知领域，可以感受得到的只是在穿越中的过程。我们不要总是沉浸于过去的伤感，我们的人生需要自己的不断调整，只要你懂得合理规划，那么你的精彩很快就会出现。我们要学会忘记，忘记过去的成败才能更好地面对自己的未来。

整理启示

我们真的需要改变一下对待生命的态度，珍惜每一个当下，但不要轻易去评价曾经度过的时光，因为此一时，彼一时，今天去评价昨天从来都不是客观的。相信所有的过去你都做出了正确的选择，相信所有的今天你都在珍惜，还要相信所有的明天你都会竭尽全力去努力，那么你的生命就会一直是充实而愉悦的。

整理心态，让后悔发挥积极作用

在很多人看来，后悔是一种非常消极的情绪，能够给人的身心带来一些负面影响，可是这是绝对的吗，其实这真的不一定。我们因为之前做过的一些错事或者遗憾的事情会或多或少地产生一种懊恼的情绪，这是一般人都会产生的心理，但是后悔在一个人未来的成长中也是有着一定的积极意义的，这一切都要看我们如何整理自己的心态。如果你懂得整理自己的内心，那么面对以往的后悔之情我们会奋发努力，改变现状，不让往事重现；如果你不懂得整理自己的内心，你就会一直沉浸在后悔中难以自拔，整日郁郁寡欢，看不到未来的希望。总之，我们每个人都会有遗憾，遗憾不要紧，只要我们能够看到后悔心理的积极面，重整心情，继续努力，那么总有一天我们会把以往的遗憾全部改变。

董乐乐闯过了高考的独木桥，如愿地来到自己理想的大学。经历了高中三年的高压状态，他感觉大学内的空气都是自由的。大学学习主张主动化，可是董乐乐却没有经受住这样的考验。大一的一整年，董乐乐都在为逃脱巨大的学习压力而感到窃喜，他不仅在校内报名参加多个社团活动，而且在校外找了一份兼职来积累社会经验。然而，在忙碌的生活中董乐乐恰恰忽略了一点——学习。期末考试结束了，董乐乐竟然有三门成绩不及格。此时他感到强烈的后悔，并且调整了下学期的目标，决心在今后的日子里张弛有度地学习。从此之后董乐乐懂得了如何调整自己的学习时间，如何安排自己的业余时间，不仅在学习上一直处于前几名，就算在各项活动中也是表现得非常出色。

董乐乐之前因压力而逃避了自己最重要的任务——学习，当面对不理想的成绩时他也产生了深深的悔意，但是他并没有自甘堕落下去，而是吸取了之前的教训，努力做出改变，最终成为一名优秀的大学生。是的，犯错不可怕，可怕的是你不知悔改。当我们意识到问题的严重时，我们不妨学学董乐乐是如何重整自己、如何面对自己的。

后悔是人的一种本能，它普遍存在于个体的生活之中。当前的社会飞速发展，竞争激烈，这就让人的内心在不知不觉中承受着或大或小的压力。当期望与现实不相符的时候，就会激发出后悔情绪。有时候后悔并非是一件坏事，它能够成为前行的动力，而这一切的关键在于人们如何对待和把握。

我们一直在谈面对后悔情绪要懂得整理自己的心态，把后悔当做力量，那么，我们具体应该如何整理自己的心情呢？或许以下几点将会对你的心情调整有着很重要的作用。

1. 我们要对后悔有一个理性而深刻的认识

后悔的产生是因为主观和客观因素的双重作用。在日常生活中，我们要理性地认识后悔心理特征，并且敢于面对现实，从中吸取经验教训，在合理的取舍之后继续前行。

2. 在心理上我们要对后悔充分重视起来

我们都知道后悔会给我们的工作和生活造成一定的负面影响，但是换个角度来说，我们也可以从中看出很多自己不曾注意到的问题，这对于正确认识自己，了解现状有着很大的意义的。所以说，当我们感到懊恼的时候，我们要理性地认识它，重视它，不去做听任或推诿的错误举动，找准原因去解决。只要问题解决了，所有的苦恼也就会随之烟消云散。

3. 我们要善于利用后悔，学会抓住主动权

后悔情绪是一把“双刃剑”，处理不好，小破绽就会变成大漏洞，但是处理得当，它又是事物发展的源泉和动力。我们要在后悔情绪面前辩证地思考，学会在后悔中寻找前进的动力，在问题中寻求发展的机遇。

总的来说，我们必须接受和适应那些不可避免的事情，这不是很容易学会的一课。错过了就别后悔，后悔不能改变现实，只会消弭未来的美好，给未来的生活增添阴影。要是得不到我们希望的东西，最好不要让忧虑和悔恨来打扰我们的生活，且让我们原谅自己，学得豁达一点儿。这就是本篇文章要告诉大家的内容，如何整理就要看我们自己怎样去行动了。

整理启示

当前的情况下，后悔情绪的出现日趋多样化和复杂化，各种负面心情往往纠结在一起。这就需要我们从实际情况出发，正视后悔，改正后悔，并从后悔中寻找前行的力量。

孤独，更能让你品味成功的味道

当谈到孤独的时候，很多人是畏惧的，因为其中蕴含着无尽的酸楚与寂寞。是的，很多人都无法面对孤独、忍受孤独，这是一种正常的心理反应，我们无须苦恼。但是，从某个角度来说，孤独恰恰能够成就一个人，如果一个人能够真心的享受孤独中的静谧与淡然，那么孤独对他来说就是一个不断钻研，不断创造的过程，在这个过程中人的心是安静的，人的灵感也是极易激发的，这就是孤独带给人的力量，它可以成就一个人，完成常人无法完成的使命。

朋友们，别害怕孤独，孤独使我们有时间反省自己、超越自己，它也有着很大的积极意义。如果此刻我们是孤独的，那么我们不妨学着充分利用这段时间去做一些有意义的事情，而不是消耗生命。静下心来，整理一下思绪，调整好状态，对自己的现状进行一番更有意义的安排吧！

下面我们看一下童第周的故事，我们可以从中学习一下他是如果利用孤独让自己发光发热的。

童第周出生在浙江省鄞县的一个农村家庭，由于家境贫穷，没钱进学校读书，他只能在家里边做农活，边跟父亲学点文化。看着其他的小伙伴可以背着书包上学，而自己却不能. 童第周幼小的心灵有着无法释放的孤独。在这份孤独中，童第周给自己立下一个志向——要考进当时在省内名望极高的宁波效实中学读书。

在那一段与孤独相伴的日子里，他经过自己的努力，终于考入了效实中学，成为一个高三插班生，但是他的成绩却是全班倒数第一。面对这样的成绩，童第周的失落和他内心的孤独是无人可以体会的。就在那一刻，他下定决心，一定要把成绩搞上去。

有了这种信念的童第周开始发愤图强。晚上，别的同学一睡下，他就会悄悄起来，独自一人在空荡荡的走廊里，借着昏黄的灯光复习功课。

在孤独中隐忍奋发的童第周，终于在期中考试中考出了令人出乎意料的

成绩：他几何得了满分，而其他各科成绩也达到了70分。期末考试更是考出了全校第一的好成绩，他的进步之快在学校引起了极大的轰动，当校长称赞他进步神速时，童第周说了这样一番话："在效实中学的'两个第一'影响了我的一生，而在这'两个第一'的转变过程中，影响我最深的却是内心的那一份孤独，是孤独让我更好地品味了成功。"

1924年，童第周考入了复旦大学生物系，经过努力，还未毕业的他就已经成为生物系有名的高材生。

1930年，童第周远赴比利时的首都布鲁塞尔，在欧洲著名的生物学家勃朗歇尔教授的指导下，研究胚胎学。这时他做的研究是卵细胞膜的剥除，而这是一项难度很大的手术，要求人在显微镜下把青蛙的卵细胞剥开，由于其卵小膜薄，很多人都失败了。

孤身一人在异国他乡求学，童第周没有人可以问，也没有人可以与他一起分担，唯一陪伴着他的就是那份坦然面对孤独的平和的心情。每次失败后，他都会详细地记录下试验的经过，从中找出失败的原因，从而总结出怎样才能更好地剥除卵细胞。他告诉自己，能经得起失败、经得起孤独的人，才能更好地走向成功。

就这样，童第周在经历了一次次的失败、一个个孤独的白天黑夜之后，终于完成了这项实验任务，而他也成为当时唯一一个能成功完成剥除手术的人，并因此震惊了欧洲生物界。就连勃朗歇尔教授也连声称赞他道："童第周真行！中国人真行！"因为就连教授本人搞这个实验几年了都没有成功。之后童第周更是用这种不怕孤独、不怕失败的精神取得了一个又一个骄人的成绩。童第周成功了，他的成功中也有孤独的功劳。

孤独并不可怕，可怕的是对什么都没有兴趣。能够热衷于一件事物去钻研，而不愿把时间浪费在其他任何一件事情上的人，他不但不怕孤独，有时反而喜欢孤独。能在孤独寂寞中完成使命的人即是伟人。假如你有过极其孤独的岁月，你不仅没有退缩，反而合理调整自己，用自己的能力战胜了可怕的孤独，那么你就能懂得生活的真谛，也能从中挖掘出孤独的价值。孤独与寂寞

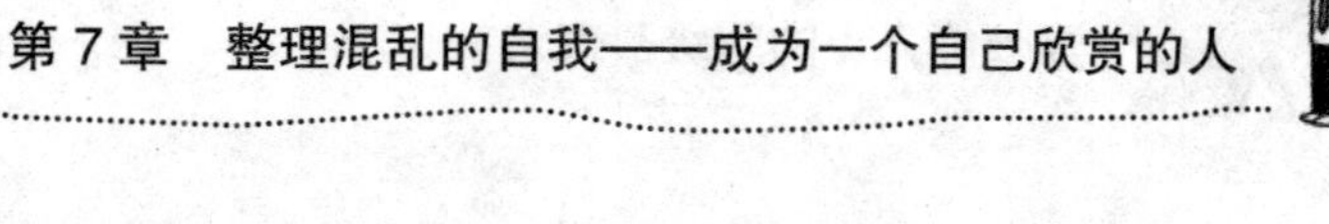

并不如你所认为的那样可怕，因为它对你有激励的作用，关键还是看自己如何调整。

整理启示

每个人都会面临孤独，在这样的情况下，有的人活得照样精彩，而有的人却感觉不到生活的色彩，这是为何呢？在孤独中成就自己的人懂得整理自我，合理安排自己的时间，把孤独当做一种宝贵的财富。而消极的人却堕落在孤独中无法自拔，他们看不到生活的阳光，禁不住时间的考验，永远都不知道自我调整就可以突破当前的黑暗。如何选择，相信大家已然明了。

内向性格，有它独特的魅力

人的性格是多样的，有的人外向活泼，有的人内向腼腆，而有的人的确有着多样的性格。其实我们不应该心怀偏见地对待任何一种性格，特别是内向性格，因为每一种性格都有它独特的魅力，我们不该过于指点。

在生活中，我们都可能会被他人误会，很多时候，那些不善言辞也不想多做解释的内向性格的人被误会的概率远远大于外向性格的人。《心理学国际词典》对“内向”的解释是：“……一种主要的人格特质，其特征是专注自我，缺少社交能力，以及较为消极被动。”对“外向”的解释是：“……性格外向的特点是对外部世界感兴趣，具有高度的自信，社交能力强，敢说敢做，追求感觉和崇尚权威。”这在一定意义上给予了外向性格更多的褒扬，对内向性格来说确实有点儿有失公允。

内向性格的人总是有各种各样的烦恼困扰着自己。在很小的时候，内向性

格的人就饱受困扰：想要有所表现，但是就是容易莫名地紧张；想要融入一个团体，但是就是不知道如何深入进去；每当参加一些自己不喜欢的社交活动就不想出去，自己容易紧张；最近总是没有什么精神，事情太杂乱，感觉自己有点儿力不从心……内向性格的人认为自己没有什么朋友，内向性格的人生活在外界的怀疑和自我否定的阴影中，因而变得异常敏感和不自信。静下心来想一想：我们真的就一无是处吗？别人能做的事情我们就做不到吗？我们自己肯定也不会甘心说是的，因为我们虽然内向，但是我们的骨子里是要强的。我们真的是很孤僻吗？其实我们只是需要更多的时间和空间来恢复精力而已。我们真没有朋友吗？只不过是朋友比较少，但却个个是肝胆相照的至交。我们真不爱说话，拒人于千里之外吗？只不过是喜欢用微笑、点头、眼神等特殊的方式与人交流罢了……

是的，只是他人还不了解我们，不了解真正的我们。如果我们自己不懂得看到自己美好的一面，不认识真正的自己，那么我们该如何调节自己的情绪呢？冷静下来，你就会发现很多烦恼都是多余的、完全不必要的。

其实，内向不是一种不好的品格，只是一种性格。内向性格的人完全可以从对自我的怀疑和否定中走出来，向外向的世界证明，你并不低人一等，内向也并不是失败的代名词。

内向者的优点有很多，他们的努力更容易诠释什么是“化自卑为力量”。如果内向者能不钻牛角尖，那么自卑就是他们前进的最大动力，他们更能够集中精神来弥补自己的缺陷，实现自我的超越。在这个方面内向的人较外向的人更容易实现自我超越。我们不妨看一下下面这个故事。

在古代希腊，人们喜欢聚集在广场，听那些有智慧的人演讲。一天，一个青年上台演讲，他看上去很害怕，向观众行礼时有点儿哆嗦，开始说话后结结巴巴，根本讲不出一句完整的话，在场的听众大为不满，纷纷对他报以嘘声。

青年的自尊心很强，他决定一定要培养自己的勇气，让自己能够在众人面前镇定自若地演讲。他跑到兵营，在刀剑之下练习演讲，对着大海练习大声说话，让自己的声音更加洪亮……青年的不懈努力得到了丰硕的回报，一年后，

他变成了另一个人，当他站在演讲台上时，声音洪亮、字句铿锵、神态坚定，每段话都富有激情，让听众们大为赞叹。这位青年后来成了古希腊著名的演讲家。

内向者对待问题有着比他人更多的注意力与专注度，而且当其沉浸在问题中时，内向者的耐心也会更大。沉静的内心更容易让内向者不断挖掘自己的潜力，创造更多的人生价值。就像故事中的演讲家颇有一种百折不回的顽强精神，如果他将这种精神用于自卑，那他的一生将毫无希望。

内向性格的人处理问题更为谨慎。也许内向者做出决断比较慢，但是正是因为在做出决断前内向性格的人“等一下，让我们再从其他角度考虑一下”这种谨慎的态度，才可以最大限度地规避风险。这样在处理许多重要事情中是非常大的一个优点，可以避免草率，把解决问题的能力发挥到极致。

每一种性格都有它的闪光点，我们要辩证地看待。特别是对那些总是被误解的内向者而言，我们更不用苦恼，其实真的没有必要。当我们苦恼时，我们要学会调节自己，多去看看自身性格的优点，继续发扬，对于那些需要改进的地方我们也不要逃避，勇敢地面对，这样才能让自己形成更完美的性格。

整理启示

不可小看精神的力量，你想要一路自卑，自卑就会发挥它毒草般的力量，扼杀你心中的一切希望；你不服输，自卑就不能压制你。即使你心中始终不能摆脱自卑的阴影，你也是成功的。那么，内向者如何将内敛、羞怯的性格变成一种优势？这需要一定技巧辅助。

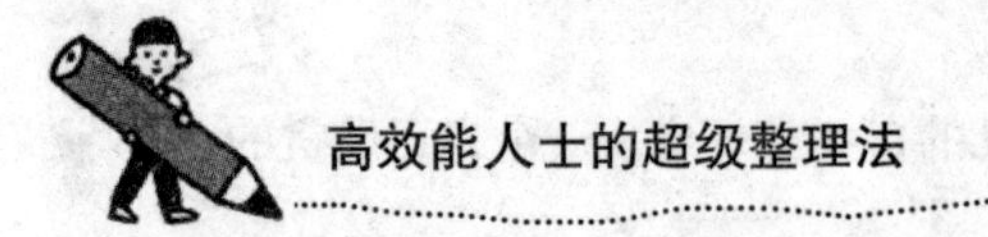

第8章　解放被囚的心灵
——试着了解自己，喜欢自己

我们谈如何整理自己，但是我们了解自己吗？是的，如果你都不了解自己，还谈何去调整自己的现状，改变自己的人生呢？想要解放自己的心灵，首先第一步就是认识自己。生活中，我们要多多留意一下自己的生活模式，看看自己在待人处事、生活、学习、工作等方面是怎样的，有哪些不足与优点，这样才能成就一个更好的、更自信的自己。

对于自己，你了解多少？

我们从哪里来，要到哪里去，整个过程要如何度过，不知道我们自己是否了解？这是一个自我认识的过程，也是一个自我期待的过程，只有正确认识自己，才能更好地了解他人，了解这个世界。认识自己更能超越自己，认识自己才能减少自己人生的弯路。下面这个故事或许会对我们有所启迪。

早晨，一只山羊在栅栏外徘徊，想吃栅栏内的白菜，可是进不去。它看见了自己的影子，因为太阳是斜照的，影子拖得很长很长。

“我如此高大，一定能吃到树上的果子，不吃这白菜又有什么关系呢？”它对自己说。它奔向很远处的一片果园。还没到达果园，已是正午，太阳照在头上。这时，山羊的影子变成了很小的一团。

“唉，我这么矮小，是吃不到树上的果子的，还是回去吃白菜吧。”它对自己说，过了片刻他又十分自信地说，“凭我这身材，钻进栅栏是没有问题的。”

于是，它又往回奔跑。跑到栅栏外时，太阳已经偏西，它的影子重新变得很长很长。

“我干吗回来呢？”山羊很惊讶，“凭我这么高大的个子，吃树上的果子是一点儿也不费劲的！”

山羊又折了回去，就这样直到黑夜降临，山羊仍旧饿着肚子。

故事中的山羊对自我没有一个正确的认识，因此它只能一次次在错误的认识中走向失败。我们相信它的形象意义也是很多人的一种映射。很多时候我们的痛苦不是自己不够努力，也不是自己不够聪明，而是根本都不知道自己是谁，对自己没有一个合理的定位，这样怎么可能不受挫呢？

人贵有自知之明，说的就是要真正地认清自己。事实上，没有哪个人可以在人生的各个方面都表现得都很出色。如果我们高估或低估自己的力量，那么我们因决策失误所遭受伤害的程度就会增加。

其实，我们每一个人都有自己的长处，只是有的人不善于发现罢了。假如你不相信自己、胆小怯懦，那么你就很难看到自己最真实的一面。那么如何才能更好地了解自己、挖掘自己的潜力呢？或许以下几点将会为你指点迷津：

第一，想一下，自己能做什么。

很多人不知道自己能够做什么，有时候觉得什么都能做，有时候觉得什么都做不了。你能做什么，是基于你对自身能力的认识。人要想生存，就必须具备一定的能力。比如，你的口语表达能力非常棒，那你可以做销售；比如你的文笔非常好，你可以做作家或者编辑；比如你的外语非常好，你可以做私人外语导游；比如你喜欢孩子、热爱教育事业，你可以做教师或者从事教育方面的工作……所以，人生在世，必须培养一项或几项基本技能。如果你把这个问题弄清楚了，在求职的时候，就能够少走些弯路。

第二，你是否知道自己应该做什么。

人总不能满足于现状，如果你只想碌碌无为地活下去，那你就没有必要考虑这个问题了；如果你想活得更好，你就要仔细考虑这个问题。在力所能及的基础上，你还应该做哪些来提升自己、发展自己呢？比如，你口才很好，那么你甘心只帮别人卖一辈子的房子吗？你是不是应该在和客户打交道的时候不断积累资源，不断扩展自己的关系网，条件成熟的时候，自己开一家房地产公司？你唱歌唱得好，难道你仅仅满足于在酒吧里唱吗？难道你就不想出自己的唱片？不想成为万众瞩目的歌星？

第三，自己有没有兴趣爱好。

这个问题是基于一个人对幸福的追求而设，很多人可以成功，但他们并不幸福。成功和幸福是两码事，你拥有巨大的财富，你拥有显赫的声名，可是你却做着自己不喜欢做的事情，你的精神在遭受着折磨，那么你还有什么幸福可言？你虽然只是一个普通的画家，但你能够养活自己和家人，又把画画作为你一生的兴趣和追求，你活着就很充实。你找对了自己的位置。只要你努力下去，你不但可以成功，还可以得到幸福。

所以，如果前面的问题你回答了，就可以进一步想想下一个问题。最好的结果莫过于这三个问题的答案都一致。如果你真的想快乐，想轻松，想幸福，那么，你就赶快先认清自己，并且利用你已有的条件，做你自己喜欢做的事情吧！

认识自己是整理人生的关键一步，也是最开始的一步。我们不必着急去做出什么伟大的事情，当我们能够很好地做好自己的时候，就是很不平凡的一件事。所以，静下心来审视一下自己，思考一下我们到底是一个什么样的人。

整理启示

西方有这样一句谚语：“如果一个人知道自己想要什么，那么整个世界都会为之让路。”人年轻时往往认为没有自己办不到的事，什么都想去尝试，可经过挫折后，方才明白原来人的能力是有限的，一个人不可能样样都行，要知道自己能干什么和不能干什么。

相信自己，摆脱自卑的折磨

李运是一名应届毕业生，还没有毕业的时候，就一直担心自己找工作的问题。李运觉得自己的专业一点儿都不热门，而且自己上的大学也不是什么名牌大学，就算是去面试那也没什么优势可言，加上现在的就业形式不乐观，上届毕业的学生也没有几个能找到如意的工作，有的到现在还没有稳定的工作。面对如此大的压力，李运的内心更是压抑不安，他感到非常迷茫，感觉自己已经不知道如何是好，自己也不知道怎样走出这一步，就连简历制作也成了他的心事，不清楚自身有什么优点和特长可以介绍，越是这样他就越没有了自信。最后，简历倒真成了李运的简单经历，就这样发送了出去，当然也是石沉大海，求职无门。

朋友们，是什么导致了李运的失意？相信大家很明白，是自卑的心理让李运无法走出人生的这一步。求职就是一个推销自己的过程，在这个过程中求职者要做的无非是如何让用人单位认可自己。要得到用人单位的认可，求职者首先得有信心，假如自己都觉得自己非常的糟糕，无法胜任这个工作，那么你有什么理由去要求用人单位聘用你呢？

每个人都有自己的优势，我们不要总是忽略自己的优势而紧紧抓住自己的短处不放。李运的行为和心理是一种非常明显的自卑，生活中我们也会有这种心理，我们要懂得发现自己的自卑，及时调整自己的内心，这样才不会在自卑的泥沼中越陷越深。

怎样克服自卑心态，让我们的生活更加轻松，更加明朗呢？我们接下来就谈一谈克服自卑的方式方法，希望这些方法能够为我们带来一些益处。

第一，敢于坐在前排。

敢于坐在教室或者会议室等场所的前排是一种培养自信的方法。一个人如果敢于把自己置于众目睽睽之下，那么他的勇气是值得我们肯定的。要知道，一个怯懦的人是非常抵触这种行为的，他们没有勇气把自己安置在一个受人瞩目的位置。假如逼迫自己克服这份胆怯，慢慢形成习惯，那么自卑也就在潜移默化中变为自信。

第二，敢于正视别人，不要害怕。

眼睛是心灵的窗口，一个人的眼神可以折射出性格，透露出情感，传递出微妙的信息。正视别人等于告诉对方："我是诚实的，光明正大的；我非常尊重你，喜欢你。"因此，正视别人，是积极心态的反映，是自信的象征，更是个人魅力的展示。

第三，走起路来要昂首挺胸，充满自信。

你的内心如何通常会在你的行为上体现出来。缺乏自信的人走路总是慢慢腾腾，没有朝气，甚至垂头丧气般行走。一个自信满满的人恰恰相反，他们走起路来昂首挺胸，目光也非常坚毅，整个外貌给人带来的就是一种活力四射的感觉。从此刻起，注意自己的走路姿势，保持轻快敏捷的步伐，昂首挺胸，这样才能给人带来明朗的心境，使自卑逃遁、自信滋生。

第四，当众发言，表达自己的观点。

面对大庭广众讲话，需要巨大的勇气和胆量，这种办法可以说是克服自卑最为有效的方法。想一想，你的自卑心理是否多次发生在这种情况下？其实当众讲话，谁都会害怕，只是程度不同而已。所以你不要放过每一次当众发言的机会。

第五，懂得激励自己。

自卑的人一般都比较敏感脆弱，禁不起挫折的打击，那么应当注意，凡事不应常怀奢望，要善于自我满足，知足常乐。无论学习或工作，目标不要定得太高太大。不然，就易受挫。如目标本身较高，可将它分解为一个个小目标，这样就易成功，而每次成功都对自己是一种激励，这样有利于提高自信心。

整理启示

克服自卑的最好办法就是对万事万物抱有一颗平常心，能够看到自己的缺点，也能看到自己的长处；能看到别人的好，也能看到别人的不好。时间一长，你心里就会慢慢平静，造物主是公平的，一个人心态平和自然会逐步消除自卑。

你是否知道自己喜欢什么

人们曾请艾萨克·阿西莫夫简述一下自己的经历，他说道：“我决定从化学方面取得博士学位，我做到了；我决定娶一位非同寻常的姑娘，我做到了；我决定写故事，我做到了；然后我决定写小说，我做到了；以后我又决定写论述科学的书，我也做到了。最后，我决定成为一位时代的作家，我确实变成了这样一个人。”

这些幽默风趣的话，只有自信十足的人才能说得出来。

这位生物化学副教授曾在波士顿大学的实验室里工作过，但是他却在那儿断定：自己的前途是在打字机上，而不是在显微镜下。他回忆道：“我明白，我绝不会成为一个第一流的科学家，但是我可能成为一个第一流的作家。就这样，我做出这样的选择：决定做我能够做得最好的事情。”

于是，他以惊人的速度不停地写啊，写啊，写……更精确地说，是在打字机上敲啊，敲啊……

他的大脑和双手一样，简直没有停歇的时候。因为在他的脑海里，同时酝酿的创作题材从来不少于3个。一星期7天他总是坐在堆满了各种各样的书籍报刊的办公桌旁，每天至少打字8小时。他以每分钟90个字的速度边敲边构思，但手指的动作仍跟不上风驰电掣般的思绪。他常常一个星期就能写出一部书。阿西摩夫已经成为当代一位百科全书式的杰出人物。他的精神感人之深，他的巨著影响之大都是罕见的！

想要爆发自己的能量，就需要充分了解自己的潜能，想要挖掘自己的潜能，那就要明白自己到底在哪个领域有着极大的能量。总而言之就是了解自己的兴趣。当你能非常清楚地了解了自己，那么你的兴趣就会给你带来一定的推动力，指引着你去为了自己的梦想而奋斗，不管前方的阻力有多大，你都能更有信心地坚持。其实相信自己能够成为什么样的人，并付出相应的努力，你就会成为什么样的人。

有一个男孩子，父母希望他能成为一位体面的医生。可是男孩儿读到高中便被计算机迷住了，整天鼓捣着一台如今看来十分落后的苹果机，他把计算机的主板拆下又装上……

父母很伤心，告诉他，他应该用功念书，否则根本无法立足于社会。可是，男孩儿说："我对电脑很感兴趣，有朝一日我会开一家公司。"可父母根本不相信他，还是千方百计按自己的意愿培养男孩儿，希望他能成为一位医生。

不久，男孩终于按照父母的意愿考入了得克萨斯大学选修医学，可是他只喜欢电脑。在第一学期，他从当时零售商处买来降价处理的IBM个人电脑，在宿舍里改装升级后卖给同学。他组装的电脑性能优良，而且价格便宜。不久，他的电脑不但在学校里走俏，而且连附近的法律事务所和许多小企业也纷纷前来购买……

第一个学期快要结束的时候，他告诉父母，他要退学。父母坚决不同意，只允许他利用假期推销电脑，并且提出条件，如果一个夏季销售不好，那么，必须放弃电脑。可是，男孩的电脑生意就在这个夏季突飞猛进，仅用了1个月的时间，他就完成了18万美元的销售额。

他的计划成功了，父母不得不同意他退学。

他成立了自己的公司，打造了自己的品牌。在很短的时间内，他良好的业绩引起投资家的关注。第二年，公司顺利地发行了股票，他拥有了达1800万美元的资产，那年他才23岁。

10年后，他创下了类似于比尔·盖茨般的神话，拥有资产达43亿美元。他就是美国戴尔公司总裁迈克尔·戴尔。

正是基于自身的兴趣，他理智地做出了正确的选择，从而成就了日后的辉煌。所以，当你选择生存之路时，千万别让你的兴趣在岁月中消磨殆尽，而应该紧抓兴趣，创出一番不凡的事业。

我们每个人都有着自己喜欢的东西，前提是我们是否发现了我们在这方面的才能和潜力，我们是否坚持住这一份梦想，让它发光发热。我们要了解自己的强项和天赋，培育它并进而发展成自身的专长。假如所有的人都知道自己究竟有什么特长，那么谁都能在某个方面取得卓越成就。所以先弄清自己的天赋究竟是什么类型，然后将之发扬光大。比如，有的人明察善断，有的人勇气过人。大多数人都在粗暴地对待自己的天赋，最终一事无成。他们在自己褊狭的热情中迷失，待日后真相大白之时，却为时已晚。

整理启示

也许你不相信，很多人终其一生都不知道自己的长处与天赋，自然也就谈不上发挥和应用了。其实，在每个看似平淡无奇的生命中，都蕴藏着一座丰富的“金矿”，只要善于发掘，就会挖出让自己都惊叹不已的无尽宝藏。

有思想，不要被规矩所束缚

做人做事一定要有原则。俗话说：“国有国法，家有家规。”倘若没了规

矩来限制人，某些事情的发生，社会必将大乱，所以规矩是必须遵守的，这就是规矩的积极意义。但是对于一个人的心灵来讲，如果处处讲规矩，不懂得变通，固守在思想的“死规矩”里面，那么他就极易被规矩束缚手脚，很难有所创新。有位哲人说：“这个世界是个大笼子，而人心是小笼子。”我们被困锁起来，如何才能轻易逃脱呢？总是会有一些声音时时鞭策我们“最好不要这样去做”“不能这么去做”“这样做不划算”“不能太由着性子”，我们被社会规则所束缚，被一些所谓的章程束缚得太严重，渐渐就极易失去了自我，失去了敢于创造、勤于思考与改变的决心。

我们要有自己的思想，要懂得思考，要不断调整自己的状态，这样才不会被那些条条框框所束缚，在问题面前也不会被困住。

孔融是东汉末年的文学家，很有天分。孔融4岁让梨的故事早已被后人传为美谈，但他巧思分梨的故事却少有人知晓。

一天吃完午饭，孔融便开始念书。这时老管家进房传话说：“小主人，在外地的伯伯、叔叔、婶婶和6个堂兄妹都来了，夫人叫你一起聚聚。”听到这些，孔融高兴地跳了起来，说句实在话，伯伯、叔叔长年在外地做官，孔融一直没见过他们，特别是自己的6个堂兄妹，不知都是什么样子。于是，孔融很快就跑到了他们身边。在父母的介绍下，孔融逐个给伯伯、叔叔、婶婶和6个堂兄妹行礼，大家都夸他是一个有礼貌的好孩子。

这时，母亲叫丫鬟端上一盘梨，叫孔融把6个鸭梨分给6个堂兄妹吃。

孔融正要分梨，父亲给他出了个难题：“等一等，你给堂兄妹分梨，每个人1个，而且盘子里还要留1个，你知道怎么分吗？”

父亲想借此机会让孔融展示一下自己的才智，谁知题目太难，反倒把孔融给难住了。伯伯、叔叔、婶婶们也觉得这事连他们也没办法，更何况是一个孩子呢？6个堂兄妹也不知道该怎么分，心想：“这样分梨，我们6个人中总有一个人吃不到梨子呀！”

孔融皱紧了眉头，他有些为难地看了看母亲，母亲鼓励他：“孩子，再好好想想！梨子分来1个不少，我相信你一定会有办法的。”

孔融低头陷入了沉思，忽然，他高兴起来，拍着小脑瓜儿说："我知道该怎么分了。"

只见孔融先把盘中5只梨子分别递给5个堂兄妹，这样，盘中就还有1个梨，可还有1个堂妹没有分到梨子，这个堂妹看上去非常委屈。伯伯、叔叔和婶婶也不同意这样分。孔融微微一笑，把梨和盘子一起递给了这个堂妹。

"孩子，你分得很对，能不能给大家讲讲为什么要这样分？"父亲高兴地说。

孔融回答得很干脆："每人分一个，说明6个堂兄妹都必须有梨吃；盘子里还要留1个，也就是说只要有1个梨子放在盘子里就行，所以我这种分法并没有错。"

大家这时候才真正理解了他的分法，连夸孔融聪明过人，父母亲也开心地笑了。

人们如果勇于打破规矩的束缚，肯创新，就能发现一片新天地。这正如一位著名画家所说的："没有规矩，不成方圆；打破规矩，另成方圆。"尤其在现在这么一个新时代，科技飞速发展，社会进步神速，创新是非常重要的。一个追求卓越的人，绝不能被规矩左右，而是要努力去控制规矩。只有这样，才能不断进步。

我们要摆脱那些旧思想的束缚，进而开发一下自己的潜能，相信我们创新的思想将会帮助我们解决一切看似繁杂的困扰。

整理启示

生活的过程就是一种制造艺术的过程，怎样让自己寻找到蕴藏在其间的真谛？那就要不断地积累经验，不断地尝试与面对新的事物，轻松快乐地面对每一天，面对每一个人。不要束缚自己的心灵，勇往直前，享受生活带来的一切，生活一定会给你一个美好的答案！

洒脱一点儿，释放内心的压力

如果一个人长时间处于承受压力的状态下，他就很可能走向崩溃。一个人所能承受的最大压力是很有限的，当压力达到自己所承受的极限时，就会表现异常，经常莫名其妙地对自己身边的人发脾气，变得非常冲动。还有些人在压力达到自己无法承受的地步时很容易走向极端，铸成无法挽回的大错。所以说，我们要时常地对自己的心灵进行大扫除，解放自己被束缚的心灵，把自己的内心世界打扫得干干净净，排除那些压抑内心的因素，这样我们才能拥有健康的身心环境，才能让自己的人生更为高效、健康地运转。

“二战”时期，米诺肩负着沉重的任务，每天花很长的时间在收发室里，努力整理在战争中伤亡人员和失踪者的最新信息。源源不断的情报接踵而至，收发室的人员必须分秒必争地处理，一丁点儿的错误都可能会造成难以弥补的损失。米诺的心始终悬在半空中，小心翼翼地避免出现任何差错。

在压力和疲劳的袭击之下，米诺患了结肠痉挛症，身体上的病痛使他忧心忡忡，他担心自己从此一蹶不振，又担心自己是否能撑到战争结束，能否活着回去见他的家人。在身体和心理的双重煎熬下，米诺整个人瘦了34磅。他想自己就要垮了，几乎已经不奢望会有痊愈的一天。身心备受煎熬，米诺终于体力不支昏倒在地，住进了医院。

军医了解他的状况后，语重心长地对他说：“米诺，你身体上的疾病没什么大不了，真正的问题出在你的心里。我希望你把自己的生命想象成一个沙漏，在沙漏的上半部，有成千上万的沙子。它们在流过中间那条细缝时，速度都是平均而且缓慢的，除了弄坏它，你跟我没办法让很多沙粒同时通过那条窄缝。人也是一样，每一个人都像是一个沙漏，每天都有一大堆的工作要去做，但是我们必须一次一件慢慢来，否则我们的精神绝对承受不了。”

医生的忠告给了米诺很大的启发，从那天起，他就一直奉行着这种“沙漏哲学”，即使问题如成千上万的沙子般涌到面前，米诺也能沉着应对，不再杞人忧天。他反复告诫自己："一次只流过一粒沙子，一次只做一项工作。"不久，米诺的身体便恢复正常了，从此，他也学会了如何有条不紊地处理自己的事务。

压力是一种毒药，无时无刻不在吞噬着我们的健康，我们改变不了外界环境，但是我们能改变自己的内心，如何看待压力、如何释放压力，全凭我们自己把控。在匆忙工作之中，别忘了给自己的心灵放个假，让它充分享受放松带来的愉悦。别总以为把内心装得满满的就是充实，其实卸下心灵的负荷更是一种幸福。

那么，我们具体应该怎样做才能够释放掉内心的压力呢？

第一，试着去寻求亲朋的支持。

当你觉得自己的心理压力过大，已经快超出承受极限时，可以适当地向亲戚、朋友、心理医生求助。倾诉可以缓解你的精神紧张，千万不要一个人硬撑。其实承认自己在一定时期软弱，然后通过外部有益的支持降低紧张、减弱不良的情绪反应是明智之举。

第二，不要同时做几件事。

不要指望自己能同时做好几件事。与其同时做几件事情，不如考虑如何提高效率。事情多了可能对于那些抗压能力较弱的人来说比较困难，极易进入压抑状态，这时候我们可以慢慢从简单做起，逐渐给自己增加任务量，这样不仅能提高效率，还能不断提升自己对困难的身心适应能力。

第三，积极从事体育锻炼。

从事任何项目的体育活动都能使人感到惬意，但前提是不要运动量过大。另外，与其在家中使用健身器械，不如到公园散步、同朋友踢球、打球或到游泳馆游泳。

第四，自我心理暗示。

通过积极的自我心理暗示，如告诉自己"这些都不算什么，我可以轻松解决"，或者训练思维"游逛"，如想象"蓝天白云下，我坐在平坦绿茵茵的草地上"，"我舒适地泡在浴缸里，听着优美的轻音乐"。这些积极的暗示都能

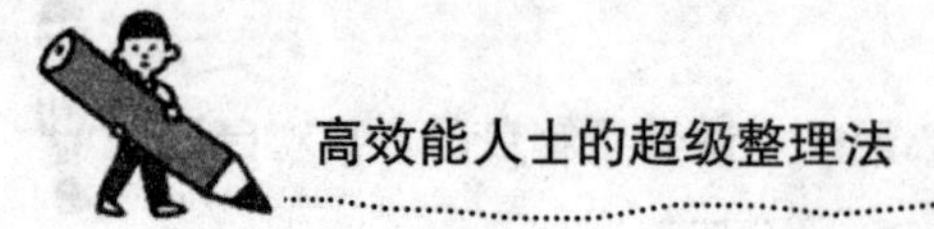

在短时间内让你平复心情，获得轻松感。

第五，留给自己一些时间。

要学会多留些时间给自己。一个人如果总是不能闲着，会使周围人的情绪紧张。如果累了，你就躺着，即使不累，为了爱惜自己，也可以躺着放松一下。

整理启示

生活在这个世上会遇到很多烦恼，这是不可避免的，但是你在苦恼的同时为何忽视了那些幸福与快乐呢？所以说欢乐和烦恼都是共存的，我们无须给自己太多压力。我们需要做的就是在烦恼的时候调整自己的心情，学会为自己的心灵减压，让我们的内心容纳更多的欢声笑语。所以，我们就需要经常给心灵做个大扫除，放下一些应该放下的东西，减轻心灵的负荷，还原心灵的本真，唯有这样才能体验到真正的快乐。

欣赏自己，你真的很出色

心理学教授威廉·詹姆斯说：“世界精神太忙碌于现实，太驰骛于外界，而不遑回到内心，转回自身，以徜徉自怡于自己原有的家园中。”我们忙于追逐，忙于比较，忙于欣赏这个繁华的世界，可是我们是否懂得静下心来审视一下自己，是否有时间在自己的精神家园里使自己休憩片刻。我们没有理由总是欣赏别人，而忽略了自己的优点；没有理由一味地比较，而最终失去了自我。罗丹说：“生活中并不是缺少美，而是缺少发现美的眼睛。”只要接纳自己，学会欣赏自己，你会发现一个全新的自己。

懂得欣赏自己，愿意相信自己，那么我们就会发现，其实我们真的很

出色。

在一个寺庙里，有一个和尚每天都要挑着两个水桶到山下挑水。但他的两个水桶一个完好无损，另外一个则有一条长长的裂缝。每次和尚把水挑到庙里的时候，那个破桶里面都只剩半桶水了。那个完好的水桶不禁为自己的功劳和成就而沾沾自喜。而那个可怜的有裂缝的水桶因自己天生的缺陷而感到自卑和愧疚，心里总是不断地自责，因此它对和尚说："我真是无能，真是对不起。"

和尚笑着说："你为什么要愧疚呢？"

那个裂缝的水桶答道："你费了那么大的力气，可是每次我只能装回半桶水来，我没有让你得到应有的回报。"

和尚听完水桶的话，安慰它说："在回寺庙的山路上，我希望你仔细看看小路旁那些芬芳美丽的花儿。你没有发现那些美丽的花儿，沿途只长在你这边的小路上，而没有长在完美的水桶那边的小路上吗？"我经常到路旁摘这些美丽的花儿，把它们插在房间的花瓶里，让每天的房间里都弥漫着花的芳香，如果没有你，我们的房子怎么会如此芬芳馥郁呢！我应当感谢你才对。"

我们不能戴着有色眼镜看别人，也不能这样看待自己，因为我们每一个人都有自己的闪光点，即便你觉得在很多方面不如他人，但是你同样也拥有着别人没有的财富。所以说不要哀伤，正确地看待自己、欣赏自己，这样我们才能拥有美好的明天。

想要真正地欣赏自己，你需要培养以下几点意识：

第一，深入了解自己，找到自己的长处。

人生的诀窍就是发现自己的优势，经营自己的长处。富兰克林说"宝贝放错了地方便是废物"，就是这个意思。在人生的坐标系里，一个人如果站错了位置，用他的短处而不是长处来谋生的话，那将会是异常艰难甚至可怕的，他可能会在永久的卑微和失意中沉沦。

第二，为自己鼓掌。

美国曾有位心理学家说过："不会对自己的成功进行赞美，人便不会有向上的愿望。"学会为自己鼓掌，懂得通过赞美自己的每一次成功，来为自己不断增强奋力向前的信心，从而让自己获得成功。为自己鼓掌并不是傲视一切的孤芳自赏，也不是唯我独尊的桀骜不驯。因为它不需要大动干戈的勇气，也不需要改头换面的毅力，它只属于一种醒悟，一种境界，一种面对困难能给予自己信心的源泉，一种推动自己向挫折与失败挑战的勇气与动力。

第三，每天对着镜子肯定自己。

一位心理学研究者曾经说过，我只看自己看到过的，不看自己没有的，我的优势首先在于我的自我肯定。生活中的每一个人都应让自己努力展现出杰出的一面，这不仅是心理健康的需求，更是生存的需要。

整理启示

有这样一句经典的话：“你在桥上看风景，看风景的人却在楼上看你。”当我们总是在羡慕别人的时候，别人却正在欣赏着你，正可谓“风景总是在别处”。朋友们，静下心来，审视一下自己，你是否感觉已经很久没有平静的审视自己了呢？多看看自己美好的一面，多给自己打打气，你要明白其实我们自己也需要发自自己内心深处的鼓励。接纳自己，学会欣赏自己，活出自己的价值，眺望远处的风景，准确把握自己的坐标，这才是人生的魅力所在！

第9章　整理当下的生活——调整自己，积极应对现实生活

有时我们可能有这样的想法：为何我总是对现实感到无力？其实很多时候只是我们活得太漫无目的，在迷茫中迷失了自己。我们的不安、紧张、多疑都是因为我们对自己的当下及未来没有一个合理的定位，如果想要清醒的生活，就要懂得不断调整自己的内心，只有自己的内心强大了，那么我们才能有更多的安全感，才能安稳的生活。相信本章将会教会你如何调整自己，清醒地对待现实与生活。

当下的你是否对生活感到迷茫?

荷马史诗《奥赛罗》中有一句至理名言：没有什么比漫无目的地徘徊更令人无法忍受的。人如果没有追求，没有目标，就很容易迷失自己，不知道自己为了什么而活，这样的人很难有什么大成就。说起迷茫，谁又没有过这种痛苦的生活体验呢？迷茫会让我们对现实感到心痛与无奈，对梦想感到奢望与无力，我们似乎陷在一个绝望的泥沼里痛苦地挣扎着。但是我们不应该处于一种安于现状的心态，我们要懂得大步迈出来。当我们在泥泞而曲折的道路上艰难地跋涉时，请不要对前途充满迷茫，请相信即使这一路是步履蹒跚、脚步踉跄，只要能够顶着压力、迎着风雨坚持前进，你一定会等到柳暗花明的那一刻。

高考将近，陈晨已经被保送到了大学。刘浩也不愁，父亲早已为他联系

好了一所国外的学校，到时候，他直接去国外读书，毕业之后回国接手爸爸的事业，人生之路一帆风顺。班上很多同学都很羡慕刘浩，可刘浩却一点儿也不高兴。

刘浩和几个好朋友在一起的时候，他们总会发出“人活着到底是为了什么”这样的疑问。这些朋友甚至包括是模范学生的陈晨，只不过陈晨会偶尔附和一下，过后就忘了。

可是刘浩不一样，这个问题一直困扰着他。有时候，他想：“难道是因为人生就这样都被爸爸安排好了，怎么会这样？”而且，他一直很羡慕国外的教育和生活方式，老早就期盼着了。怎么现在快要去了，反而生出很多茫然？

反正是要出国了，高考参加不参加都无所谓，刘浩就将时间花在了这个哲学问题上，到底自己想要什么样的人生？在网上，在图书馆，刘浩看了很多资料，这个说，人生是一个过程，一定要努力实现自己的梦想；那个说，人生就是一段旅程，一定要好好地享受生活……反正是众说纷纭，莫衷一是。刘浩思来想去，一头雾水，还是找不到自己人生的方向。

思考了一段时间之后仍找不到答案，刘浩决定放弃了，心想：反正也想不出个所以然，何必浪费那个劲儿，还不如好好玩一段时间再说呢。慢慢地，他又开始掉进网络游戏的陷阱当中去了。星期天，刘浩来找陈晨一起玩，中午就在陈晨家里吃饭。吃饭的时候，刘浩跟陈晨说起他最近玩的那个游戏，说得是眉飞色舞、唾沫横飞。陈晨爸爸在一旁皱起了眉头，高考在即了，哪还有心思玩游戏。陈晨爸爸将心里的想法说了出来。

“叔叔，我爸已经联系好了国外的学校。”刘浩毫不在意，“我就等着高考完了出国去，人生就那么回事，现在不玩以后不一定有机会玩了。”

听到这话，陈晨爸爸眉头皱得更深了，说：“陈晨，刘浩。”看着两个人抬起头来，陈晨爸爸才再次开口：“你们现在正处于一个很危险的年龄段，需要思考的问题太多，如果不把握正确方向的话，很容易误入歧途。”

“爸，我知道你要说什么，‘好好学习，天天向上’嘛。我们都懂的。”陈晨调皮地顶了句。

“不，光好好学习还不行。”陈晨爸爸不知道是没听出来陈晨话里有话呢还是怎么着，一本正经地说，“现在科技那么发达，‘两耳不闻窗外事，一心只读圣贤书’肯定是行不通的。你们平时上网的时候也要多浏览各种新闻，学会从各种信息中辨别真假善恶，培养自己独立思考的意识。”

鼓励孩子上网，这可不是一般父母能做到的。陈晨和刘浩开始洗耳恭听，“一个人一生想做什么，想成就什么样的事业，这不是凭空而来的，而是经过后天的学习、积累过程中慢慢得来的。越早知道自己想要什么，也就越能成功。你们现在还不知道自己想要什么，很茫然，这是正常现象。”陈晨爸爸说，“孩子们，学业对你们来说非常重要，所以必须要在这阶段打好基础，不断积累自己的人生财富，只有你学得多了，你才能更明白什么是自己想要的。这需要你们多方面的吸取经验，学习知识，参与各种实践活动，从中寻找自己的理想、兴趣所在。人生确实是一段旅程，但是怎么走，却决定着你一路的风景。”

“说得好。”刘浩竖起了大拇指，“叔叔，听您这一席话，胜读十年书。我们确实需要充实自己，不断努力，把控自己人生的‘方向盘’，有方向才不会迷茫，才会有更大的希望。”

是啊，如果一个人没有了生活的方向，那么他怎么可能不迷茫呢？很多人总是说迷茫，很大一部分原因就是他们不知道自己要干什么，不知道自己的未来在哪里。一个人不论在何位置，都要有自己的目标，假如你自己都不知道自己要做什么，那么你真的应该好好思考一下自己一直以来的状态了。

面对迷茫这种情况，我们应该如何应对？看完以下几个问题，迷茫的人们将会知道怎样寻找人生的方向。

第一，想一下，你是谁。

你是否认识你自己？你是否知道自己是谁？这个问题其实蕴含着深刻的含义，可以说是一个哲学问题。我们要学会剖析自己的内心，认识自己的优缺点，真正全面地了解一下自己到底是一个什么样的人。

第二，问问自己现在在哪里。

我们自己现在处于一个什么样的状态，我们是否知道？或许很多人根本没时间思考我们的现状如何，或许大家走得实在是太匆忙。不管我们有多忙，我们都要学会停下来审视一下自己的现状，一定要清楚自己的坐标，这样才不会迷失自己。

第三，询问自己将要去哪里。

自己要去哪里，这实际上就是人们的目标，这个问题在心理学上又叫“自我实现”。我们要挖掘自己的价值点，找准目标，然后奔着目标不断前进，这样才能更好地实现自己，倘若一直处于漫无目的的瞎混状态，那么我们就要考虑一下自己活着的意义是什么了。

迷茫的时候，不妨问问自己是谁，在哪里，将要去哪里，这样或许就能看见前方道路上的光明，看清前方的路标，摆脱内心的困惑。

整理启示

人生包含着很多不同的方向，不管是你选择一种什么样的人生，都要有一个明确的目标。就像是一艘在汪洋中远行的航船，如果无法掌握好航向，便只能在浩瀚的海洋中迷失方向，最终被暴风雨吞噬。

轻松生活，远离他人的眼光

眼睛长在别人脸上，他要怎么看你，那是他的事情，你管不了，也改变不了。你能改变的是转过头来，不去在意那些眼神，不去理会他们的质疑，不要总觉得大家有事没事都盯着你的一举一动。我们要有自己做的事，不要总是考虑他人怎么看自己，我们要明白其实我们没有那么多“观众”的。一个人如果总是活在别人的眼光里，他肯定是不自由的。一个人如果经常在意别人的眼

光，他的心里一定是不清静的，因为他时时刻刻在想，别人会怎么看我。这样地活着，我们该有多累啊！

《伟大的安伯森斯》和《爱丽丝·亚当斯》的作者布思·塔金顿是20世纪美国著名的小说家和剧作家。

在一次艺术家作品展览会上，有两个十分仰慕他的小姑娘请他签名。

“我没有带钢笔，用铅笔可以吗？”布思·塔金顿其实知道她们是不会拒绝自己的，他仅仅是想表现一下自己身为一个著名作家谦和地对待普通读者的大家风范。

“当然可以。”女孩们爽快地答应了。一个女孩很快地将精致的笔记本递给布思·塔金顿，他取出铅笔，潇洒自如地写上了几句鼓励的话语并签上了自己的名字。

不料，一个女孩看过他的签名之后，却眉头紧锁，她仔细地看了看布思·塔金顿，问道：“你不是罗伯特·查波斯？”

“不是，我是布思·塔金顿，《伟大的安伯森斯》和《爱丽丝·亚当斯》的作者，两次获得普利策奖。”

令人意想不到的是，这个女孩扭过头去对另外一个女孩说：“玛丽，请把你的橡皮借我用用。”

刹那间，布思·塔金顿感到无地自容，所有的骄傲和自负化为乌有。

晚上回到家里，布思·塔金顿仍然为白天的不快感到懊恼。这时，他的儿子来到他的面前，给了他一个橘子。布思·塔金顿的儿子非常喜欢吃橘子，可布思·塔金顿本人却很不喜欢吃橘子。于是，儿子就劝他说橘子富含维生素，多吃对身体有好处。心情烦躁的布思·塔金顿怒吼道：“再好的橘子我也不喜欢吃，因为我压根儿就不喜欢橘子的味道。”

话音刚落，他突然意识到了什么，立刻高兴了起来。原来，他顿悟了一个道理：哪怕再好的橘子，也照样有人不喜欢，人又何尝不是如此呢？

苏轼曾说：“横看成岭侧成峰，远近高低各不同。”人生是一个多棱镜，总是以它变幻莫测的各种角度折射出生活中的每一个人。人与人都不相同，这

就注定每个人的人生都将是千差万别的。也正是因为这些差别，世界才显得多彩而绚丽。但总有些人十分在意别人的评价，用别人的“尺度”来衡量自己，久而久之，难免变得不自信，生活得也不开心。所以说，不必介意别人的看法，不必担心自我思维的偏差，我们要坚信自己的眼睛、坚信自己的判断、执着自我的感悟，这样你才能活出自己的精彩。

生活中，当我们做某些事情的时候总是出现很多质疑或者是闲言碎语，那么我们该怎样应对呢?

首先，一定要明确自己的目标，不要被来自外界的闲言碎语影响了心情，更不能因其放弃自己的初衷，成功者既要能找出与众不同的创意，也必须有坚持到底的决心。

其次，我们要知道到底是什么从根本上让自己产生怯懦及动摇的心理。其实这一切都来自自己的内心罢了，只要自己意志坚定，相信没有什么能够阻挡我们的脚步。所以说，这时我们应该明白保持本我的重要性，摆正自己的心态。

最后，事实胜于雄辩，事实是碾碎一切谣言最好的武器，所以我们所要做的就是，坚持下去，让想法变成现实。努力做好自己，把自己的事情做到最好，这样我们就会用实力证明自己有多棒，我们也无须畏惧外界的眼光。走自己的路，让别人说去吧!

整理启示

我们要学会清理自己周围的垃圾，不要总是把看到的、听到的所有东西都收在心底，否则时间久了，我们的内心真的是要崩溃的。有些事、有些话，看看听听就过去了，没必要耿耿于怀。不要因为他人的看法迷失了自己，只有独立自主、不要活在别人的眼光里、敢于做自己的人，才会达到快乐自在的生活状态，如燕子一样轻盈地飞翔。

做好自己，少一点儿比较

在现实生活中，人们都习惯于和他人对比，与邻居比，与朋友比，与亲戚比，甚至与兄弟姐妹爱人比；人们也习惯于比房子、比车子、比面子，等等。有比较，就会有不平衡，不平衡然后会生气，“人比人气死人”就是这种心理的真实写照。人的烦恼往往都是从“比较、计较”而来，有了比较就会有计较，计较越多，攀比越多、崇拜越多、羡慕越多，麻烦也就会更多。可见，少一些比较，少一些计较，是我们生活快乐、人生幸福的首要条件。整天比来比去，那么你的内心该有多么痛苦呢？总之一句话，只有做好自己，不去做一些无味的比较，那么我们才能收获更多的欢乐。

有一个年轻人，很希望能够做出一番自己的成就来。开始，他也总是尝试着鼓足勇气去做每一件事情。但是，渐渐地他就对自己失去了信心，结果一事无成。因此，他感到很自卑。他去拜访了一位成功的长者。他希望从那位长者那里，获得一些成功的启示。在见面之后，他问了长者这么一个问题：“为什么别人经过努力取得的结果总会成功，而我经过努力取得的结果却那么糟糕呢？”

长者微笑着摇了摇头，反问他：“如果，现在我送你‘芳香’两个字，你首先会想到什么呢？”

思忖了一会儿，年轻人回答说：“我会想到糕点，虽然我开办不久的糕点店已在前些日子歇业了，但是我仍会想到那些香味四溢的糕点。”

长者点了点头，然后，便带他去拜访一位动物学家朋友。见面后，长者问了对方一个相同的问题。

动物学家回答道：“这两个字，首先会使我想到眼下正在研究的课题——在自然界里，有不少奇怪的动物，利用身体散发出来的芳香做诱饵，捕捉食物。”

之后，长者又带他去拜访一位画家朋友，也问了对方同样的问题。

画家回答道："这两个字，会使我联想到百花争艳的野外，还有翩翩起舞的少女。芳香，能够给我的创作带来灵感。"

从那位画家朋友家中出来之后，年轻人仍不明白长者的用意。

在返回的途中，长者顺便又带他去拜访了一位久居海外、刚刚回国探亲的富商。在谈话中，长者仍然问了对方同样的问题。

那位久居海外的富商动情地说："这两个字，会使我联想起故乡的土地。故乡土地的芳香，令我魂牵梦萦。"

辞别那位富商之后，长者这才问那个年轻人："现在，你已经见过不少出色的人物了。那么，他们对'芳香'的认识与你相同吗？"

年轻人不解地摇了摇头。

长者继续问道："那他们对'芳香'的认识，有相同的吗？"

年轻人又摇了摇头。此时，长者笑了，然后意味深长地说："其实在生活中，每一个人都有与众不同的'芳香'，你也一样呀，拥有自己的'芳香'。为什么你现在做得不像别人做得那么出色呢？那是因为你只是在看别人如何欣赏他们自己的'芳香'，而你把自己的'芳香'给忽视了。"

比较越多，烦恼就越多，很多时候我们都是在自寻烦恼。生活中有多少人在比较中迷失了自己，他们永远不懂得知足，永远只看到他人光彩的一面，渐渐地，完全忽视了自己所拥有的那份"芳香"。幸福的人不会为了幸福去追求那些不属于他们的东西。恰恰相反，我们应该学着从自己的拥有中获得幸福，学会满足的艺术，满足于自己所拥有的，我们就能变得快乐。所以说，不用想得太多，只要走属于自己的道路，让自己努力做到最好就很棒了。

整理启示

当我们看到他人做得非常出色而自己却毫无起色的时候难免会导致心理失衡，我们会感到不公、感到自卑、感到压抑，这时候我们要做的不是陷于消极情绪中，而是努力调整自己的心态，让自己的内心转向积极的一面。我们提议少一点比较不是不让大家比较，安于现状，而是要告诉大家不要在比较中迷失自己，产生攀比、虚荣的心理。我们要明白比较的目的，而不是因比较而自卑。我们要从比较中激发自己，认清目前的自己，找到属于自己的位置，人生，会因为我们的努力而更加幸运！

积极一点儿，相信未来会更好

如果我们心中没有了信念，那么未来即便是美好的，我们也将会与之擦肩而过，所以说我们必须心存梦想、坚定信念，只有敢于相信，我们才能创造出更美好的明天。你坚信的是什么，你的生活就会变成什么样。如果人的意识坚持不懈地集中在心中的某个想法上，行动就会不知不觉地向所想的方向去发展。所以说我们要活得积极乐观一点，保持一种好的心态，相信自己的能力，这样我们才能让更加健康的信念撑起一片充满希望的蓝天。

有一个身强力壮的爱尔兰农家子弟。他叫保罗·高尔文，他是个充满进取精神的人。

他13岁时，看到别的孩子在火车站月台上卖爆米花，他不由得被这个行当吸引了，也一头闯了进去。但是，他不知道早已占住地盘的孩子们并不欢迎他的参与。为了让他懂得这个道理，他们抢走了他的爆米花，并将其全部倾倒在街上。

长大以后，高尔文入伍当了兵，并参加了第一次世界大战。“一战”结束后，高尔文从部队退役回家，他在威斯康星办了一家电池公司，可是无论他怎么努力，产品依然打不开销路。有一天，高尔文离开厂房去吃午餐。当他回来时，却发现大门上了锁，公司被查封了，高尔文甚至不能进去取出他挂在衣架上的大衣。

后来，1926年，他又跟人合伙做起收音机生意。当时，全美国也只有3000台左右收音机，预计两年后将会扩大100倍，但这些收音机都是用电池做能源的。于是，他们想发明一种灯丝电源整流器来代替电池。这个想法本来不错，但产品却还是打不开销路。眼看着生意一天天走下坡路，他们似乎又要歇业关门了。此时，高尔文想到了邮购销售，这个办法为他们招揽了大批客户，他手里一有了钱，就办起了专门制造整流器和交流电真空管收音机的公司。可是不到3年，高尔文又一次破产了。

这下，高尔文几乎陷入绝境，只剩下最后一个挣扎的机会了——当时他一心想把收音机装到汽车上，但许多技术上的难题还没有攻克。

直到1930年年底，他的生意还是没有起色，他的制造厂的账面上已经欠了374万美元。在一个周末的晚上，他回到家中，妻子正等着他拿钱来买食物、交房租，可他摸遍全身只有24美元，而且还是借来的。

然而，高尔文是一个懂得乐观和坚持的人，在他心里从没有过放弃，他觉得只要坚定梦想，敢于相信未来，那么未来一定是美好的，成功的那天一定会到来。经过多年的不懈奋斗，如今的高尔文早已腰缠万贯，他盖起的豪华别墅就是用他的第一部汽车收音机的牌子命名的。

生活的本质就是向着梦想的希望之光不断前行，直至到达目标为止。然后，再给自己一个希望，接着再去实现自己的梦想，如此循环往复，你就拥有了积极乐观的人生。假如高尔文放弃了，对未来的一切丧失了信念，那么他就不会看到自己最后的成功。不管现在的生活是如何的，我们都不要放下自己的那份信念，有信念才有力量，有信念才有希望。生命是有限的，但希望是无限的，只要我们不忘每天给自己一个希望，我们就一定能够拥有一个丰富多彩的

人生。只要你相信自己的明天一定会更好，你的明天就一定会更好!

如果你总是觉得希望非常的渺茫，那么你就应该适当的找寻方法调整一下自己的状态了。比如可以看看那些名人的励志故事，或者多去请教一下身边有信仰并坚持成功的人们是如何努力的。消极会逐渐吞噬一个人的能量，改变当下，成就未来，一切都要看自己如何去努力。

整理启示

美国心理学家威廉斯说："无论什么见解、计划、目的，只要以强烈的信念和期待进行多次反复的思考，那它必然会置于潜意识中，成为积极行动的源泉。"敢想才能敢做，敢想才能有可能成功。朋友们，不要害怕失败，其实失败就是一个重新整理自己、收拾好行囊再次出发的契机，我们会从失败中吸取到很多经验教训。失败不可怕，可怕的是在失败中颓废，放弃了追求美好明天的动力与希望。要想让自己有富足的生活，快乐的心情，成功的未来，我们要懂得远离负面信息，多关注一些积极的方面，相信未来里美好的存在。

时刻保持清醒的头脑

假如你的生活中突然出现一些挫折，那么你会怎么应对呢？想想自己一直以来的表现，相信我们就非常明了了。我们不可能总是一帆风顺，有快乐也有悲伤，有舒适也有不安，有幸运也有霉运……生活就是如此。有的人活得踏实坚定，有的人活得虚荣无趣，这是为何？面对人生，不同的人有着不同的态度，如果我们自己能够支配自己的头脑，让自己保持一种清醒，保持一种理智，那么我们就有能力去左右我们的人生，事情就会朝着更好的方向发展。

古时有一个商人，在外苦心经营多年，终于攒下了一大笔财富。于是他准备结束半生的漂泊，告老还乡与妻儿团聚，置田购房，安度晚年。

当时的社会比较动荡，路上常有劫匪。商人身着一件旧布衣衫，一双平底布鞋，扮作一个风餐露宿的行路人。他把所有的钱都买了玉器，有道是黄金有价玉无价，还为此特制了一把油纸伞，将粗大的竹柄关节全部打通，把珠宝玉器放在里面。身藏万贯家私，却貌似贫寒之士，他就这样轻装上路了。

果然好计谋！行路多日，无人打扰。这天中午到了唐家寺，天下起小雨。他来到了一个小面馆，要了一碗香喷喷的面。吃饱之后，不觉倦意难挡，外面又下着小雨，他不觉双手撑腮，打了一个盹。

一阵清凉的风吹醒了商人，天已黑了。揉揉眼，猛然间却发现油纸伞不见了，一身冷汗冒了出来——这把伞可是他全部的身家。但商人不露声色，沉着冷静，仔细分析着有可能遭遇到的情况。他看到自己手里的小包袱完好无损，就断定并没有人专门行窃，一定是有人只顾方便，顺手牵羊取走了自己的雨伞。

沉思片刻，商人有了主意。他叫来掌柜的，说自己看中了这个小镇，请他帮忙租个房子。掌柜的帮他在交通要道上租了个小房子。商人说，自己也不会什么别的技能，只能修个伞。于是，一间极小的修伞店在路边挂起了招牌。他待人和气，心灵手巧，颇有人缘儿，人们都愿把伞拿到他那里去修理。谁也不知道这个小小的手艺人其实是腰缠万贯的富商，谁也不知道他每天谦和的笑脸背后掩藏着一颗紧张焦灼的心。他每时每刻都在等待着那把油纸伞的出现，但经过他手的伞成千上万，却唯独没有他要的那一把。一天，他接了一把破旧的伞，主人漫不经心地说：“一把破伞值不了几个钱，反倒要花不少钱去修，太费事就算了。”言者无意，听者有心。一句不经意的话启发了商人：自己的那把油纸伞也恐怕破得不能再修了……于是，商人又想了一个好办法。第二天，过往的行人看到一条新鲜的广告：油纸雨伞以旧换新。人们纷纷询问，得到肯定的答复后，消息立刻传开了。

不久，来了一个中年人，腋下夹着一把油纸伞，恰是商人心系魂牵梦萦的那把。

此时商人仍然不动声色地收下了破雨伞，犀利的目光一扫，就查到伞柄处完好无损。他转身在店里挑了一把最好的雨伞递给来者，然后徐徐关了店门。

打开伞柄，商人看到了他的全部玉器，他竟惊喜地瘫坐在地上，半日无语。

第二天，修伞店很晚还没有开门。一打听，才知已是人去屋空。

商人悄悄地来到这里，又悄悄地走了。再以后，这个故事流传开来，当地人恍然大悟，商人的睿智令他们赞叹不已。

在上例中突然之间丢失了自己的全部财富，但他没有慌张，也没有难过，而是在困境中保持清醒的头脑，努力去想办法解决问题，这是一种高贵的品质，是沉着冷静，也是机智聪颖。朋友们，在突发状况面前，我们要学会理清头绪，不要慌张，因为越慌张你就越会失去理智，那么问题更是难以解决。这时候我们必须安定情绪，让自己处于一种平和的状态，这样才会更有利于自己去解决问题。

整理启示

在突发状况中能够保持清醒，这需要很强大的自我整理技能。这时候我们整理的是自己的头脑、自己的情绪，也是自己的心态。一步做到是很难的，但是我们可以从生活中一点点的小事中做起，比如遇到问题时告诉自己不要急躁，学会深呼吸，静心思考，等等。相信我们逐渐地会把自己调整得越来越好，自己也会变得更优秀。

找一种自己喜欢的生活方式

《伊索寓言》中有一个关于乡下老鼠和城市老鼠的故事：

城市老鼠和乡下老鼠是好朋友。有一天，乡下老鼠写了一封信给城市老

鼠，信上这么写着："城市老鼠兄，有空请到我家来玩，在这里可享受乡间的美景和新鲜的空气，悠闲的生活，不知意下如何？"

城市老鼠接到信后，高兴得不得了，立刻动身前往乡下。到那里后，乡下老鼠拿出很多大麦和小麦放在城市老鼠面前。城市老鼠不以为然地说："你怎么能够老是过这种清贫的生活呢？住在这里，除了不缺食物，什么也没有，多么乏味呀！还是到我家玩吧，我会好好招待你的。"

乡下老鼠于是就跟着城市老鼠进了城。

乡下老鼠看到那么豪华、干净的房子，非常羡慕。想到自己在乡下从早到晚都在农田上奔跑，以大麦和小麦为食物，冬天还得在那寒冷的雪地上搜寻粮食，夏天更是累得满身大汗，和城市老鼠比起来，自己实在太不幸了。

聊了一会儿，它们就爬到餐桌上开始享受美味的食物。突然，"砰"的一声，门开了，有人走了进来。它们吓了一跳，飞似的躲进墙角的洞里。

乡下老鼠吓得忘了饥饿，想了一会儿，戴上帽子，对城市老鼠说："乡下平静的生活还是比较适合我。这里虽然有豪华的房子和美味的食物，但每天都紧张兮兮的，倒不如回乡下吃麦子来得快活。"说罢，乡下老鼠就离开都市回乡下去了。

这则寓言使我们看到不同个性、习惯的老鼠喜欢不同的生活方式。即使它们都曾经对不同的世界感到好奇、有趣，但是，它们最后还是都回归到自己所熟悉的生活圈子中去，并且得到了各自简单而快乐的生活。

二十多岁的戴夫·科恩斯怀特4年前还是个普通的白领，为自己朝九晚五的写字楼生活而心烦。然而现在的他却找到了属于自己的快乐之路：踩着滑板游澳大利亚，打破2项世界纪录；每天划船上班，在泰晤士河上玩弹簧自行车；为自己做了5个专业网站；写了1本书。

"我实在厌倦了过去在报社的工作，我觉得自己不是用来为别人工作而存在的；赚钱也不能成为让我忍受不快乐的理由。"戴维在接受采访的一开始就这么说。于是，2005年6月，戴夫·科恩斯怀特决定辞掉薪水丰厚的报社编辑的工作，踩着滑板穿越澳洲。

戴夫从澳大利亚回来后，做了一个“自由滑板”的网站，把他的旅行故事、图片和视频都发布上去。不久后，他的旅行故事出版。它为那些世界上每天都有人想去徒步、滑板旅行、骑单车游四方的梦想家提供了经验。

现在，每天早上，戴夫在河边的小船中醒来，喝杯咖啡，吃点麦片，然后西装革履地跳上自己的站立式小艇，划桨击水，向上班地点出发。沿着河道一路划过去，大概需要一两个小时就能到他的办公室。“我非常喜欢划船上班，既能保持身材，又环保。而且，这是我接下来的一个冒险计划里每日训练的内容！”戴夫所谓的上班，就是去办公室打电话，发邮件，研究地图，设计旅程以及跟冒险计划的赞助商们见面。简单的工作给了戴夫更多时间去看这个世界。他说：“我们生活在一个如此美丽的世界中，有那么多冒险和旅行的可能性。既然我对工作如此不满意，为什么不让自己开心呢？”

英国的媒体这样评价戴夫：“他不仅热爱极限运动，挑战自己，他还在努力让更多的人知道该如何去追求快乐的生活。”

寻求自己的生活方式，找到自己的快乐之路，或许有时候会比较困难，但是只要我们有明确的目标，并为之努力，那么很快我们就可以得到自己想要的生活。我们每个人都有着自己喜欢的生活方式，想做一些自己喜欢的事情，这或许就是一种很大的幸福感吧。有些东西即便再美好，但是不适合我们，那么我们也体会不到其中的美好。所以说，选择自己喜欢的生活方式，对自己而言是一种幸福，只要我们努力过好属于自己的每一天，那么每一种生活都有它独特的芬芳。

整理启示

人最大的悲哀就是常常追求一些只能到老才能了解是错误的东西。对于这种东西，人们往往在追求中认识不到而且沉迷于中。其实每个人都有属于自己的方向，都有专属于自己的生活方式，找到自己喜欢的生活方式才能找到快乐。如果盲目地跟从了别人的选择，那么你只能被拖累到筋疲力尽。

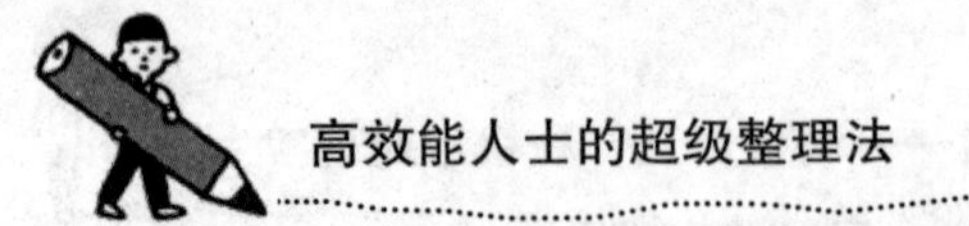

第10章 优化人生整理法——不断提升，才能做最优秀的自己

想要把自己的一生活得成功而精彩，就需要我们的规划整理，否则一切将会变得混乱与盲目。人生的整理涉及方方面面，也是一项比较艰巨的任务，所以说整理术的学习非常重要。只要懂得了其中的方法，我们才能更好地审视自己的优缺点，建立合理目标，找到属于自己的正确方向。所以说，学会了整理，我们才能成为更优秀的自己。

合理规划，成就不平凡的人生

人生就是一个大的时间段，不要总以为时间还早，机会很多，你还可以走一步看一步。这种想法是十分危险的，因为没有规划的人生，充满了盲目和混乱，白白浪费了时间，这是任何人都承受不起的。假如你懂得合理规划自己的人生，把一切整理得井井有条，那么与他人相比，你就等于站在了更高的平台上面，你前进的脚步也会更加迅速，最终在实现人生价值的道路上你就能走得更为顺利。这就是规划的力量，也是整理的优势。

这里有一篇李嘉诚先生在汕头大学2004年毕业典礼上的演讲稿，李嘉诚先生的这篇演讲稿为给我们诠释了规划人生对于成功有着怎样一种至关重要的意义。

这一刻肯定是你们感到兴奋的时刻，你们认真学习，完成了人生一个重要阶段，要踏上一个新的台阶。这几个晚上，我在校园里，都能感受到你们的雀

跃，你们是幸运的一代，我很替你们高兴。我谨代表校董会、每一位校董和顾问，向你们致以衷心的祝贺。

每当我们要展开新的一页，追求一个新的梦想，编织一个新的希望，都是我们需要思考时，Are you ready？Do you have what it takes？

当你们梦想伟大成功的时候，你有没有刻苦地准备？当你们有野心做领袖的时候，你有没有服务于人的谦恭？我们常常都想有所获得，但我们有没有付出的情操？我们都希望别人听到自己的话，我们有没有耐性聆听别人？每一个人都希望自己快乐，我们对失落、悲伤的人有没有怜悯？每一个人都希望站在人前，但我们是否知道什么时候甘为人后？你们都知道自己追求什么，你们知道自己需要什么吗？我们常常只希望改变别人，我们知道什么时候改变自己吗？每一个人都懂得批判别人，但不是每一个人都知道怎样自我反省。

大家都看重面子，But do you know honor？

大家都希望拥有财富，但你知道财富的意义吗？

各位同学，相信你们都有各种激情，但你知不知道什么是爱？

这些问题，没有人可以为你回答，只有你自己才知道你将会怎样得出答案，这四年来你得来的知识，可助你在社会谋生，但未必可以令你懂得如何处世。只有你知道，你将会怎样运用脑袋内的知识素材，转化为做人的智慧。生长与变化是一切生命的定律，昨天的答案未必适用于今天的问题。只有你的原则才是你生命导航的坐标，只有你的情操才是你鼓舞生命的力量。没有人可以为你打造未来，只有你才知道怎样去掌握。

最后我问各位同学一个问题，你们对即将开始的新人生，有一个怎样的规划呢？

朋友们，合理的规划来自一个人的整理水平，懂得整理的人才能把自己的人生规划得更好。不要懒惰，也不要等待，整理好心情，开始思考一下如何规划自己的人生吧！

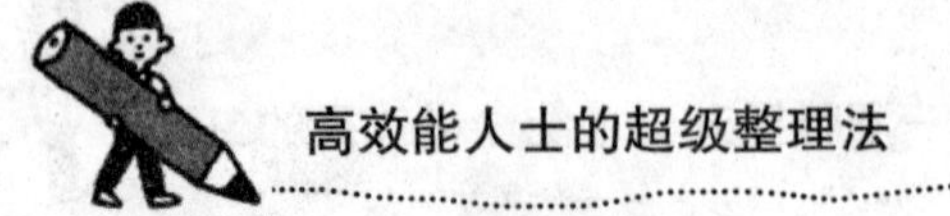

整理启示

一个人在自己的生活经历中，在自己所处的社会环境中，能否真正认识自我、肯定自我，如何定位自我，如何塑造自我形象，对自身发展的把握程度，如何抉择，这些将在很大程度上影响或决定一个人的前程与命运。

整理出优点，让人生闪光

当别人问你，你有什么优点的时候，你是怎样回答的呢？有的人学识广泛，在很多领域都非常擅长，想必他们的优点是很容易就能找到的，但是有的人却是什么方面都能了解一二，却任何一个方面都不能做到擅长，想必这样的情况是非常悲哀的。朋友们，我们要努力挖掘自己在某一方面的潜能，使它成为自己的一个优势，进而不断培养自己的这份潜能，当你在这一方面有所成就的时候，你就会觉得自己的价值在不断的呈现。我们要学会冷静下来整理一下自己的思绪，好好想想自己在哪方面是擅长的，比如，在工作上去选择最能使你全力以赴的职业，最能使你的品格和长处得以充分发展的职业。因为唯有利用你的长处，才能给你的人生增值；相反，你的人生就会遭遇贬值。

19世纪时的法国，有一个穷困潦倒的青年，从乡下流浪到巴黎。他找到父亲的一位朋友，希望他能够帮自己找到一份工作，使自己能在这个大城市中站稳脚跟。

青年和父亲的朋友见了面。寒暄之后，父亲的朋友问他：“年轻人，你有什么特长呢？你精通数学吗？”

青年听了羞涩地摇摇头。

“历史、地理怎么样？”青年还是不好意思地摇摇头。

“那么法律或别的学科呢？”青年再一次窘迫地低下头。

“会计怎么样……”

面对父亲的朋友提出的种种问题，青年都只能以摇头作答。青年的头垂得越来越低，他似乎在无声地告诉对方：自己一无所长，一无是处，连一点儿优点也找不出来。

父亲的朋友并没有因为这些而对青年失去耐心，他对青年说：“那你先把自己的地址写下来吧，你是我老朋友的孩子，我总得帮你找一份差事做啊。”

青年的脸涨得通红，羞愧地写下了自己的住址，就急忙想转身离开，离开这个令自己深感耻辱的地方。可是在他刚要走的时候，却被父亲的朋友叫住了，他和蔼地说道：“年轻人，你的字写得很漂亮呢，这就是你的优点啊，你不应该只满足找一份养家糊口的工作，你完全有能力获得更好的生活。”

字写得好也算一个优点？青年疑惑地看着父亲的朋友，但他很快就在父亲朋友的眼神中得到了肯定的答案。

告别父亲的朋友之后，满怀着喜悦的青年走在路上浮想联翩：我能把字写得让人称赞，那我的字就是写得很漂亮了；能把字写得漂亮，我是不是也能把文章写得好看、引人入胜呢？得到初步肯定和鼓励的青年，开始把自己的优点一点一点地扩大。他一边走一边想，兴奋得连脚步都变得轻松起来。

从此以后，这个青年开始发愤自学。数年后，这个原来沮丧失望的青年果然获得了成功。他不仅写出了享誉世界的经典之作，而且还成了一名非常杰出的作家——他就是家喻户晓的法国著名作家大仲马。他的小说《三个火枪手》和《基度山伯爵》流传至今，成为世界文学史上的经典之作。

法国著名作家大仲马曾经也有着自己失落的一面，各个方面似乎找不到自己的优点所在，当自己的一个从没有留意到的优点被他人发现及肯定时，他似乎从中看到了很大的希望，并不断地挖掘自身的潜能，付出全部的努力去实现自己的价值。凡成功者，都是懂得整理自己人生的人。他们能够根据自己的长处来确定自己的人生方向，并坚持既定的方向，而如愿以偿地获得成功。朋友们，筛选出优势，按照优势规划自己的人生，你的人生就会因此而不断闪光。

整理启示

人的优点需要不断地挖掘，优点也需要不断地扩大，这期间我们需要做的就是“整理”，我们必须把自己的优点整理出来，这样才能更好地使其发光发热，展现自己最精彩的一面。整理出自己的优点，我们就会发现原来我们的人生会如此不同，我们也会找到人生正确的方向，从而更坚定地走下去。

好的改变，是你整理的成效所在

我们一直谈整理，但是你知道我们整理的目标是什么吗？整理不是简单说说，也不是随意的应付，整理是需要有所改变的，更准确地说是往更好、更高效的方面改变。我们自己人生的整理，更是一个全方位整理的过程。在我们整理的过程中我们要学会改变自己的缺点与毛病，不断地优化自己，让自己活得更为精彩，让自己的生活与工作变得更为高效，如果我们能做到这些，就能收到此类成效，那么我们的整理就是一项非常有意义的活动。

程宇在原先公司被辞后来到了一家私营企业打工，因为有了之前的经验，在现在这个公司程宇可以说是非常努力，没过几年，程宇就被提升为这家公司的总经理，不仅拥有了该公司一部分股份，而且成了名副其实的大老板。有人在问及他的成就的时候，他曾经这样说：“我有过失败的经验，我也有过懒散不上进的经历，我从之前的一切惨痛的教训中悟到了人生不可以这样得过且过，要懂得改变自己，成为更优秀的人。我不断整理自己的思绪，认真考虑我一直以来的状态，我才发现自己原来是那么令人讨厌，于是我决心改变，重新整理自己的人生，每当我有一点儿突破的时候，我的动力就会变得更为强大……”

在意识上有了发现之后，程宇开始了新的人生规划，从脚下一步步努力实现自己的价值。这家公司刚成立时条件艰苦，当别人受不了这份清苦纷纷转行之后，只有程宇一人留了下来，与公司老板同吃同住同奋斗，跑业务、拉客户，虽然常常忙到凌晨一两点，却始终热情不减。在大家的同心协力下，公司业务终于迎来转机，市场份额成倍提升。因此，公司老板十分赞赏程宇，并逐渐提拔他，他成了这家公司真正的主人。

不管是面对生活中的琐事，还是面对自己的人生，我们整理就要有整理的样子，整理就要出成效。当你把一切想法都整理出来的时候，你就要努力付出行动去改变原先的缺憾，成就更多的美好。

有一个摄影师，每次给别人拍的集体照中都是有睁眼的也有闭眼的。闭眼的人看见照片非常生气："我90%以上的时间都睁着眼，你为什么偏让我照一幅没精打采的照片？这不是故意丑化我的形象吗？"

就拍照而言，形象是头等大事，全靠修版也难，于是摄影师喊："一——二——三"但坚持了半天以后，有的人恰巧在"三"字上坚持不住了，又作闭目状，真难办。后来，摄影师换了一种思路，从而解决了这一难题。他请所有照相者全闭上眼，听他的口令，同样是喊"一——二——三"，但是在"三"字上一齐睁眼。果然，照片冲洗出来一看，一个闭眼的也没有，全都显得神采奕奕，十分精神。众人见了都非常高兴。

有时候我们会遇到困难，感觉每条路都走不通，其实一切并不像我们想象的那样无路可走，只是我们没有学会转变一下自己的思路，或许换一个角度看，事情就非常容易地解决了。一个小小的改变并不是多难的一件事，只需要我们稍微地整理一下我们的思绪，方法就很容易迸发出来。

整理启示

我们的心态需要整理，我们对事的看法需要整理，慢慢地我们的人生就会整理得越发顺利。只要我们努力学习一些整理方法，那么我们就会因整理而变得更加出色。

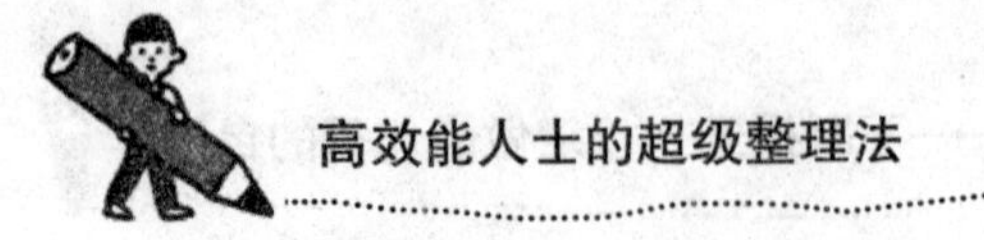

调整方向，找寻最适合的位置

杨振宁在美国留学的时候，就立志从事实验物理。他在实验室做实验的时候，经常发生爆炸，这说明他的动手能力太差了。所以当时流传了这样一句话：哪里有爆炸，杨振宁就在哪里。

一次，美国氢弹之父泰勒博士问杨振宁："你做实验不顺利，不如从事理论物理研究。"杨振宁知道泰勒是好心的，可是要自己放弃梦想，杨振宁心里非常难受，于是他回答说："博士，让我考虑几天吧！"

杨振宁在接下来的几天里，想到了小时候的一件事情。那时他正在上小学，在手工课上老师让同学们用泥巴捏一只小鸡，可是杨振宁捏出来的却什么都不像，他不得不承认自己的动手能力太差。

杨振宁决定接受泰勒博士的建议，放弃了自己的梦想，专心从事理论物理研究。1957年，杨振宁和李政道一起获得了诺贝尔物理学奖。

有人说，"如果不坚持自己的理想，总是调整方向，轻易放弃，那么你又有什么成就"。可是从另一个角度来说，你如果不懂得审视自己，走在了错误的路线上，那么你跟钻牛角尖又有什么区别呢？在错误的道路上硬着头皮往前冲只会让你撞得遍体鳞伤，所以说我们要懂得不断调整，为自己的人生整理出最佳的奋斗目标，这样才能在对的位置上实现自己最精彩的一面。

卡尔·本茨是现代汽车工业的先驱者之一，人称"汽车之父"，他以非凡的才智和坚忍不拔的钻研精神，制造出了汽车这一令世界惊叹不已的交通工具，从而提高了现代人的生活质量，拓展了现代人的生活空间。

有一天，卡尔·本茨碰到了一名年轻人，这名年轻人告诉他，自己最大的愿望是赚到1000亿美元——这个数目相当于卡尔·本茨财产的100多倍！

卡尔·本茨问他："当你有了这么多钱以后，你打算做什么？"

年轻人想了想说："老实说，我只觉得那才能称得上成功，至于做什么我也不大清楚。"

卡尔·本茨语重心长地告诉年轻人："一个人如果真的拥有那么多钱，将会威胁整个世界。我看你还是先别考虑这件事了！"

在以后的6年时间里，卡尔·本茨拒绝见这个年轻人。6年后，年轻人修正了自己的目标，告诉卡尔·本茨他想创办一所大学，他已经有了20万美元，还缺少20万。卡尔·本茨帮助年轻人实现了他的目标。

又经过6年的努力，年轻人成功了，他创办了德国著名的艾勒多亚大学。这位年轻人就是波·艾勒多亚。

有时候我们制定的人生目标并不一定都是适合自己的，我们要理智地看待自己与目标之间到底合不合适，我们坚持的是否是正确的，我们的位置是否摆正了。过高和过低的目标都不适合一个人的发展，所以，目标要适当、合理、正确，并能适应外界环境的变化。

整理启示

著名的成功学大师谢立德·文森说过一句话："如果没有一丝成功的希望，屡屡试验是愚蠢的、毫无益处的。"相信大家一定能从这句话中明白做人做事的道理。我们在生活中有很多地方需要自己做出选择，能否找到自己正确的方向，那就看你是否懂得不断调整目标，整理出一个最佳的选择，否则，如果你只是不管对错地去钻牛角尖，到最后你只能被撞得头破血流。所以，有时候，我们不妨停下前进的脚步，看看自己努力的方向是否选择正确了。如果方向错了，我们就必须调整自己的航向，寻找新的成功机会。

懂得割舍，整理出自己最需要的

有一个人被歹徒追赶，来到了一条大河边，河流湍急，根本游不过去，河上连一座桥也没有，更没有船。

于是，这个人就暂时隐藏了起来，那些歹徒见找不到他，就走开了。如果他一直待在这里，也不是长久之计，于是他打算做一只竹筏，然后渡河，到了河对岸就安全了。他夜以继日地忙起来，砍了竹子，用树皮绑了起来，做成了竹筏。他划着竹筏到了河对岸，安全地从险境中逃了出来。

到了河对岸，他对以前发生的事仍然心有余悸，过去那些逃亡的日子他连想都不愿意想！他非常感激竹筏。他想："如果不是这个竹筏，我的性命就难保了，这个竹筏对我来说实在是太重要了！"于是他就把这个竹筏背在背上，然后继续向前走，可是竹筏太重了，他背着走路十分困难，一天只赶了很短的一段路。三天以后，那些歹徒追上来将他抓住了。原来他们也做了竹筏，渡河过来追赶他。由于他背着竹筏，行走太慢，最终还是没有逃脱歹徒的魔爪。

当他被抓住的时候，他感叹道："竹筏救我，竹筏亦害我！"

朋友们，看完这个故事相信我们都受到了很大的启发，其实生活中我们也常常会遇到类似的事情，或许有些东西在我们生命中曾经带来非常大的影响，但是这并不代表着它会永久地帮助我们，当情形变了的时候，或许它就成了一种压力与阻碍。这时候我们就需要重新整理自己的行为，学会割舍。只要学会了割舍，我们才能找到适合自己的选项。人生要有弃有舍，有时候舍弃也是一种智慧，要学会割舍，懂得放弃。那样，你才能得到自己最想得到的东西。

青凡禅师的禅院里栽种了数百盆各色品种的兰花，他在讲经说法之余，一心都用在那些花上。每当到了兰花盛开的季节，这里都是一派争奇斗艳的场面。各色蜂蝶在群花当中飞来飞去，好不热闹。他对待这些兰花有如自己的性命一般非常珍惜，丝毫不允许有丁点损坏。

一天，青凡禅师因事外出，特别嘱托弟子为兰花浇水。弟子浇水时不小心将花架碰倒，整架的盆兰都被打翻，漂亮的兰花都摔到了地上，叶子和花瓣掉了一地。弟子吓坏了，心想：师父回来，看到这番景象，不知要愤怒到什么样子？

青凡禅师回来后，知道了这件事，但他一点儿也没有生气，反而心平气和

地安慰弟子道：“我之所以栽植兰花，为的是要它们赏心悦目，并不是为生气才种的啊！世间的一切都是无常，不要执着于心爱的事物而难以割舍，那不是禅者的行为。你要放下此事，不必挂怀，这样我才高兴！”

弟子听后，终于放下了一颗忐忑不安的心，牢牢记住了青凡禅师的这番话，从此更加精进于修禅。

禅师的一番话不仅点化了他的弟子，而且也点化了那些难以割舍世事及放不下某些情绪的人们。生活中不仅有顺心如意的事，也有烦心的事，如果事事纠结于心，那么你该有多累呢？所以说，能割舍掉的就割舍掉，能放下的就不要再去挂念，整理好自己的心情，去做一些有意义的事情，这样才能让快乐随身而行。

朋友们，看完上文两个故事，我们是否有一种意念要“清理”自己的心灵呢？内心安静无杂陈，我们的人生才能整理得更有头绪，每一步走得才能更为坚定。下面有三个出路，相信大家会做出明智的选择。

第一，面面俱到。

让自己的神经紧绷，疯狂的处理生活中的每一件事，直到把自己累死为止。

第二，重新整理。

做事情要有条理，学会整理，懂得做事情的主次与先后，努力提高效率。

第三，丢弃。

对于生活中的事情或者一些情绪，如果没有必要就果断舍弃，不要总是不断的堆积，丢弃之后你就会发现，其实那些东西对自己的生活没有丝毫的影响，只会让你的空间变得更为开阔。

当你发现自己被四面八方的各种琐事捆绑得动弹不得的时候，难道你不想知道是谁造成今天这个局面？是谁让你昏睡不已？原因很简单——是你自己，不是别人；所以，是你对它们负责，而不是要它们来对你负责。

整理启示 

人的生命是有限的，精力也是有限的，不可能想要什么就能够得到什么，这时候割舍就是一种睿智的抉择，割舍那些奢望，留下的就是自己真正需要的。所以说，我们要懂得实时整理，不要让自己的人生堆积过多的杂陈，该舍弃的就舍弃吧！朋友们，懂得割舍是一种人生艺术，它可以帮助我们把人生中的累赘、重负和琐碎统统割舍，对人生进行精雕细琢，这样才能够使我们的人生呈现最完美的姿态。

第11章　人际关系整理法
——感情需要经营，好人脉让人生一路绿灯

人际关系对于一个人的未来有着非常重要的作用，整理好自己的人际关系就等于为自己的人生铺好了一条宽阔的道路。一个人的眼界如果放得足够长远，那么他就懂得去建立好自己强大的关系网，并且不断去拓展延伸，迎接更有利的资源。怎么寻求人脉，怎么拓展关系，怎样经营感情，怎样化解危机……这些问题相信我们会在本章中找到答案。

人脉，让未来的路更畅通

邢宇和王刚是大学同学，大学毕业之后他们同时被一家公司应聘，随之两人的关系就从同学变成了同事。论才干，邢宇和王刚可以说是不分上下，但王刚嘴甜、脑子活络、会来事儿，邢宇却有点儿木讷。就是这一点差别，让两人的地位很快发生了变化。刚进单位时，刘经理就对他们说："有些事情我要跟你们说明白，你们只能通过自己的本事来取得成绩，获得晋升，歪门邪道是绝对行不通的！"邢宇和王刚一直都挺有才能的，试用阶段的工作完成得都很不错，刘经理还特意表扬了他们一次。一段时间后，王刚已经不是刚进公司时的那个王刚了，他成了办公室里的大红人：公司里谁的电脑出现异常谁就招呼王刚帮忙；中午吃饭时间到了，他们也招呼王刚一起聚餐；打球的时候，他们也约着王刚；同事家的孩子需要帮助辅导功课，王刚也主动提出帮忙；刘经理喜欢瓷器，他就托人把从老家带来他们那里较好的陶瓷艺品送到刘经理那……就这样，单位里每个人都夸王刚好，刘经理也觉得王刚工作成绩好，才能出众，又不浮躁，作为年轻人，实属难得。一年之后，刘经理也就顺理成章地给王刚升了职，结果不但没有人非议，大家还都夸刘经理是伯乐，慧眼识珠，像王刚这么优秀的年轻人早该提拔了，从此刘经理更器重王刚了。邢宇呢？他一直默不作声，别人有什么事情他也不主动帮忙，平日里也不喜欢跟大家谈心说话，所以慢慢地他好像就淡出了人们的视野。尽管邢宇的能力也很不错，但因为人脉太差，他很难得到让自己充分施展才能的机会。

所谓“朋友多了路好走”，人类是群居动物，要想在社会上立足就必须与人打交道，要想立足得更稳就必须有强大的人脉。在我们的整理术中人际关系的整理可以说是一个非常重要的部分，不管是职场还是商场，一个懂得整理人际关系的人才能在这个充满竞争的社会上立于不败之地。否则，丢失了人脉你就会明白什么叫“呼天天不应，叫地地不灵”。下面这个例子将会告诉你商场上的人脉到底有多重要。

阿龙摸爬滚打很多年终于在商场上打拼出了自己的一片天地，从一个普通的杂工到如今的大老板，对于阿龙来说真的是很不容易。成就归成就，但是阿龙自己也有一个很大的问题，就是做生意心太狠，他一直觉得做生意该怎样就怎样，没什么情面可言，“生意场上无父子”，想要有所成就就必须“快、狠、稳、准”地应对各种问题。久而久之，虽然阿龙的生意做得不错，但是他也有缺憾，他没交下几个商场朋友不说，却得罪了不少生意伙伴。阿龙经营的饰品厂所生产的各种小饰品大都是内销，因此他总是不择手段地排挤对手，抢占市场份额，有四家小饰品厂就曾吃过他的亏。更恶劣的是，阿龙总是喜欢落井下石，当众嘲弄弱于他的竞争对手：看看你们一个个小小的厂子，如果不会经营，做不下去就趁早关门大吉吧……阿龙的朋友李哥曾劝他说：“阿龙，不要做得太过分。大家还是不要撕破脸好好相处的好，都是生意人，何必这样说话招惹是非呢？”阿龙却不愿听朋友的意见：“那又怎样啊？我敢说就不怕得罪人！再说了，他们也真是不自量力，还敢跟我抢市场！”一段时间后，阿龙的仓库因为值班人员乱扔烟头着了火，十万余件饰品付之一炬。大小客户纷纷上门催讨货物，阿龙想从其他饰品厂借一批货应急，可由于平时关系弄得太僵，根本没有人肯借他；如果紧急生产的话，可是也没有材料，知道他出事之后，那些供应商根本没人愿意帮助他，其实也主要是由于他平日里他把人都得罪了，这一出事，别人根本懒得理。最后实在没什么办法了，阿龙只好变卖房产赔付高额的违约金，手下的员工也跟着一个个离职，看着自己最后惨败的场景，阿龙抱头沉思了很久。

朋友们，看到阿龙的案例我们是否警醒？阿龙在生意场上的能力是有目共睹的，但是他却不懂得整理自己的人际关系，最终的失败也是预料之中的。即便我们是独立的个体，但是我们在很多时候也是需要他人帮助的，一个人不可能完全独立于这个世上。朋友们，人脉会使我们的道路更为畅通，所以我们要学会整理自己的人脉，多交一些朋友，把自己的人际关系处理好了，我们就能更成功地走好人生的每一步。

整理启示

人际关系在我们的生活中是非常重要的，不论是工作中还是日常生活中，我们都要懂得搞好人际关系。无论你在哪里工作，为哪个公司服务，你自己在工作当中所形成的人脉永远是你自己的人脉，你可以随身携带。用心编织好自己的人际关系网，因为这是你人生道路上不可或缺的一部分。

维持感情，有事没事常联系

我们有很多好朋友，这是我们懂得整理人际关系所积攒的一大笔财富，但是这笔财富积攒下来之后，我们是否懂得珍视呢？如果得到之后不懂得珍惜，

把朋友置于一旁，从不联络，那么慢慢地朋友之间就变成了陌生人。感情是越联系越深厚。再好的朋友，很长时间不联系，再遇时可能都变成陌生人了。与朋友建立“关系”的最基本的原则就是：不要与朋友失去联络，不要等到需要获得别人帮助时才想到别人，这样的感情就有点变味儿了。

现代人生活忙忙碌碌，没有时间进行过多的应酬，日子一长，许多原本牢靠的关系就会变得松懈，朋友之间逐渐互相淡漠。这是很可惜的。大家珍惜人与人之间宝贵的缘分，即使再忙，也别忘了沟通感情。否则，“临时抱佛脚”，关键时刻找不到人帮忙不免会后悔。所以说，整理好人际关系不仅仅是靠多交朋友那么简单，还要懂得多来往、巩固感情。

黄蜂与鹧鸪找农夫要水喝。鹧鸪许诺它可以替葡萄树松土，让葡萄长得更好，结出更多的果实；黄蜂则表示它能替农夫看守葡萄园。农夫并不感兴趣，对黄蜂和鹧鸪说：“你们平时都哪里去了，没有口渴时怎么没想到要替我做事呢？”

这个寓言告诉我们这样一个道理：平时不注意与人方便，等到有求于人时再提出替人出力，就未免太迟了。

故事简单，寓意深刻，值得我们思考，其实这就是我们平日里所说的“平时不烧香，临时抱佛脚”，平日里不注重多整理自己的人脉，当真有需要的时候，或许我们真的不知道找谁去帮忙了。真正善于利用关系的人都具有长远的眼光，早做准备，未雨绸缪。这样一来，在紧急时就会得到意想不到的帮助。

阿凯大学毕业后，一直在一家公司做业务员。他为人谦和、开朗，生活中也因此博得很多人的青睐，他唯一的不好就是很少与这些朋友联系，更别说在适当的时候给别人送些礼物了。

最近的一个星期，阿凯在工作中总出现失误，这让他烦心、恼火。就连他停在公司门口的车子，也不知道被谁划出了一个大口子，真是“屋漏偏逢连夜雨”，倒霉事儿不断。修车实在太耗费时间，看到手里还有一大堆的业务单子，阿凯不知道怎么办，他为这些烦心事苦恼不已。

忽然，阿凯想到了一个大学时期的同学，那同学曾说过他在大学毕业后开了一家汽车修理厂，读书时他们处得非常不错，只是现在很久没联系了。“应该会帮我修理车吧。算了，交给他得了。”阿凯想到这里，开心地笑了，总算有办法解决这件事儿了。

阿凯赶紧拨通了对方的号码，铃声响了很久都没人接。“或许是人家忙吧。”正在阿凯暗自纳闷的时候，忽然，电话通了，里面传出了一个迟疑的声音：“你是谁？”

阿凯赶紧说：“老同学，我是阿凯，你最近过得怎样？”

对方停顿了一下，犹豫道：“不好意思，你是？”

“你不会把我忘了吧，我是阿凯。”阿凯有些生气地说道。

对方似乎终于想起来了，打着哈哈说：“是呀，好久没联系了，你怎么想起给我打电话了。”

阿凯将修车的事告诉了对方，对方却说：“真是不凑巧，我在外地出差，能等我回去再说吗？最近很忙！”这让阿凯一阵失望，只好无奈地挂了电话。

有事的时候才想到朋友，这时候就显得非常尴尬了，因为突然打个电话，连自己也会觉得不知道如何开口吧！感情是需要联系的，每个人都是如此。那么如何能与朋友保持联系呢？

第一，有事没事多聚聚。

假如毕业之后你和朋友仍在一个城市，那么你们真的是很有缘分了，这时候更要懂得珍视这份情谊，彼此长久下去。可以在节假日或周末出来小聚一次，喝喝酒、吹吹牛、叙叙旧，这样能够给各自平添一份愉快的心情，感情自然就会加深。

第二，打个电话，多听听彼此的声音。

如果隔着很远，电话可以为我们传达彼此的情谊，我们可以互相说说彼此的现状，这样即便是身在远方也能让对方感受到自己的牵挂。

第三，节日或生日的时候寄点自己的小心意。

当自己的生日长时间被朋友记住是一件很温馨的事，不在于礼物的轻重，那都是彼此的心意。过节的时候也可以送点祝福，寄点本地的小特产，对方一定会非常高兴。

第四，利用网络把照片给朋友寄过去。

照片一定要挑一些特别的镜头，以便能把你的故事告诉你的朋友。

总之，友谊要想得以长久，就必须常常联系。

整理启示

人都是有感情的，而感情来自交流。获得和巩固感情的唯一方法，在于平时多加强联系，聚会就是加强联系、加深感情的一种方法。所以，同学、同事、朋友以及亲人之间在平时交往中也需要多做“感情投资”。

分享人脉，彼此共织关系网

假如你有两个苹果，我也有两个苹果，如果彼此交换，还是各有两个苹果；但是，假如你有两个苹果，我有两个桃子，彼此交换一个后，双方都有一个苹果和一个桃子的组合。同样，倘若你有一个非常好的人脉网，我有一个非常好的人脉网，我们互相交换，那么，你有两个人脉网，我也有两个人脉网。因此，扩展人脉最有效的方法就是与你的朋友一起分享和交换人脉资源。

其实，人际关系发展的最佳状况就如同树的枝杈一般，逐渐向四周延伸。而使这棵交际之树繁荣的方法之一就是通过朋友介绍朋友，与朋友介绍的朋友交往时，不可能一下子就进入正式的公事化话题，而是在交往过程中渐渐地融合到一起。俗话说：“一回生，二回熟”，只要你善于把握，就不难与对方建立起情感。

一天，小航和女朋友手拉手在街上逛，突然碰到了自己的小姨，小航非常高兴地走到小姨面前：“小姨，你在这里干什么呢？”

“没事，瞎逛逛。”说着，小航的小姨还不时用眼光打量着外甥身边的姑娘，虽然她很想知道这个姑娘是谁，但是外甥没有主动介绍，她怕贸然问会引

起误会，所以也就没说什么。

小航却没有注意到这些，和小姨寒暄之后，他就带着女朋友走了。小航却不知道这给自己带来了大麻烦。这边，小姨立即给姐姐妈妈打电话通报说外甥好像谈女朋友了，也不跟家里说。小航的妈妈立即打来电话质问他是不是谈了女朋友，为什么还瞒着家里，是不是根本没把父母放在眼里；另一边，女朋友也气鼓鼓地质问小航为什么不把自己介绍给小姨，是不是还有其他什么想法。

小航面对双方的质问真是有口难辩，怎么说也说不明白。

在人际交往中介绍是一个非常重要的环节，作为中间人尤其要懂得如何介绍身边的人，这涉及两方人的感情，假如你不懂得去介绍，那么你就有可能被误认为是没有礼貌的行为。介绍能为彼此开启新的关系之门，也大大地扩展了自己的人脉关系网，能让我们结识更多的人，所以说，有礼貌地进行介绍真的是非常重要的一件事。

在这个世界上，有些东西是越分享越多的，更重要的是，你的分享将会使更多人愿意与你在一起。懂得积极与人分享的人，会获得越来越多的人脉，人脉广了，自然会获得更多的机会。

益登科技是台北市内湖科学园区的一家公司，该公司通过代理全球绘图芯片龙头厂商的产品，由一个默默无闻的小企业，迅速成为国内第二大IC通路商。公司的总经理曾禹旖赤手空拳，在短短的6年时间里，打拼出一家市值超过80亿元新台币的公司，他靠的就是分享。

好朋友吴宪长曾这样评价曾禹旖："在同行业或同辈中，论聪明、论能力，曾禹旖都算不上顶尖的人，但是他能抓住这个好运，很大程度在于他有人脉。为什么他有人脉呢？因为他懂得与别人分享，大家才会与他利益共享，机会之神也才会眷顾他。"

从小到大，曾禹旖的父母就教导他："有怎样的度量，就有怎样的福气。"如今，曾禹旖也经常告诉下属："赚钱的机会非常多，任何一个人都不可能把所有的钱赚走。"他的言外之意就是，既然一个人无法将钱赚走，为什么不让别人得到赚钱的机会呢？通过分享来结交人脉，日后才会从别人那里得到赚钱的机会。

经验告诉我们，越是毫不吝惜地将自己的人脉与他人共享的人。其人脉越会不断扩展。这是因为，“如果认识他，通过他还能认识其他人”这样一个不争的事实会成为别人结识你的动力。因此，真正面子广的人在慈善活动中为他人搭线的同时，自己也能从中获益，并不断扩展自己的人脉。

整理启示

整理自己的人脉，首先我们要懂得去调整自己的心态，拓宽自己的胸怀。我们应该明白以更宽广的胸怀去理解人脉拓展的概念，能够让我们更好地认识如何利用和掌控人脉来提升自己。做一个胸怀宽广的人吧，这样我们将会收获更多的友谊。

整理出自己的“朋友档案”

为什么有的人不惜花费大力气进行“情感投资”。结果却收效甚微呢？为什么有的人只是以少量的“情感投资”就换回了很大的回报，赢得了很多优质人脉资源呢？一个重要答案就是：成功的人在进行“情感投资”的时候都会建立一个“朋友档案”，他们能够很好地把握各种人际关系，结识新朋友的时候还不忘老朋友，最后赢得了更多人的支持。“人到用时方恨少”，不知你有没有这种经历？如果曾经有过，那么就要赶紧亡羊补牢，如果没有过，那么也要未雨绸缪。这就需要我们用点心思为自己建立一个“朋友档案”！

张亮是一家甜品公司的老板。他一直尝试着将自己的甜品卖给一家饭店，那家饭店的老总叫龙哥。5年来，张亮坚持每天打电话给龙哥，而且积极参加龙哥经常参加的聚会。为了接近这个大客户，张亮还曾在那家饭店订过房间，

想制造机会与龙哥聊天。然而，一切努力都宣告失败。

张亮并没有打算认输，他总结了失败的经验教训，决定改变自己的策略。于是张亮就开始收集龙哥的信息，专门为龙哥建立了一个“档案”。从这份“档案”中，张亮发现了这个龙哥最感兴趣的东西。了解了这些情况后，张亮再见龙哥时就开始跟他聊他感兴趣的东西。果然，龙哥的态度发生转变，最后决定订购张亮他们公司的甜品。而且，张亮和龙哥还成了很好的朋友。

张亮在与人聊起这段经历时，总会说：“我缠了龙哥5年都一无所获。后来，就因为我建立了龙哥的‘档案’，知道了他的兴趣所在，我就如愿了。‘档案’真的很管用！”

有了这一份“朋友档案”，张亮终于结交了这位“贵人”，交际是需要技巧的，不是说你想与人结交他人就会给你这个机会，你不懂得整理出一个好的方法，建立一个“朋友档案”，你怎么可能有机会接近你的“贵人”呢？不要完全依靠你的记忆，因为你的记忆能力毕竟是有限的。建立“朋友档案”才是最好的选择。

每个朋友都不可轻易失去，每个朋友对你都有用处，每个朋友都要保持一定的关系，我们不能“有了新欢忘旧爱”，要懂得珍视所有珍贵的友情，携手共同度过每一段人生。

建立“朋友档案”可以遵循以下步骤。

第一，维系住我们的同学。

我们每一个人在自己的学习道路上都有很多同学，这是一笔宝贵的财富，因为同窗之情是最纯洁的友情。不仅仅是为了有需要的时候互帮互助，就单纯为了这份同窗之情，我们也应该好好整理出这份“档案”，并做好记录。毕业之后我们的同学分散到各地工作，成为国家各个方面、各个领域所需要的人。当我们彼此有难处的时候，凭借着这份同学之情，相信会给予对方一定的帮助。当然，我们也不能平日里把人家抛在脑后，当有需要的时候才去联系彼此，这样或许真的有些尴尬，因为感情是需要维系的。要巩固这些同学关系，需要时常参加同学会、校友会，并随时关注他们的动态，这样效果才会更好。

第二，把握好身边的朋友。

我们在社会上生活就会结识不同的人，不管是感情深厚的还是关系比较疏远的，这些都是一定的人脉资源，所以为了长远之计，我们还是要懂得做好整理，对他们的各自情况进行详细的记录。比如，他们的住所、工作有变动时，要在你的资料上修正，以防到时找不到人。并且要准确地掌握他们变动的情况，这有赖于你平时和他们的联系。朋友的个人档案是非常重要的，因为我们生活在这个社会很多时候都离不开朋友的帮助和支持，为了好好地维系这段情谊，我们可以记下他们的生日，在他们过生日的时候我们可以打个电话或者送个礼物、吃个饭庆祝一下，这样彼此之间的感情更容易升温，因为他们知道你还惦记着他们。这些关系若能妥善维持，就算他们一时帮不上忙，也会介绍他们的朋友来助你一臂之力。

第三，不忘生意场上或者是各类场合里认识的不熟悉的朋友。

有时候我们在各种交际场合会因为朋友的介绍或者做生意的需要认识一类新的朋友，这些人一般我们都会互相交换名片，换个角度讲其实彼此之间也不算是真正情义上的朋友。虽然这种朋友只有一面之缘，但是我们也应该学会整理好他们的名片，不要觉得以后没啥联系也没啥必要记在心上。我们应该在名片中尽量记下这个人的特点，以备再见面时能“一眼认出”。但重要的是，名片带回家后，要依姓氏或专长、行业分类保存下来。当然，不必刻意去结交他们，但可以借故在电话里向他们请教一两个专业问题，谈话的时候可以提起彼此第一次见面的场合，或者说一下因为哪个朋友彼此才认识的，以唤起对方对自己的印象。有过“请教”，他对你的印象自然会深刻一些。当然，这种“朋友”不可能帮你什么大忙，因为你们没有进一步的交情，但帮小忙为你解决一些小问题应该不会有太大的问题。

朋友多了路好走，我们要学会把自己朋友的资料进行一番详细的整理，这样才能让自己的人生道路越走越广。

对于如何建立“朋友档案”，不同的人有着不同的方法。有的人喜欢在电脑里做表格，有的人喜欢直接记录在笔记本上面，有的人喜欢用名片册……其实，这些都可以，只要我们能够把内容整理好、便于自己浏览就可以了。这些

方法各有长处，但不管用什么方法，都要记住：与每个朋友都要保持一定的联系，建立一个“朋友档案”，不要“人到用时方恨少”。

整理启示

结识新朋友，不忘老朋友。在拓展人脉的过程中，要善于建立并整理好“朋友档案”，把你全部朋友的资料建立起来，对他们的专长也应有详细的记录，这将是一笔相当大的宝贵资源——当你需要时，凭着同学和朋友的关系，相信他们会给你某种程度的帮助。

巧妙化解人际危机

瑞士作曲家奥涅格曾经说过一句富于哲理的话：“正如树枝和树干联结在一起那样，脱离树干的树枝很快就会枯死。”对于人来说，亦是如此。一个人要生活在社会中，就必须将自己融入社会的海洋。但是，人际关系也是很复杂的，并不是所有的事情都会朝着自己意愿的方向发展，所以说其中出现问题也是很正常的事情，这些关系如果处理不好，就很容易产生人际关系危机。

在沙特阿拉伯有一家瑞士劳力士的小型精密仪机械表的加工厂。这天，生产主管克里斯汀突然接到了公司销售经理打来的电话，说是先前交给客户的产品质量有问题，已经退货了。但是，通过协商，对方同意修补有质量问题的货物。但是，第二天必须交货，让克里斯汀赶紧组织人手生产。

时间紧迫。以目前工厂的生产条件来看，在指定的时间内完成看上去是一件很有难度的事情，甚至是根本不可能的事情，车间的工作还有其他的生产任务，并且人手也不够，交工时间又是那样紧迫，他感到这件事情很棘手。

于是，他把大家召集到了一起，简单地说明了情况后，说道：“最近一段

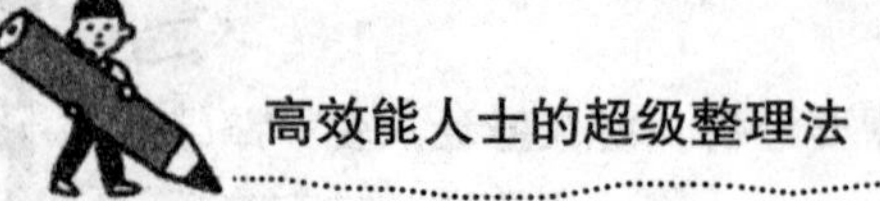

时间，大家都很辛苦，工作都挺忙的，现在产品的质量出现了问题，主要责任在我，是我没把好关。在这里，我首先向大家说声对不起！”

其实，产品质量出现问题最主要的还是质检员的责任，可是，作为一名领导，能够主动和大家说对不起，主动承担责任，这让每一位员工大为感动。

接着他又说道：“如果订单能够按时完成，完成修补的任务，公司和所有员工都将获得巨大的利润。我们应该怎样完成这项工作呢？大家有什么想法可以提出来。”

这时，所有员工都举了手，表示愿意主动加班。他们说，既然一个领导能够向他们说对不起，那么他们还有什么理由让领导为难呢？一切都是为了工作，况且任务完成了，他们还有收益。

这位主管十分抱歉地说：“让大家加班，真是对不起大家！”而员工们回答：“没关系，生产本来就是我们的工作，质量出现了问题，我们也有责任。”

于是，大家开始加班，有时加班到午夜，可是员工们还是一个个干劲十足，因为他们知道在他们的背后有一个好领导，勇于承担责任、勇于道歉的领导。

最后，大家齐心协力，加班加点进行质量修补工作，那批货终于按时交了上去。一场危机就这样解决了。

在这种情况下，主管要是大发雷霆地把责任归咎于员工，那么不仅不能保证完成任务，他在员工心中的地位也将岌岌可危，这就是一场严重的人际危机，他的态度不仅让员工加班加点认真地完成了任务，还给大家留下了更好的印象，这种做法值得我们学习。

有时候，及时说声“对不起”，可以消除人与人之间的矛盾，可以化解一些不愉快的事情，甚至可以化干戈为玉帛。

在人际交往中，如果出现危机，我们应该怎样挽救我们的友谊呢？请注意这样几点：

第一，我们对于一些小事应该心怀宽容之心，不要事事与人斤斤计较，如果你的心太小，那么你是交不到朋友的，因为朋友之间要懂得谦让与包容。

第二，对于有辱人格、有伤大体的讥讽攻击，应当予以还击，但这种还击不

是争吵，而要采取婉言、暗示、幽默等巧妙的方式，做到有理、有礼、有节。这种还击仅仅是为了自卫，维护自己的尊严或整体的利益，而不是为了出气。

第三，如果有些人确实无法相处，那么我们应该坚持原则，远离那些对自己不利的人。一是自己不喜欢甚至讨厌的人，二是不喜欢甚至讨厌自己的人。“酒逢知己千杯少，话不投机半句多”，与这种人交往，会产生许多本来可以避免的是非，给自己带来不必要的麻烦。

第四，发现并抓住时机，向对方表示关怀体贴，给予帮助，促成和解，从而加深或重建友情。

我们为了清除分歧，化解矛盾，需要调动一切必要的方法和技巧，但其根本的因素还是建立自由平等的意识，贯彻双方皆赢的原则。

整理启示

我们每个人已经建立起来的人际关系好比一座大谷仓。这样一座相当大的建筑物本来是坚固的，但如果长年累月无人照料整理，那么历经风雨的侵袭，裂缝扩大，就会造成隐患和危机。一旦哪天刮大风、下暴雨，它就会突然坍塌，变成一堆废墟。当你捡起旧椽木查看时，你会发现，就某一根木头来看很可能还很结实。但如果连接榫头的木钉腐烂了，就无法把巨梁连接起来。

与人相处，距离也是一种美

丹丹和李晓是关系非常好的朋友，两个人也在一个城市上班，后来为了生活的方便，她们就一起租了个房子。之前因为彼此之间有一定的距离，李晓和丹丹并没有感到对方有什么不能接受的地方，但是在一起之后，两个人不仅没

有让关系变得更加密切，反而出现了很多的矛盾。住在一起，李晓常会向丹丹借衣服穿。开始丹丹并没有觉得这有什么不对，毕竟是好姐妹，可是后来丹丹发现，随着李晓借用习惯的发展，其不安分的“触须”开始渐渐地伸向了属于自己个人隐秘的角落。

李晓经常会在没有得到丹丹许可的情况下阅读丹丹的私人信息，比如书信、照片、日记，甚至连丹丹的存折上的进出数字李晓也一清二楚。李晓的举动侵犯丹丹的个人隐私，让丹丹很生气，但丹丹担心影响二人的关系，一直保持容忍的态度。

有时丹丹也会采取一些隐晦的方式，暗示李晓不要乱看自己的私人信息。但是李晓会笑着说：“咱们关系这么好，看看有什么关系呢？你也可以看我的嘛。”

结果有一次，李晓竟然“借用”了丹丹的一对珍珠耳环。那是丹丹的男友送的，丹丹特别珍爱，一直收藏在箱子里的最底层。没想到居然被李晓翻出来，戴在自己的耳朵上四处炫耀。

开始丹丹还不知道，直到有一天，在不经意间看到了李晓耳朵上的耳环，觉得很熟悉，便说：“你戴这耳环很好看，我也有这样一对珍珠耳环。”李晓笑道：“这耳环就是你那对儿，我就是借来戴一下。”

丹丹大吃一惊，同时心中怒火爆发，大骂李晓：“你怎么可以这样呢？没有我的许可，你就把东西拿了，你这是借吗？你根本就是偷！”

两个人大吵一顿，曾经的好友顿时变成了针锋相对的仇敌，相互攻击。

距离产生美，再好的朋友之间也需要一定的空间，否则关系就会慢慢疏远甚至恶化。李晓和丹丹的故事就是一个很好的例子。在人际交往中，我们应该懂得适当为彼此留一点儿空间，不远不近，更能拉近彼此之间心的距离。

大家应该听过这个故事：

两只困倦的刺猬，由于寒冷而拥在一起，可因为各自身上都长着刺，刺得对方怎么也睡不舒服。于是，它们离开了一段距离。但由于又冷得受不了，于是又凑到一起。几经折腾，两只刺猬终于找到了一个合适的距离，既能互相获得对方的体温又不至于被扎。

后来，人们把这则故事作为人际交往的准则，即刺猬定律。根据刺猬定律，人与人之间的交往应该保持一定的距离，即“身体距离”和“心理距离”。“身体距离”即“私人空间”，“心理距离”即“孤独感”。想要彼此之间不受伤害，想要你们的感情更为牢固，希望大家能够懂得为彼此留一点儿自由的空间。

那么我们该如何把握好人际距离呢?

首先，我们要尊重别人的隐私。不论多么亲密的人际关系，也应彼此保留一块心灵的空间。人们总以为亲密的人际关系特别是夫妻之间、父母与子女之间似乎不应当有什么隐私可言。其实越亲密的人际关系越要尊重隐私。

那么尊重具体体现在哪些方面？我们不应该窥探别人的小秘密，最好也不要随意诉说自己的隐私。彼此之间不能靠得太近，太近了就容易失去那份距离感，效果反而更糟糕。

其次，我们要容得下个体之间的差异。每个人都有着属于自己的个性，并不是人人都能与自己合拍。所以说，我们要学会容纳，懂得包容，尊重彼此之间的差异。假如你总是接受不了别人的小缺点，那么你就很难融入社会这个大家庭里，容不下别人，怎么可能与人相处呢？所以说，不要过分挑剔，否则你的人际关系将会出现危机。

最后，要懂得运用距离效应。距离效应是指由于时间的阻隔，彼此间有了距离；一旦把距离缩短，重新相聚，双方的感情得到最充分的宣泄。在这里，距离成了情感的添加剂。可见，有时距离的存在也能给人以美的享受。

整理启示

在人来人往，聚散分离的尘世，每个人有各自不同的经历和背景，你想完全了解一个人是难的，也是不必要的。也就是说对朋友或他人也不要过分了解。不该了解的，不了解反而有利于交往。如果你想把他人的一切都了解了，以为越了解得多就越表示你对他的关心，那就大错特错了。人与人之间保持一定的距离是非常重要的，你进入他的私生活太多，反而让他感觉与你交往是一种负担。

第12章 人脉信息整理法
——简单实用的分类和整理方式

名片是记载人们社会身份的象征。在中国古代就有名片的雏形，称为“名帖”或者是“名刺”。如果古人要拜访某位并不熟悉的人，就要先派人送去“名片”。如今我们一直沿用着名片的交际功能，可以说为我们人脉的建立与扩展带来了很多便利。那么，朋友们，一堆名片是不是就代表着一堆人脉？答案显然是“不一定”。因为一个人如果不懂得整理，那么这些名片也就是一堆普通的卡片而已。所以说我们必须懂得名片整理术，认识到它的重要性并让它在生活中发挥作用，这才能实现一张名片的真正价值。那么怎样才能更好地整理名片，实现它的价值呢？这一章我们将为大家详细讲述。

你会留意手头的名片吗？

你怎样对待自己的名片？当你接到别人递给你的名片时你又是如何对待的？很多人都有自己的名片，有时候我们也经常接收到各种各样的名片，有时候可能偶尔看一眼，有时候自己就随手一扔不知去向，但是我们有没有想到这一张小小的名片里面暗藏着多大的信息？一张名片的对面就是一位朋友，一位朋友就链接着一个很大的关系网，假如你不懂得留意并利用好名片，那么你就很有可能会失去一个朋友，一笔生意，一次机遇。

乔·吉拉德在雪弗莱轿车经销店15年的职业生涯中，一共售出了13001辆

汽车，被称为世界上最伟大的推销员。他创造了一个巧妙的销售法，被世人广为传颂。

乔·吉拉德认为，推销的要点是，并非推销产品，而是推销自己。

很多年前，乔·吉拉德就养成了一个习惯：只要碰到人，左手马上就会到口袋里去拿名片了。乔·吉拉德说："我在不断地推销自己，我没有将自己藏起来。我要告诉我认识的每个人我是谁，我在做什么，我在卖什么。我要让所有想买车的人都知道应该和我联系。我坚信推销无时无刻不在进行，但是很多销售人员往往意识不到这一点。"

乔·吉拉德还有一个特别的习惯，喜欢在公众场合"撒"名片，例如在热门球赛观众席上，他整袋整袋地撒出名片。他说："我同意这是个很怪异的举动，但就是因为怪异，人们越会记得，而且只要有一张落入想买车的人手中，我赚到的佣金就超过这些名片的成本了！"

直到现在，乔·吉拉德还是保持着到处广发名片的习惯，他虽然已经不卖车，却还是卖书、卖自己的人生与行销经验，寻求各种可能的演讲与曝光机会。因此，到餐厅用完餐，他总是在账单里夹上三四张名片及丰厚的小费，经过公共电话旁，也不忘在话机上夹个两张名片，永远不放弃任何一个机会。

中国台湾成功学家陈安之说，在乔·吉拉德的一次演讲会上，他并没有去索要名片，但是，碰见他的人都主动送给他乔·吉拉德的名片，不一会儿工夫，他手里就有了五六张乔·吉拉德的名片。乔·吉拉德一周之内要送出一万张名片。他说，世界上最伟大的推销员现在在卖名片，而他以此为荣。

名片，为乔·吉拉德持续地积累人脉资源立下了汗马功劳。自1966年以来，乔·吉拉德曾连续多年蝉联汽车销售冠军，是唯一以推销员的身份荣登"汽车名人堂"的人，并被美国成就学会授予"金牌奖"，曾被已故的诺曼·文森特，皮尔博士和洛厄尔·托马斯博士提名"霍雷肖，阿尔杰奖"。

由此可见，名片真的很重要。

名片是一个人的面貌兼象征，有时甚至会看到名片便产生这样的感觉"啊，这个人原来是一个这样的人。"所以制造有特色的名片是向他人宣传自己的一种很好的方法。互换名片时，最好让对方觉得这是他收到的名片中给他印象最深的名片。

整理启示

在现代社会交往中，名片作为一种最直接的视觉传达方式，它利用人与人之间最短的距离，替个人形象打前锋，为下一步的行为开路，以达到自己所追求的目标。接受名片的人，通常也可以借助这一纸卡片，了解到对方一些自己不便问、别人也不便说的内容。

学会整理，名片就是一笔财富

美国前总统克林顿在回答《纽约时报》记者自己是如何保持个人的政治关系网时说："每天晚上睡觉前，我会在一张卡片上列出我当天联系的每一个人，注明重要细节、时间、会谈地点以及与此相关的一些信息，然后输入秘书为我建立的关系网数据库中。这些年来，朋友们帮了我不少。"

一个当总统的人都在整理身边各类人物的名片，建立"朋友档案"，我们难道还意识不到整理名片的重要意义吗？

名片作为社交中的简洁介绍、互赠的通讯联络方式、彼此信任合作的最初举动和宣传企业推介企业的最直接有效手段，已广为流行。面对大量的名片，我们应掌握名片的管理方法与技巧，这样我们才能更好地利用其中的价值，为自己的人生加分。

赵旭今年29岁，主要从事销售工作，在工作过程中他能接触到很多行业的人，工作几年后的他也算是小有成绩。平时工作中接触的人多，手头也是积攒了不少的名片，不管熟悉的还是陌生的，各式各样的名片在自己的抽屉里塞得到处都是。闲暇时间，赵旭决定整理一下自己收集的名片，把不需要的扔掉。可当他一张一张地翻看时，才发现自己忽略了许多重要的朋友和客户。

于是赵旭就利用周末时间，把所有名片分类整理，将一些重要的或者对自己发展有帮助的人的名片登记到电脑上，然后按照关键词进行分类，并针对需要建立定期的联络网。每逢节假日前夕，赵旭总会按照自己的名片联络网发出一些问候的邮件。赵旭并不是一视同仁乱寄一通，发邮件的时候他会尽量让每个人都能感觉到他的诚意，效果自然也就体现了出来。赵旭认为建立了人脉数据库后，就该打造自己的个人品牌，这不仅需要经常与这些朋友保持联系，还需要提高自己在朋友心中的认知度和满意度。在与人交往过程中，赵旭总是谦虚低调，对待别人他总能做到热心和关心。

一次，赵旭得知曾经与自己合作过的一位朋友张总需要大量的野生山果用来酿酒，而这种山果是东北某省的特产。赵旭想到了自己在工作中曾经接触过许多该省的客户，于是他打开电脑，在自己的人脉数据库里输入关键词“××省”，立刻就出现了10多个相关数据，他便用电子邮件与这些朋友取得了联系。

结果大家纷纷回信，其中几个人恰好有这种资源，于是在赵旭的促成下，双方顺利地达成合作意向。朋友们对此万分感激他，其实赵旭心里更明白，他只花了不到一个小时，就同时与10多个人取得联系，这都是自己长期积累的名片关系网在起作用。

有了名片数据库，赵旭的人脉越来越广，人际关系越来越好。没过多久，就有朋友提议与赵旭合伙成立广告公司，并由赵旭担任总经理。赵旭接下来打算进一步找机会与人实体互动，广结善缘自然让人脉资产越来越丰富。

其实，很多时候我们总是忽略了那些看似不起眼的名片，觉得没什么作用，但是一旦你懂得了整理，那么这些名片就会在你的人生道路上发挥极大的作用。生活在这个社会上没有一定的人脉是非常艰难的，你不能保证你处处不需要他人的帮助，朋友们，学会积累并好好利用手头的名片吧，这一定会帮助你积累更深的人脉。

不要小看了小小的名片，它可是你人脉管理中重要的资源。因此，对名片的管理十分必要。

第一，交换了名片就要重视，千万不要随手一扔，把它们打入“冷宫”。我们一定要把名片背后的相关信息给记录好，比如何时何地与此人认识，他的姓名、职务、行业是什么，他给你留下了什么印象，等等。第二天或过个两三天，主动打个电话或发个电邮，向对方表示与对方结识的愉快感受，或者适当地赞美对方的某个方面，或者回忆你们愉快的聚会细节，让对方加深对你的印象和了解。

第二，面对一堆堆的名片，你是不是看得眼花缭乱？那么，我们该怎么办呢？对于这种情况，我们需要做的就是分类整理。你可以按地域分类，比如按省份、城市；也可以按行业分类；还可以按人脉资源的性质分类，比如同学、客户、专家等。

第三，感情是需要培养的，如果你不常翻看一下你手头的名片，那么时间久了你压根儿就不知道对方是谁了。所以说，工作的间隙，翻一下你的名片档案，给对方打一个问候的电话，发一个祝福的短信等，让对方感觉到你的存在和对他的关心与尊重。

第四，没必要存留每一张名片，不需要的名片我们可以果断清理掉。在这里我们可以将所有名片进行一个全面的整理，将它们分成3沓。第一沓是一定要长期保留的；第二沓是不太确定，可以暂时保留的；第三沓是确定不要的。将确定不要的销毁处理。

整理启示

如果你的人脉资源十分丰富，建议你进行人脉资源数据库管理。你可以在网上下载一个名片管理软件，然后输入相关数据。比如，姓名、工作数据、地址、电话与传真及移动电话、电子信箱、网址等，甚至还可以输入更个人化的信息，如生日、昵称等。

标注关键信息，让名片更明了

整理名片，关键信息非常重要，这样会让你在查看时更加明了，当需要的时候也不会一脸茫然。我们看看世界一流人脉关系专家哈维·麦凯是如何整理和利用名片的。

（1）得到一张名片就把它复制成3份，1份放在家里，1份放在办公室，1份放在总档案袋里。

（2）把所有的名片1小沓1小沓地堆在桌上。1沓是亲自拜访的，1沓是电话联络的，1沓则是交给秘书，由秘书写信或是短笺给顾客的。

（3）把所有名片分类，按能成为顾客可能性的顺序排列。3A级顾客，2A级顾客，A级顾客，不合格顾客。

（4）删除或修正名片中没有用的资料。

（5）每当与人联系时，都会在卡片上记录并标示出日期。这样做的好处就是能很快地知道哪些人已经联络了，哪些人还没有。

看到专家的整理，我们是否觉得我们应该好好反思一下自己呢？其实，就算我们达不到专家的水平，但是在整理上如何标注关键信息我们也是应该好好学习一下的。

第一，相识时间。

你必须写下建立此档案的时间，如此便可得知这位朋友是什么时候认识的。每当更新的时候，填入新的日期，但保留旧的日期。如果当时是某个很特别的场合，也应该记录下来。两年之后，如果你把这次特别的场合重新说出来，对方会对你印象特别深刻。

第二，职称。

写下对方的工作职称，但是有一点要及时更新信息，这样联络的时候能够更加准确地说出对方的称呼。比如，当我们听到对方升职或者从事新的工作的时候要懂得打个电话联系一下，这样对方更能感觉到你的真诚与关心。

第三，公司名称。

每个人心里都有团队归属感，公司在他的心目中占有重要的位置。

第四，地址。

当一家公司改变地址时，寄一张“恭贺乔迁新址”的简函，是维持联络的一个好方法，同时这也显示了你的细心和对他们的关注。

第五，生日。

如果一个人的生日能够被一般朋友记忆起来，那他一定不会忘记你。不管有没有礼物，一个电话，一个祝福，一次聚会都能拉近彼此的距离，所以我们最好还是把这些重要的信息做好标记。

第六，联系方式。

这是唤起你的记忆地方，你在何处认识某人、经谁介绍、共同朋友的名字、共同参与的某项活动，以及最后一次碰面的时间。

第七，家庭住址。

家是一个人爱的港湾，家人在每一个人生命中占据着最重要的位置。但是对于这些信息的挖掘你要懂得小心翼翼。如果你能够很好地了解到对方的家庭信息，那么你的交往应该会更为顺利些。

第八，加入的社团活动。

这包括职业组织、慈善机构、俱乐部及政治团体。假如你要认识许多来自世界各地的人，那你就要以某个组织的会员为基础，发展出一些很美好的友谊与联络渠道。这是个打开话题的好主题，而且是维持终身联系的好理由。

第九，学校教育。

上学阶段是每一个人生命中非常美好的一段时光，不管他将来是功成名就还是平平凡凡，他都能牢记住这段青春岁月的点点滴滴。想要更好地与一个人来往，他的学生时代、他的教育背景都是你需要重视的地方。

第十，人生经历。

这包括简短记录重要的改变、升迁，以及前任雇主的名字。

第十一，个人成就。

许多人很喜欢追溯得奖纪录、所受过的表扬及成就，因为他知道得到它们需要付出许多努力。

第十二，兴趣爱好。

当你了解到一个人的兴趣爱好时，你就有了与他交流的话题，这绝对是拉近彼此距离的一种好方式，因为彼此会有一种惺惺相惜的感觉，就像是志同道合的友人重新聚到了一起。相信你们的交往将会有更多的延续。

在整理名单时，别忘了以前的客户。

整理启示

所谓“知彼知己，百战不殆”，想要结识更多的人，整理更多的人脉，我们就要懂得多了解更多的人，多搜寻一些关键信息，这样我们才能更好地编织自己的人脉网，让自己的人生变得更加高效。

科技，让名片搜寻更简单

“琳达，还记得上个礼拜我们去参加林总的聚会时认识的建筑公司的李成李经理吗？我有点儿事情需要跟他一起聚聚吃个饭，你把他的名片找出来，快一点，现在时间比较紧张。”

琳达一脸茫然，简直是蒙了，心想：“上星期确实是去参加了一个林总的聚会，但是聚会上那么多的老总的名片，可以说收集了百余张，现在让我找，那些名片都已经放得到处都是，我去哪找啊？老板急用，哪能立刻就能找到？”此时琳达又进入了忙碌的状态，在一堆堆名片里疯狂地翻找。

一张小小的名片是沟通人与人之间的桥梁，可以说是人脉的存折，如今在商场上仍然是管理者之间建立联络的一种便捷方式。一般来说，在各种场合上收到的名片不是管理者来负责的，都由他们的秘书来整理，当他们需要的时候，秘书就要把整理好的名片呈递出来，这样更为方便管理者高效地与人沟通，实现商业价值。一般来说，管理者都会通知自己的秘书“请把某某的名片给我”，这时候如果秘书没有对名片做好整理，那么她就极易出现上面案例中琳达的状况，手忙脚乱，一头雾水。

名片簿里装着各种各样的名片，倘若你懂得整理，那还好说，可能在寻找的过程中会减少你搜寻的时间，但是如果你不懂得整理的话，你就会一张又一张地翻来翻去，想想看，你的上司会等得及吗？这里面浪费的只是一点点时间吗？这一点点时间又能创造多少价值？相信每一位都会懂得其中意味着什么。其实，这也恰恰是传统名片整理方式——名片簿的最大的不足：查询不易。随着现代管理者社交面的不断扩大，利用名片增加知名度的人越来越多，秘书收集到的名片也呈现出几何级数的增长。这使名片簿式管理方式缺点越来越明显：

（1）当名片数量逐渐增加，甚至是百余张，这时候我们就很难进行管理，一堆名片容易给人带来混乱的感觉，查询工作量也会逐渐增加。

（2）分类方式受到局限，整理起来方法比较单一。

（3）名片大小受限，没有位置添加其他信息，随着时间的推移，人们很容易忘记该名片背后人物的各种信息。

除此之外，名片簿式的管理方式存在的缺点还有很多，此处我们就不一一列举了。因查询、检索之不易，名片往往变成死人脉——当真正想要使用时，往往帮不上忙。如何利用制度化的整理方式与科技工具进行名片管理，使自己在寻找名片上的时间大大减少？

当今社会可以说进入了飞速发展的互联网时代，互联网为我们的工作和生活带来了极大的便利，谁能更好地把科技的优势运用到生活、工作中，谁就能更好地实现效率的最大化，所以说，如果能够把名片整理与现代科技挂钩，那我们的整理工作岂不是更为方便、快捷？

下面我们将详细讲述一下如何运用电脑整理我们的名片：

第一，拍照存入电脑。

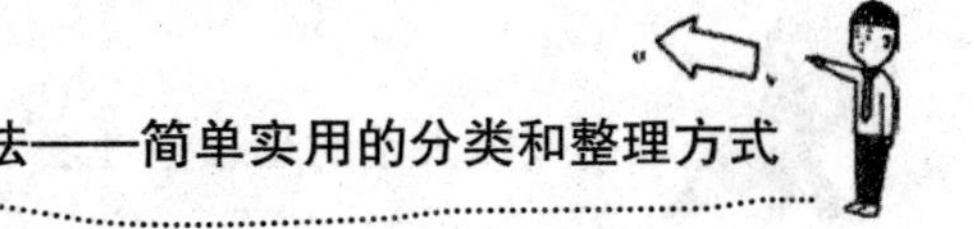

如果上司又收到一大堆名片，秘书人员可以利用休息的时间或者是零碎的时间进行统一整理，可以将名片拍照，然后把它们以图片的形式一并存入计算机。

第二，使用来源当成名片的笔记标题。

拍好的照片要记得做好标记，输入标题，这样更加方便以后的查询。为名片拟标题时，最重要的关键词就是“来源”。

来源包括了以下几层含义：

收取名片的场合是哪里？

收集名片的时候有什么特殊事件？或者用关键字简单标明名片背后的小故事。

如果时间紧凑的话，仅这样便能将名片的数字笔记存好。如果有时间的话，可在标题中再输入对方的姓名。

第三，在需要时再开始整理名片。

数字名片存入电脑后，只要存放在一个固定的文件夹中即可。不需要的时候，你并不需要特别地去整理它们。当上司需要你找出某个人的联络方式时，你便可以到这个“数字名片文件夹”中去搜索相应的关键词。

照片是可以记录你拍摄时的时间和地点的，其实这对于我们的整理工作来说是非常便捷的一个功能，我们在拍照的时候一定记得去“设置”里面把自动记录的功能给打开。这样的话，我们完全可以由“事、时、地、物”去找人。

第四，当上司真正要去联络对方时，才将对方的信息单独列出来。

如果你的领导让你找到某个人的联系方式给他，你要明白这其中的意义，这无形中就告诉了你对方对于你的领导或者是对于你的公司是有着一定的重要性的。

当你找到对方的数字名片后，如果需要写电子邮件或者打电话与对方联络的话，你完全可以“顺便”将这张名片的数据输入数字通讯簿中。

如果这张名片的背后有着很大的价值，那还是建议你做个备份，此外对于这些经常用到的或者价值量大的名片你还是单独建立一个文件夹为好，可以给它命名为“长期互动客户名片”。

这样做，不仅能够让你从众多的名片中甄选出真正需要建立通讯记录的名片，同时还能够进一步明确，到底应该将这张名片分类到哪里，从而减少分类时间的浪费。

这是一套完整而又简便的方法，它能够帮助你将名片“无纸化”，然后使用数字处理的方法加快整理的效率。这种方法不仅使你花费在清理上的无用步骤大大减少，同时还能使你的办公环境进一步精简化。

整理启示

如今人们的生活、工作离不开电脑，电脑着实提高了我们工作的效率。当我们把需要整理的信息输入电脑后，我们的工作量将会大大缩减，不再运用“纯手工”的记录、整理、翻找……这一切都是为了高效、方便、迅速地完成我们的工作，我们还在等什么呢？

为自己整理一个高品质的名片

如今，名片已成为职场人士必备的一种交流工具。不要小瞧这小小的名片，它是人际网管理中重要的资源，对有些人来说，就像身份证一样要随身携带。当你拥有一张设计精美、吸人眼球的名片之后，你已经奠定了成功的基石，接下来就是正确地向他人传递名片了。在日常应酬中，互赠名片是再平常不过的一种行为。名片可以记录你所遇到的人，更重要的，它们是你今后与名片主人进一步联系的依据。出席重大的社交活动时，如果你总是对别人说“不好意思，我的名片刚用完”，这是很不礼貌的，交往的第一步也就失败了。

为自己精心准备一张专业化的、高品质名片是非常重要的。那么什么样的名片是高品质名片呢？做好的高品质名片又要如何成功的递交给对方呢？下面我们详细讲述一下这个问题：

第一，做一个“会说话”的名片。

一个高品质的名片自己就会主动“说话”，它能够给人留下很深的印象，让人们一下子就被其吸引。当对方再次看到你那份很有设计感的名片时，他们就会很容易地想起你，这绝对是有品位的名片所传达出的最大价值。所以说我们在设计名片时一定要吸引人们的眼球，呈现出独有的特点。比如搞艺术的人的名片就可以设计得稍微狂放不羁一点，甚至字体、颜色部可以大胆搭配；外企的工作人员则可以在名片的介绍中配有中英文的参照，让外国人也能够对自己的情况一目了然；做行政的工作人员可以把名片设计得传统保守一些，以符合自己的身份，等等。除此之外，在名片的设计和内容上还要注意以下几点：

（1）颜色不宜过多。专门研究色彩对感觉的影响的心理学家认为，名片的色彩不要故弄玄虚，总体上要控制在三种颜色之内。如果颜色多于三种，就会产生杂乱无章的感觉。纸张最好选择天然质地的白色，或者浅灰、浅蓝、浅黄这些淡雅的浅色，印上深色的字迹，这会让你的名片显得朴素大方。

（2）头衔不宜过多。很多人经常喜欢在名片上大做文章，认为多弄几个头衔就会显示出自己更高的身份，可以留给别人一种“我很有能力、很有身份”的感觉。但实际上，头衔过多，会给人带来一种比较浮夸的感觉。因此对于拥有多重身份的人来说，可以印制不同的名片，遇到不同圈子的朋友时，可以发给对方相应的名片，这样有针对性地发放名片，可以迅速地积累起人际关系圈。

第二，递交名片讲究细节。

先打招呼。递上名片前，应当先向接受名片者打个招呼，令对方有所准备。既可以先作一下自我介绍，也可以说声“能否交换一下名片”之类的提示语。

递名片给他人时，要郑重其事，应该起身站立，走上前去，使用双手或者右手，将名片正面面对对方，交与对方。不要用手指夹着名片给人。

不要把名片的背面递给别人，也不要让名片颠倒着对准别人，切忌用你的左手呈递名片，这些都是不礼貌的行为。此外，递交名片时要态度要恭敬，不要有一种随手递给他人的感觉。

如果对方是少数民族或外宾．最好将名片上印有对方认得的文字的那一面面对对方，将名片递给他人时，应该说“请多指教”“多多关照”“今后保持联系”等，或是先作一下自我介绍。

当手中拿着其他东西却要收受名片时，必须首先放下手中的东西，再按收受名片的顺序收下。手上拿着东西还一边收受名片，会给人以随便的感觉，对方也会觉得自己不受重视。

讲究顺序。最佳的递送顺序是由近及远、按顺时针或逆时针方向依次递送名片。

切勿挑三拣四，采用跳跃式，否则会被人认为厚此薄彼，地位较低的人或是来访的人要先递出名片。

第三，打造出属于自己的特色名片。

名片是一个人介绍自己的最佳资料，而精美又富有个性的名片能够加深人们的印象，更能够体现自己独有的风格。另外，名片的用途也十分广泛，除了是对自己身份的介绍之外，还可以随赠贺卡、鲜花、礼物等，并且还可以发送一些邀请信、致谢信、介绍信、慰问信等等，并且可以在名片的上面或者背面留下一些简短的附言、赠言。

有个性的东西更容易吸引别人的眼球，给人留下深刻的印象，我们的名片制作一定要注意这一点。我们可以根据自己的特点设计一个属于自己风格的名片。比如有的人就善于制作一种温馨风格的名片，用这种亲切感拉近与对方的距离。他们喜欢在名片的背面亲笔写下：“友谊常在，笑口常开”“愿你生活无烦恼，工作节节高”等这类话语，这样不仅加深了对方对你的印象，更加拉近了你们之间的距离，为你积累下人脉。

整理启示

名片是现代人的自我介绍信和社交联谊卡，在业务联系和结交朋友方面必不可少。社交经验丰富的人都会在外出时备上几张名片。一张设计出众、精美的名片，无疑会给你带来更多的人气。

沉睡的名片应当及时清理

要整理东西就要有所丢弃，否则仍旧会出现一团糟的现象，我们的名片整理也不例外。因为工作关系，你手里积攒的名片越来越多。那么要怎样处理这些名片呢？为这个问题苦恼的人似乎很多。手里积攒的名片越多，说明你见过的人越多。这样一来，有的人就想当然地认为：自己的人脉关系广，等于自己工作努力，并且能胜任这份工作。可是，随着时间的推移，这些名片你又能记住几个呢？不用太久，一年之后你又能记住多少？你真正联系的又有几个？其实，很多时候我们只是在不断地增加名片的数量罢了。如果有些名片已经长达一年不联系了，那就丢弃吧！否则，名片给你带来的不是便捷，而是负担。

所谓人脉，其实是“生鲜之物”，保质期非常短。连对方的长相都想不起来的人的名片其实早就过了保质期，即使保存着，也只会成为办公桌上的废弃物，没有任何用处。此外，名片上的信息也会日渐过时，职衔未必是往日的职衔，办公地点也可能已经搬迁。保存这种丧失了时效性的信息，几乎没有意义。因此，我们可以在每次清理办公桌的时候，拿出名片盒，扔掉大批此类的名片。

莉莉是一名秘书，她每天的工作其实是非常繁杂的，在她看来简直是没有闲暇时间，随时都要帮老板处理一些事情。关于名片带来的烦恼问题她可以说是很有发言权，因为莉莉每次陪老板出去都要接收大批的名片。莉莉的办公桌上、抽屉里都放着好多个各式各样的名片盒，里面的名片数不胜数，每次看到这些名片，莉莉感觉整个头皮都要发麻，即便是自己已经对名片盒里面的名片做了详细的归纳整理，但是数量如此之多，莉莉每次找寻的时候也是容易乱了手脚。有一次莉莉跟她的好友小敏说起此事，小敏也是从事秘书工作，但是她却不觉得这是个问题。小敏说：“你的名片盒里都是一些经常联系或者偶尔一个月联系几次的人吗？”莉莉说：“当然不是啊，里面好多人都是一年多没联系了，有的已经完全不记得对方是什么人，更有甚者，有的名片从来就没有联系过。”小敏说：“那你为何还要把它们保存在名片盒里呢？既然已经完全没了印象，你留着又有什么用呢？那些长时间没联系的更应该清理掉啊，即便是留着，上面的信息说不定也过时了，你这又是何必呢？从另一个方面讲，存留如此多的名片，就会让你浪费更多的时间，那么你又何谈工作效率呢？所以说，你要彻底清理一下，没用的就要坚决清理掉，否则你的工作困扰将会一直持续下去。”

从上面这个案例我们可以看出，如果不懂得清理，那么你收藏名片的意义将会大打折扣，不仅不会给你的工作带来方便，反而会让你的工作变得更为麻烦。定期扔掉名片的话，一个名片盒也就够用了。如果一直保存着没用的名片，寻找被埋没的有用名片所花费的时间也会更多。名片越少，找起来越方便。

此外，学会丢弃名片还有一个非常重要的意义，那就是假如你突然看到名片的主人对你意义很重要，那么你就要抓紧行动起来，与之取得联系。人们会在整理名片的过程中认识到经常联络感情、保持新鲜感对于人际关系的拉近有着多大的意义，可以说是能够起着一定的警醒作用。面对保质期只有一年的名片，反思与对方的关系时，你就会痛感自身行动能力的不足，而这种自责要远胜过对方没有与你联系所带来的反思。你会自责“早点加深这层关系就好了”，并暗下决心“下次一定要再找个机会交换名片”。说不定哪天你会在某个聚会上遇到对方，那时候你们互换名片的时候就会懂得这张名片的珍贵了。假如我们收到的名片一直沉睡在名片盒里，那么我们应该很难反思到这一点。

总的来说，我们要明白丢弃对于整理的重要意义，事实证明，“扔”对于名片整理也是很有效的。

整理启示

保管名片的期限会因个人所从事的职业、所在的公司而有所不同，像“一年内没有联系过的人的名片需要立刻处理”不一定适合所有的人，根据自己的实际情况去制定合适你的规则，不用的名片就不会积攒太多了。

第13章　情绪整理法 ——清除心灵垃圾，让坏情绪远离自己

加拿大作家金克莱·伍德说：“幸福并非来自生命的过程，而是来自你对生活的态度。”是的，生活的点滴需要整理，同样我们的情绪也需要不断调整，你如何对待生活，生活就会如何对待你。梳理情绪是整理法里面非常重要的一部分，关乎一个人的精神世界与生活态度，所以，我们要学会合理调整自己的情绪，及时清除心灵的垃圾，让坏情绪远离自己，做一个有着良好生活态度的人。

调整情绪，成就积极的人生

生活里总是出现各种各样的场景，这些变化总会或多或少的对我们的情绪造成一定的影响，不管是好是坏我们都要去面对，因为我们把握着自己人生的主动权，所以说我们要做自己情绪的主人，坦然面对人生的风雨。

情绪伴随人的一生。众所周知，一个人一旦拥有了稳定的情绪，就具备了事业成功的必要条件。好情绪是高智商的表现。在日常生活中，人们的行为往往伴随着情绪而发生。很多时候，人们并不能很好地控制自己，导致冲动、烦躁、烦闷和愤怒等不良情绪频频发生。这时候我们需要做什么呢？我们就是要懂得合理调整自己的情绪，一个懂得自我整理的人才能把控住局面，才能成就出更加精彩的人生。

艾伦是一个非常普通的技术工，一直以来虽然满腹抱负但是从来没有什么

成就，日子也就这样勉强过着，自己对自己的现状也是越来越不满意，因为他也想出人头地。有一次，他听说有一家公司要招技术工，便决定去试一试。他星期日下午到达公司，面试的时间是在星期一。

周日的晚上，艾伦随便出去吃了一点儿东西，他躺在宾馆的床上，回想着几年来自己工作和生活的情景，想了好多。突然间，他感到一种莫名的烦恼：自己并不是一个智商低下的人，为什么至今依然一事无成。毫无建树呢？

于是艾伦就取出纸笔，写下了3位自己认识多年、薪水比自己高、工作比自己好的朋友的名字。其中两位曾是他的邻居，已经搬到高级住宅区去了；另外一位是他以前的老板。他扪心自问：和他们比起来，除了他们在事业上混得比较好，自己到底有什么比不过别人的呢？难道是这些人比自己聪明？但是艾伦心里是不服的，因为这几个朋友真的跟自己不相上下。

经过很长时间的反思，他终于悟出了问题的症结——自己性格情绪的缺陷。在这一方面，他不得不承认自己比他们差了一大截。

不知不觉已经凌晨两点了，可是艾伦还是在不断地思索，完全没有睡意。此刻艾伦才觉得终于认清了自己，他之所以一直以来一事无成，主要是自己不懂得合理调整自己，不能控制自己的情绪。例如爱冲动、自卑，不能平等地与人交往，等等。

整个晚上，艾伦都坐在那儿自我检讨。艾伦发现自从懂事以来，自己就是一个极不自信、妄自菲薄、不思进取、得过且过的人；他总是认为自己无法成功，也从不认为能够改变自己的性格缺陷。

想明白之后，艾伦下定决心好好改正：自今日起，再也不看轻自己，不自甘堕落，要不断调整自己的情绪，整理好心情，勇敢面对人生，做最优秀的自己。

第二天早晨，艾伦满怀自信地前去面试，顺利地被录用了。艾伦觉得，之所以能得到那份工作，与前一晚的感悟以及重新建立起的这份自信不无关系。

在公司待了一段时间，艾伦的表现果然已经跟从前大不一样了，他待人非常热情，对待工作非常认真，遇到麻烦总是挺身而起，机智化解，于是在

同事间逐渐建立了好的名声。在后来的经济不景气中，每个人的情绪都受到了考验，很多人都倒在了情绪面前。而此时，艾伦却成了同行业中少数有生意可做的人之一。公司进行重组时，分给了艾伦可观的股份，并且给他加了薪水。

想要拥有积极向上的人生，就必须懂得合理调整自己的情绪，摆正自己的心态。整理是一项技能，你如果能够真正懂得把它运用到自己的情绪上，那么你将会受益无穷。

整理启示

有时候，一些事情是人们无法改变的。既然已经成为事实，不要总想着如何再让它变为虚无，尝试去接受，去面对现实。一个人不可能改变全世界，事物不会因你而改变。我们所能做的，就是调整自己，适应这个世界。当我们的情绪调整好了，我们才能更为积极地面对自己的人生，我们才能让自己的生活更幸福，让我们的工作更有成效，一切都会因为我们的整理而更加美好。

倾诉，一种很好的发泄方式

倾诉是人的一种本能，是人们感情宣泄的渠道，但有些人却因各种原因，人为的压抑了这种本能，堵塞了这个渠道，为自己的生活带来了很多烦恼。假如什么事情都压在心底，那么时间久了，我们的内心就会变得越来越沉闷，这种负面情绪的积压对自己的身心健康极为不利。我们在倾诉中不仅让自己的烦恼得到排解，还能让自己的情绪得到重整，在自我调整与他人的安慰之下，我们的心情就会归于正常，所以说，这是一种很好的发泄方式，倒出了苦水，你将会重新收获更多的快乐。

曾经有一个心理医生讲过这样一个故事：

一次，她乘坐国际航班时，身边坐着一位看起来极有涵养的女性。漫长而枯燥的旅程使她们开始攀谈起来。谈话从此次旅游的目的开始，但不一会儿，女人就开始谈起工作上的压力，心理医生也开始对她抱怨同事间紧张的人际关系。

在飞机落地的时候，心理医生对这位女士的过去有了很多了解：这位女士曾经有过3个男朋友，但是都分手了，现在是单身，做着一份薪酬很高但压力很大的工作，她对未来毫无信心……

后来，分手时，女士对心理医生表示感谢，说了这些以后，她感到异常轻松。

这位心理医生说，与一个陌生人开始一段谈话，谈话刚开始时都无非在说一些很常见的话题，什么天气了，见闻了，逐渐地，人们的话题就会深入，涉及家庭、薪水、人际关系。交流有很好的互动，能和对方轮流分享自己的信息。结束这样的谈话时，人们很容易进入一个愉快的心境，这种心境使人在这一天里都会感到神清气爽。

敏敏是一家知名公司的员工，最近心情很烦闷，因为她自己辛勤工作了一年，出色地完成了各项工作指标，本以为在年度考核中能够被评为优秀，结果却事与愿违，于是，一连几天，敏敏都处于一种难以名状的消极和失落情绪中，难以自拔。

周末的时候，她找她最好的朋友阿玉一起吃饭，倾诉她这些天来的烦恼。阿玉的一句话点醒了她："你再仔细想想，得到'优秀'的其他员工都是多年的老员工吧？也许你自认为应该得到的'优秀'，可是跟那些有着很大成绩的老员工相比，还是有着差距的，所以你应该做的不是消沉，而是多向他们学习。"

事实确实如此？但公司里的其他同事有着共同的利益冲突，谁又能直言不讳呢？即使直言相告了，敏敏就能相信吗？所以，跟好友就不同了，他会站在

旁观者的角度帮你分析情况，纾解心情，从而把烦恼抛却一边。

我们的情绪会因为生活中的琐事而出现变化，对待生活我们需要自我调整，但是有时候我们也需要他人帮助自己来整理自己的内心，所以说倾诉是一个好方法。如果将身体比作一个大的垃圾场，而愤怒、烦恼等是垃圾，当垃圾积蓄得太多，就会毒化心灵，使之失去光泽，进而影响人们的身体健康。朋友们，不要总是沉闷着，学会让自己的烦恼晒晒太阳吧！

整理启示

有时候，因为人生阅历、所考虑问题的角度等的不同，在我们看来是烦恼的问题，经过朋友的提点，我们可能会变得豁然开朗。我们不妨让内心“开放”一点，当感到有心理压力，出现悲伤、愤怒、怨恨等情绪时，要勇于在朋友面前倾诉，进行合理的宣泄。在他们的劝慰和开导下，不良情绪便会慢慢消失。

冲动往往铸成无法挽回的大错

冲动，是一种由于受到生活环境中某种刺激而引起的过激行为。如果一个人不能很好地抑制自己、调整自己，那么当他遭遇挫折的时候，这种过激行为便会很容易爆发出来。任何人都会冲动，可以说这是人性的一大弱点。所以说，每个人都不应该放纵这种不良情绪。当我们遇到比较心急的事情，我们首先要做的就是竭尽全力地让自己保持冷静，在冷静的过程中不断调整自己的情绪，这样才不会因为自己的一时冲动而铸成无法挽回的大错。

有这样一个经典故事，相信它会告诉我们冲动的危害到底有多大：

从前，有个愚人很笨，所以他一直很穷，可是他的运气还不错。在一次

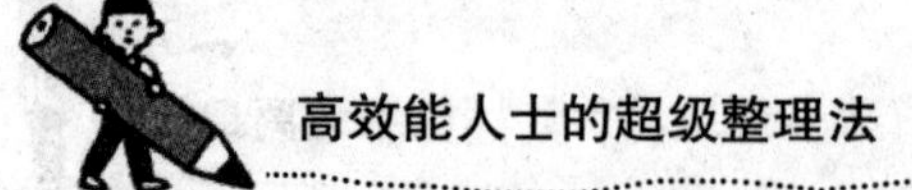

下雨的时候，有一堵围墙被雨水冲倒了，他居然从倒塌的废墟上挖出了一坛金子，因此一夜暴富。可是他依然很笨，他也知道自己的缺点，于是就向一位老人诉苦，希望老人能指点迷津。

老人告诉他说："你有钱，别人有智慧，你为什么不用你的钱去买别人的智慧呢？"

于是这个愚人就来到了城里，见到一个智者，就问道："你能把你的智慧卖给我吗？"智者答道："我的智慧很贵，一句话值100两银子。"

那个愚人说："只要能买到智慧，多少钱我都愿意出！"

于是那个智者对他说道："遇到困难不要急着处理，向前走3步，然后再向后退3步，往返3次，你就能得到智慧了。"

"智慧就这么简单吗？"愚人听了将信将疑，生怕智者骗他的钱。

智者从他的眼中看出了他的心思，于是对他说："你先回去吧，如果觉得我的智慧不值这些钱，那你就不要来了，如果觉得值，就回来给我送钱来！"

当晚回家，在昏暗中，他发现妻子居然和另外一个人睡在炕上，顿时怒从心生，拿起菜刀准备将那个人杀掉。突然，他想到白天买来的智慧，于是前进3步，后退3步，各3次，正走着呢，那个与妻子同眠者惊醒过来，问道："儿啊，你在干什么呢？深更半夜的！"

愚人听出是自己母亲的声音，心里暗惊："若不是白天我买来的智慧，今天就错杀母亲了！"第二天，他早早地就给那个智者送银子去了。

有人说，冲动是魔鬼，此话不假。生活中有很多原本老实本分的普通人，只因不能克制冲动心理，结果因一时的冲动而铸成大错，最后因为一些鸡毛蒜皮的小事毁掉了自己的一生。因此，当我们遇到问题时，我们要懂得劝慰自己，不断调节自己的情绪，让理智战胜冲动，让一切归于平静，这样才不会造成不必要的麻烦。与人相处，想要避免类似的麻烦，最重要的是我们自己是否善于自持，是否善于与周围的人相处。

整理启示 

在我们平时的生活当中。做到冷静地面对世间的社会百态、实际问题，才能够使我们的生活提高到较高的品味。冷静处事，是为人的素质体现，也是情感的睿智反映。如果你遇事总是不分青红皂白就开始暴躁不安，那么你就需要好好地审视一下自己了，及时发现自己的问题，然后合理地进行一系列的调整，这样我们的情绪才会稳定，我们才能成为一个理智的人。

收拾好心情，从悲伤中走出来

心理学家研究证明，很多人整天心情悲伤，不是因为他们时刻都在经受什么折磨，而是他们沉浸在一些悲伤的事情中久久不肯走出来。人都会遇到不开心的事情，这都是一些正常的现象，但是不管怎样，如果事情已经发生了，我们要做的不是整日里悲伤难过，因为这对于改变现状没有丝毫意义，只会让心情变得更加糟糕，让生活变得更加不顺。我们要做的是整理好自己的情绪，学会坦然接受，然后尽自己的努力去走出悲伤，创造更多的幸福。只要心情整理好了，就没有什么过不去的坎。否则只能是赔了昨天又赔今天。

一位心理学家做过这样一个实验：

心理学家用铁做成一个很大的笼子，笼子中间有矮矮的铁栅栏，把笼子分为两半。把狗放进笼子的一边，在笼子底部通上电，狗就会感觉到尖锐的刺痛。一些狗受到电击后，会很快地跳到笼子的另外一边去，从而躲避了电击。在另一边受到电击时，这些狗又会很轻松地跳回来，到没有通电的那一边去。随着通电部位的变化，狗就在铁栅栏箱子中间穿梭跳动以躲避电击。这个箱子也被形象地称为“穿梭箱”。但是，有另外一批狗，它们在穿梭箱中受到电击时，不做任何跳跃和挣扎的动作，只会浑身发抖，低声哀鸣。

原来，心理学家在把这些狗装进穿梭箱前，对它们进行了如下的操作：把这些狗拴在一个铁柱子上，时不时地用电刺激它们，狗受到电击后起初会挣扎、跳跃、咆哮，但是无论它们怎样挣扎，都摆脱不了电击的折磨。经过连续几天数十次的电击后，这些狗彻底放弃了挣扎努力。这时，再把这些狗放进穿梭箱中，它们对这种轻轻一跃就能摆脱的电击的刺痛也就忍受了。失败的狗挣不脱柱子，就以为跳不过栅栏。

心理学家的动物实验表明，失败、不如意等其实只有一种自我妥协心态，一种不敢进行重新选择，重新尝试的惰性，一种认命的灰心。心理学家认为，这一结论具有普遍意义。当不幸降临时，有的人埋怨上天不公，有的人则笑而纳之。

相信这个实验一定给大家带来了启示。朋友们，如果遭受磨难，我们是沉浸在悲伤中无法自拔，还是尽自己最大的努力去尝试改变呢？你是否会听从命运的摆布，任命呢？或许答案只有自己知道。前方的路有很多条，我们为何不选择调整自己的状态，摆正自己的观念，自己去寻求好的出路呢？

有人说：“没有永久的幸福，也没有永久的不幸。”面对一些悲伤的事情，我们该如何调整自己，让自己的情绪归于平静呢？我们应该明白，尽管在生活中我们每个人都会遇到各种各样的挫折和不幸，而且有的人不仅仅要承受一种磨难，有的人受打击的时间可以长达几年、十几年，但是让人极度讨厌的厄运也有它的“致命弱点”，那就是它不会持久存在。

整理启示

记住，在你悲伤的时候，身边所有的朋友都会安慰你的，因此一定要坚强。就算暂时快乐不起来，也应该让自己平静下来，去冷静地看待这件事情，用平和的心态把其他的事情处理好，相信用不了多长时间，你又会笑逐颜开了。

坏情绪如垃圾，要学会清理

在一次聚会上，著名的汽车商约翰·艾顿正在与他的朋友丘吉尔聊天。艾顿谈起了他的过去，说他出生在一个偏远小镇，父母早逝，他跟姐姐相依为命，姐姐帮人洗衣服、干家务，辛苦挣钱将他抚养成人。但姐姐出嫁以后，姐夫对他很不好，甚至将他撵到了舅舅家。舅妈待他也很刻薄，在他读书时规定每天只能吃一顿饭，还得抽出时间收拾马厩和剪草坪。刚开始参加工作的时候，他租不起房子，只能在郊外一处废旧的仓库里睡觉。

丘吉尔惊讶地问："以前怎么没听你说过这些呢？"艾顿笑着回答："有什么好说的呢？正在受苦或正在摆脱受苦的人是没有权利诉苦的。"这位曾经在生活中失意、痛苦了很久的汽车商接着说："苦难变成财富是有条件的，你只有战胜了苦难，脱离了苦难，只有在这个时候，苦难才是你值得骄傲的一笔人生财富。别人在听你诉苦时，不会觉得你是在念苦经，只会觉得你意志坚定，值得敬重。但如果你还在苦难之中或没能摆脱苦难，你还能诉说什么呢？你的这些诉说在别人听来，无非就是请求廉价的怜悯甚至乞讨。这个时候你能说你正在享受苦难，在苦难中锻炼品质吗？别人只会觉得你是在玩精神胜利、自我麻醉。"

艾顿的一席话使丘吉尔大彻大悟，于是重新修订了他的人生信条，他这样写道："苦难是财富，还是屈辱？当你战胜了苦难时，它就是你的财富；当苦难战胜了你时，它就是你的屈辱。"

约翰·艾顿面对自己的悲苦命运并没有堕落，而是更懂得忘怀，懂得重整心情用意志克服困难。一样的人生，但是每个人却有着不一样的活法，面对苦难，有的人一直把它们压在心底，久久无法忘怀，而有的人却懂得如何整理自己的内心，所以一切苦难过去之后便不再纠结与痛苦。坏情绪就是内心的垃圾，堆积得越多，对我们的身心越是不利，所以说我们要及时清理，收拾好心情，这样才能过好未来的日子。

雯雯和自己相处了五年的男朋友分手了，这一段时间，雯雯每一天都过得非常不开心，总是沉浸在往日的岁月里无法自拔。当时雯雯为了摆脱失恋的痛苦，就离开了那个拥有伤痛回忆的小城，只身来到了上海，在海边住了下来，以此想让大海的波涛冲走内心的回忆和伤痛。

然而，上海的生活并没有让雯雯变得快乐。在这个陌生的城市，她没有亲人、朋友，没有依靠，这让雯雯更伤感了。每天晚上，雯雯都一个人呆呆地坐在海边，周围的一切都是那么陌生，唯独一颗心装满了曾经。风吹着她的披肩和长发，她觉得很冷，内心的孤寂感更强烈了。面对着一波又一波汹涌的海浪，雯雯终于明白，人生就如这海浪一般，起起伏伏，一波走了，接着又有新的一波上来。只有学会忘记上一波，才能欣赏到下一波的美丽和精彩！

想到此，雯雯从伤感的阴影中走了出来！她终于发现，原本陌生的一切变得那么温馨，心中的伤感一扫而光。雯雯终于明白，只要放下了过去，人无论在怎样的环境中，都可以获得快乐和轻松，都可以眺望远方的幸福！

是啊，没有过不去的坎儿，只有过不去的内心，对于那些不开心的事情，我们应该做的就是选择遗忘，这样才能更好地进入新的生活，忘却那些不愉快就是清理掉内心的垃圾，这样我们才有更多的空间去装下那些美好的事情。

整理启示

朋友们，如果你总是对一些不好的事情耿耿于怀，那么你永远无法快乐起来。所以说，及时打扫打扫自己的内心，少一点儿烦恼，才能多一点儿快乐。当你的内心整理干净之后，你就会发现原来这个世界是多么清新明亮。

放慢脚步，才能放松心情

走在人潮汹涌的街道上，你会发现每个步履匆匆的人，表情都如此相似：他们紧皱眉头，一边赶时间一边思考问题，抿起的嘴唇透露不出丝毫快乐，他们像被什么东西追赶着、逼迫着，只能沿着既定的道路日复一日地行走。朋友们，你是不是其中的一位呢？如果是，那么你就应该好好审视一下自己的现状了，因为过多的压力和紧张会让你的幸福感逐渐减少。这时候我们要懂得放慢自己的脚步，重新整理一下自己的心情，不要让自己在追求物质生活的道路上丢失了自己的欢乐。我们要明白，整理就是为了让自己生活得更为洒脱，更为轻松，让自己的人生更加美好。

一天，一位企业家在医院进行治疗，医生嘱咐他，以后必须多休息，尽量放松心情。但是这位企业家非常愤怒地抗议道："我每天承担大量的工作，没有一个人可以分担一丁点儿的业务。医生，您知道吗？我每天都得提一个沉重的手提包回家，里面装的是满满的需要处理的文件，你让我怎么放松心情？"

医生惊讶地说："你的工作时间那么多，为什么晚上还要批文件呢？"

企业家有些不耐烦地回答："那些都是必须处理的急件。"

医生问："难道你的公司只有你一个人？你的助手呢？"

医生的话，让企业家更加愤怒："他们怎么可能做得了！只有我自己才能正确地批示呀！而且我还必须尽快处理完，否则公司就无法运营下去了。"

思索了片刻，医生说："这样吧，现在我开一个处方给你，你不妨照着做。"说着，他在处方上写着什么，然后递给了企业家。

企业家拿起处方，一字一句地读了起来："无论有多忙，每个星期必须抽半天时间到墓地一次，每次散步两小时。"

企业家非常惊讶地问道："去墓地？这是干什么？"

医生面露微笑，说："因为，我希望你可以四处走一走，看一看那些与世长辞的人的墓碑。你不妨认真思考一下，那些躺在墓地里的人，他们生前也许与你一样，认为全世界的事都得扛在自己双肩，可现在他们全都永眠于黄土之中，你或许有一天也会加入他们的行列，但是整个地球的活动还是永恒不断地进行着。而其他在世的人们仍是如你一般继续工作。我建议你站在墓碑前好好地想一想这些摆在眼前的事实。”

听完医生的话，企业家不由得愣住了。回到家后，他依照医生的指示，转移一部分职责，放慢生活的脚步，他知道生命的意义不在急躁和焦虑，他的心已经日渐平和，也可以说他比以前活得更好，当然事业也蒸蒸日上。现在，他每周都会和朋友一起去打高尔夫、爬山，朋友们都说他变得越来越年轻了。

是的，如果你一直处于紧张状态，那么你将会丧失很多生活的乐趣，你也会活得非常疲惫。我们应该适当的调整一下自己的生活节奏，整理一下现在的忙碌心情。如果我们能够生活得更加积极而欢乐，生活不再是单调而压抑，那么我们的整理就算是非常圆满了。

整理启示

如果你发现自己耳边充斥着各种令人烦躁的噪声，整日忍受着繁忙工作、家庭琐事的无穷折磨，每天的神经都绷得紧紧的，得不到一丝喘息的机会，那你就真该好好计划一下，找点时间，让自己彻底放松一下。

工作整理法：整理是工作的督导

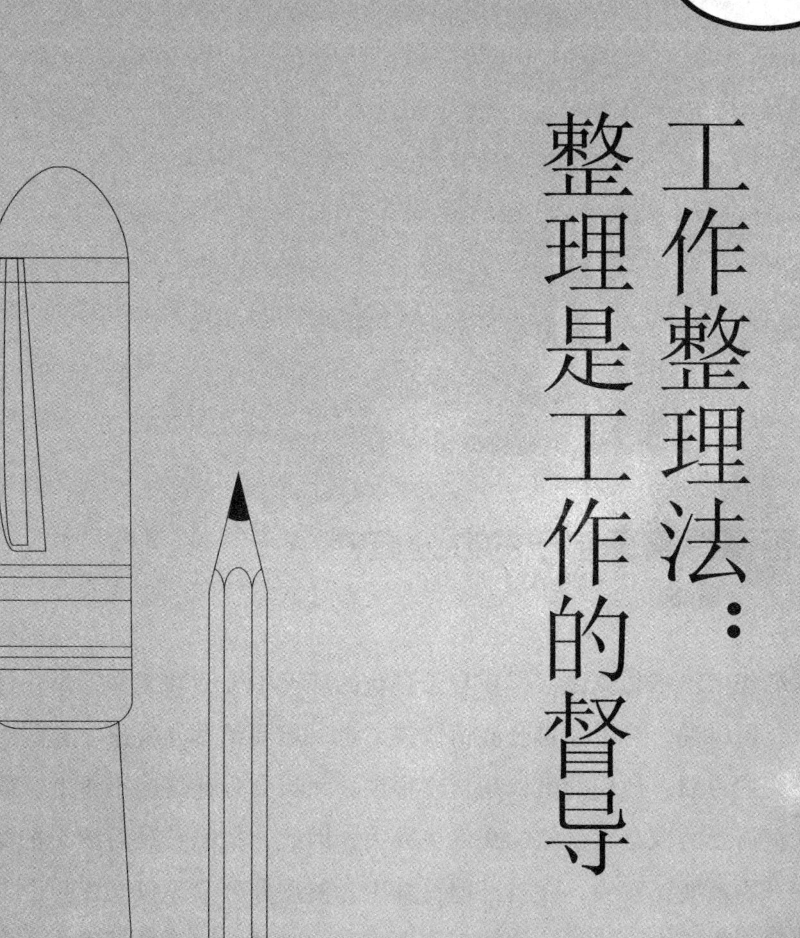

第14章　办公环境整理法
——让你轻松找到文件，工作效率高

你的办公室给你带来什么样的感觉呢？是整洁舒适还是压抑沉闷？那么你知道为何会有如此大的不同呢？是整理。整理不仅能给你带来轻松愉快的工作环境，还能让你的工作效率大大提高。所以说，把自己的办公室当做自己的“第二个家”来对待吧，相信你的真诚付出会给你带来大大的惊喜！

你是否懂得整理自己的办公桌？

法国著名作家巴尔扎克说：“在自己喜欢的环境中生活和工作，是一件很快乐的事。”所以说，为了让自己心情愉快，也一定要整理办公桌。有些人没有整理办公桌的习惯，他们的借口是自己很忙，无暇分心在这些小事上，或是怕清理时，把需要的或是有价值的文件也弄丢，因此，他们总是习惯于把那些有用无用的东西都堆在案头，让自己埋首其中。整理办公桌不仅能让一个人心情愉快，缓解工作压力，还能让你的工作更为高效。对于一个终日埋头于事务性工作的人来说，办公桌就是他的工作阵地。因此，桌上东西如何摆放，桌子附近配置什么家具，都会影响到工作效率。所以说，那些不爱整理的人一定要注意了，不要总是把自己的办公桌堆积成一座小山，抓紧为自己创造一个舒适的工作环境吧！

杨海燕在一家广告公司上班，由于经常加班，办公室几乎成了杨海燕的

第二个“家”。但是，杨海燕并不感到厌烦，相反，她还很享受在办公室的时间。杨海燕的办公桌很整洁、很漂亮，桌上放着两盆绿色植物，还有那个她从商场精心挑选回来的茶杯，茶杯很漂亮，润白底子上印着古朴的粉色小花。工作累了，捧着漂亮的杯子喝着绿茶，看着办公桌上葱绿的常青藤，心情也就舒畅了许多。此外，杨海燕的办公桌上还有造型简单却颇有时尚气息的记事台历、可爱的护腕鼠标垫等，都是她平常在小店里留心搜来的，既赏心悦目又实用。工间休息时同事们也爱来杨海燕的办公桌旁聊天，他们亲切地称呼杨海燕的办公桌为“可爱花园”。

好的工作环境会给你带来一种幸福感，不仅不会让你感到压力，还会让你乐在其中，装点生活、舒心工作，就应该学习杨海燕这种工作态度。

张阳阳和陈晓曦是大学同学，关系很好的两个人毕业后幸运地被同一家知名杂志社录用为实习编辑。每年来到这家杂志社实习的大学生很多，但是能够留下来工作的却寥寥无几。虽然张阳阳和陈晓曦都很想在这家杂志社工作，但是她们知道比自己优秀的实习生有好几个呢！两个月的实习期很快就结束了，杂志社的总编忽然找张阳阳谈话，告诉她杂志社已经决定录用她，让她明天继续来上班，至于陈晓曦，将会离开杂志社。张阳阳不太明白，她觉得陈晓曦和她能力都差不多，为何单单留下自己？总编说：“你的办公桌总是最整洁的，没有堆积如山的文件、书稿和报纸。我每一次向你要稿件的时候，你都会立刻找到交给我。当我交给你计划或者方案的时候，你总会将它们收入相关的文件夹里。从你的这些行为中，我相信，你可以适应杂志社繁杂而忙碌的工作，会成为一个高效率的编辑。至于陈晓曦，她虽然工作能力没问题，但是她在这方面做得远远不够。”

是的，办公桌的整洁对一个人高效工作有着重要意义，如果一个人连自己的办公桌都整理不好，那他怎么能整理好杂志社的文件、书稿和报纸呢？他的工作效率又怎样提高呢？

如果你的办公桌上经常让物品、文件堆积如山，你就要花时间来整理一下了，在这个时候花上半个小时到一个小时是值得的。

第一，没用的东西清理掉。如果你的办公桌上还堆积着没用的资料或者是与办公无关的杂物，那么你就要学会清理，只有清理完杂物才能进入整理办公物品的环节。

第二，东西摆放在固定的位置。每天使用的东西，应尽量摆放在固定的位置，用后即刻还原，这样办公桌上就可以保持井然有序。书写工具和记事本等可集中摆在桌子右侧。如果用立式笔筒，既节约空间，东西又好找，还不会丢失。签字笔、手机、钥匙等重要物品，一定要摆放在固定位置。

第三，从办公桌上撤下目前不需要的书籍文件，对它们可以按照其重要性和先后顺序的原则分类。

第四，常用物品摆在桌面上。很多东西经常用，我们应该把它们摆在桌面上。要是每用一次都把这些东西放进抽屉，那么拿进拿出的也浪费时间。

整理启示

很多时候，让你疲惫不堪的往往不是因为工作量过大，而是因为缺乏良好的工作习惯——以致不能保持办公桌的整洁、有序，从而降低了工作效率。由此可见，不良的工作习惯会加重工作压力，影响工作热情。

合理分配空间，营造和谐办公环境

对于大部分上班族来说，白天的大多时间都是和自己的办公桌共同度过的，一个整洁的办公桌会给人带来好的心情，让自己的工作时间轻松且舒心。但是办公桌的整理不是简单的摆放，而是需要进行空间的分配的。如果空间分配不合理，那么杂乱将很快就会到来。

一般办公桌的空间可分为电脑相关器材区域、文书作业区域以及收纳储藏区域，这三个区域的作用不同，而且个人的使用习惯也不同，所以要有不同的整理方式。

首先，为了节约空间，电脑最好摆放在边上。假如我们把电脑放在办公桌中心位置，那么我们就会浪费很多空间，所以说为了桌面空间的合理利用，我们的电脑应该放置的靠左或者靠右一些。目前有些办公桌会将中央薄抽屉改成键盘架，如果再把主机放在地上，还能再争取一些桌面空间。腾出来的大部分桌面区域就能用作文书处理区了。如果这还不够书写和整理文件使用，推荐利用桌下最上层抽屉或桌边柜的台面收拾零碎的文书，而剩下的抽屉区域和桌面所剩无几的空间则划给收纳储藏区。

桌面是很显眼的位置，桌面整理好了会给人耳目一新的感觉。桌面整理完成，那接下来我们该整理哪些地方呢？下面我们开始谈一谈文书作业区域的整理。文书作业区域一般有很多抽屉，这些抽屉中的空间也要进行合理的规划。

抽屉不可以随意放置东西，一旦乱放就会显得凌乱不堪，当你找东西的时候那真是麻烦至极。一些纵深较深的抽屉适合保存文件，右侧最上方的抽屉里可以放笔类、图章以及透明胶带等较为常用的东西，拉开就能取到；中段抽屉可以放正在办理的文件；最下面一个抽屉可以用来放“已办、需保存”的文件。

抽屉太少，不够用怎么办？这时候我们就用隔断来解决这个问题吧！例如，将抽屉用隔板一分为二，原本3个抽屉就变成6个空格，多了一倍分类置物空间。我们还可以利用没盖子的小盒子再做成隔断，或再隔成“九宫格”，将各种物品分别放置，只要拉开抽屉就能一目了然，可以随手取拿。

办公桌收纳储藏的区域虽然不会很大，但是我们可以开动脑筋，用自己的聪明才智整理出一个舒适方便的办公环境。

整理启示

不要小看这一张办公桌，如果你懂得合理分配，那么它将会为你呈现出更为舒适的办公环境，假如你总是对它上面的物品进行随意安置，那么“脏、乱、差”的局面可能正向你悄悄靠近。

你是否想拥有一间整洁的办公室？

曾经有人统计过，人们每天在办公室的时间基本上同在家的时间相等，也就是说，办公室已经是第二个“家”。办公环境的整洁程度，无形中会影响到身处其中的工作者的心情，并进一步影响到工作的效率。

海文是一名律师，在工作上他可以说是得心应手，但是对于办公室的整理方面他非常苦恼。每天来到办公室，他都感到非常的压抑，因为面对一堆堆的文件和杂物他完全不知道如何整理，乱糟糟的环境给他的心情造成了很大的影响，有时候因为办公环境的问题自己总是找不到需要的资料，这类问题对工作的影响是必然的。于是海文就找来自己的好友阿宇，一位整理方面的高手。当踏进海文宽敞明亮的办公室时，映入阿宇眼帘的是无处不在的纸堆。

很多时候，我们都在一边制造一堆堆废纸，一边发誓说过一会儿就收拾。孰料别的事情经常会打乱我们的计划，结果那些纸就一直堆放在那里了，而且我们对此视而不见，好像房间就应该是这样的。海文就是让这样一个普通问题给打败了。其实，他忽略的可不仅仅是几张纸。

海文常用的工具书零零散散地放在办公桌右侧的地板上，办公室里倒是有个大书柜，里面摆满了纪念品和家庭相册，当阿宇问里面还装着什么东西时，海文已经不记得了，因为他已经好些年没看过那些东西了，我们应该很难猜到阿宇在里面发现了什么，那是一堆布满灰尘的法律课本！如今这些课本已经对海文来说没有什么用途了，但是却占据着好大的空间。

随后阿宇还看到了什么呢？书柜上有两个放文件的小抽屉，里面可真是什么都有啊！海文也有好些年没开过这两个抽屉了。

阿宇和海文一起先花了一小时把海文堆在桌上的一摞摞法律文件按类别整理了一下，那些都是他已经办完的案子，早该分类归档了。收拾好后，海文的助理把文件放到了办公室外面的档案室，这一行动可谓是大快人心，海文激动不已：我终于可以有清爽的办公桌面了！

阿宇发现，海文还需要两个小书架：一个放工具书，以方便拿取，一个放助理要用的案件资料。当第二个小书架上出现案件资料后，海文的助理不用问就知道该清理一下这些资料，备战下一个案件了。简简单单的两件家具，让海文摆脱了文件随处乱放的混乱状态。

阿宇清理了那些旧课本后，海文发现书架上已经腾出了很大空间可以放现在有用的东西了。随后阿宇和海文清理了书架上的两个抽屉，腾出了空间放海文最近要办案件的资料。海文收拾得很起劲儿，清理出的垃圾把所有的垃圾桶都装满了，而且他们还打电话叫了保洁员和一辆小型垃圾车。只花了几个小时，海文的办公室就焕然一新了。

随后，阿宇让助理订购了两盆绿植摆放在办公室上，此刻海文感觉到整个办公室焕发了前所未有的生机与活力。

随后的日子，海文渐渐感受到了整理的必要性，随时打扫并且做到物归原处，整洁的办公环境不仅大大提高了海文的工作效率，还让海文远离了杂乱堆积的苦恼，在办公室的每一天都感觉舒心清爽。

办公室是自己的第二个“家”，办公室整洁了，自己的心情会更好，工作的效率也会更高，希望大家能够谨记这一点，做一个爱整理的人。

第一，学会“绿化”你的办公室。

办公室如果过于紧张化，会给人带来一种压抑感，这样下来会让人们觉得

疲惫或者烦闷。我们可以通过美化办公室的环境，用适当的绿化平复内心的不安，让你工作时更专注。比如，放置一小盆仙人掌或是芦荟在案头，这样的植物极容易照顾，同时又充满绿意，据说还有抗电脑辐射的作用。关键是绿色植物能够带来一种生机，让人们放松心情、焕发活力。

第二，没用的物品要清理掉。

如果在一定的空间里堆积过多的东西，不仅起不到美化的效果，反而让人们觉得压抑、喘不过气来。所以说，我们要适当的放一些装饰品，不要堆积太多，有些东西该清理还是要清理掉的，否则会对我们的工作带来很多不好的影响。比如，很多年轻职场女性喜欢在办公桌上放置一些充满童趣的玩具，从五彩斑斓的水杯到形制各异的玩偶，都被她们用来装点办公环境。但是，这样的物品一两件就行，超过一定的限度，会给人不成熟的感觉，给工作带来不便，无形中降低了工作效率。

第三，定期打扫。

办公室的整洁离不开打扫，打扫不仅让我们的工作环境卫生、健康，还会给我们带来焕然一新的感觉。平日里我们要保持办公桌的整洁，不要给人留下一种处处是灰尘的坏印象，否则谁还愿意与你共事呢？要定期打扫办公室卫生，要经常打开窗户换气，保持室内空气清新，这样下来，我们才会在办公室里时刻保持着积极阳光的心态。

整理启示

身处凌乱不堪的工作环境中，谁会有好的效率呢？而在干净的办公室中，将会受到严谨有序的工作环境的濡染，做事也会不由自主地讲究秩序。我们不要求将办公室布置得如同星级宾馆一样，但必须整洁、有序，并且能够为工作带来方便。

拒绝杂乱，文件整理是重点

当你办公桌上的文件或者资料已经堆积成山，你是否感觉特别混乱？当你抽屉里的资料已经放不下，你是否感到郁闷？当文件柜里的书稿已经落满灰尘，你是否觉得非常邋遢？其实这些情况在我们身边是经常见到的，甚至是有可能就发生在我们自己身上，可是我们做了些什么呢？是满脸的嫌弃或者唠叨还是主动地去整理？其实文件资料对于整个办公室的整洁来说非常重要，当你进入一个办公室时，看到铺天盖地的文件，一般会感觉非常压抑，那是因为一切都没有进行合理的归纳整理；而当我们看到一沓沓文件整齐划一的放在各个位置时，我们会感到一种认真、踏实的办公气氛。

想要让文件得到更好的整理，我们不妨准备几个文件夹，有了文件夹，我们的文件就有了“安身之所”。然后用一个记事簿记录归档时间。归档时间视文件的积累速度而定。我们可能需要每天整理一次，或每周整理一次，视文件的数量而定。假如我们每天都要面对大量的文件资料，那么我们不妨想一个更为便捷的方法来区分，可以考虑建立子目录的方法。举例来说，我们可将文件分成“经常需要”“有时需要”“作废处理”；并且将它们放在离我们不同远近的位置上，以便于取放。这样一来，就大大增加了办事效率。

杨明最近感到非常郁闷，因为办公桌及抽屉里的资料已经塞不下了。于是，他给领导发了一封电子邮件，问道：“可不可以再订购一个文件柜？我的抽屉全塞满了。”领导让杨明仔细检查自己的抽屉，确认是否所有文件都真的需要保留。如果不是，应该把用不着的文件存入参考文件或直接扔掉。

杨明勉强听从了领导的建议。他想：“真的是太浪费时间了。”但是没有别的办法，只能照办，于是杨明开始仔细翻阅每份文件。如果某份文件已经完成了或暂时用不着，他就把这份文件放在地板上（紧挨着地板上其他的文件）。

全部检查完后，杨明这时候发现自己的两个抽屉腾出了一半以上的空间。

文件过量的问题竟然得到了解决。或许杨明无法让抽屉保管所有过去、当前和将来的文件，但他可以管理好当前的文件。

在整理过程中，杨明对文件进行有效地归档，进行了分类处理。这样就为自己腾出了很多的空间做更多的事情，也便于自己以后的查询。于是杨明发现，不是空间不够多，只是自己不懂得整理罢了，整理让自己的工作变得更有条理。有一个问题大家可能感到非常困惑，在归档文件之前如何确定文件的种类呢？我们可以拿出笔记本，看看桌面上和抽屉里的每份文件，写下每份文件的主题。写完后，看看能否将这些主题划分为各个种类，但是不要太多。这是最简单的方式，我们也可以尝试其他的方法，总之，只要对文件进行有效的分类就可以了。

看完上面的案例相信大家对文档整理有了一定的认识，下面我们来具体讲解一下：

第一，一目了然，颜色让分类更显眼。

采用不同的颜色来区别各类文件是一种比较方便、快捷的方法，这样对于提高工作效率、减少时间浪费有着重要的意义。这样的做法易于引起自己对重要事项的关注，而且在操作上也是简单易行的。让不同的工作文件有不同的颜色，根据颜色的不同，可以迅速找到某类文件。比如可以购买五彩斑斓的文件夹，或者利用彩色笔芯。

第二，避免堆积，“初次见面”的文件可以在顶端写下它的归类处。

想要节省之后的时间，我们就要明确这份文件到底应该归在何处，这是整理术中必须掌握的一点。

刘俊文总是一心想做好事情。她定期对归档文件进行整理。但有一天，她发觉桌面上的文件还有很多，并没有减少，于是她对自己说：“我必须搞定它们！”

一天，刘俊文拿起一堆文件开始分类。拿起第一份文件时她想：“该把它归为哪类呢？”

刘俊文又把它放下并说道：“新文件。”下一份文件也是如此。等到她看

着第三份文件，心想“我不知道该把你归为哪类”，于是再次放下了。第四份文件的命运也是如此。这样的动作一直持续下去，刘俊文发觉桌面上多出了许多文件。

于是，刘俊文再次把这些文件放一起挪到桌上另一个地方。她看出了问题所在。这些文件只是在桌面上转了一圈并没有真正离开。她暗下决心，从现在开始，只要她拿起某张纸或某份文件，就不能再放回原来的地方，而必须归入前面说到的五个地方之一。从此，这样的问题再也没有发生。

可见，我们在生活和工作中要像刘俊文一样，第一次看到文件就把它记下来，并且放到同一类的地方，这样才不会导致大量的文件堆积。

第三，设置“参考文件”，容纳不急需的文件。

这些文件统一存放在你办公室或工位角落里一个高高的四屉文件柜里。一般来说，过去的文件会占3个抽屉，而将来的文件占1个抽屉。

第四，学会清理文件。

没用的文件是时间的最大杀手，当我们整理文件或者寻找文件的时候，这些就是阻碍我们寻找速度的罪魁祸首，该清理的就应该清理掉，否则我们的工作将会越来越忙。仔细把资料整理好，就能增加资料对你的价值，如果只是把资料随便整理一下，就等于是降低资料的效用。

整理启示

高效的文件、档案管理者会为你节省很多没必要花费的时间。回想一下我们在寻找随意存放的东西上所花的时间，就会觉得花点时间建立高效的文档系统还是十分值得的。没有一种文档系统是十全十美的，要选择一种对你所存资料最为适合的方式。

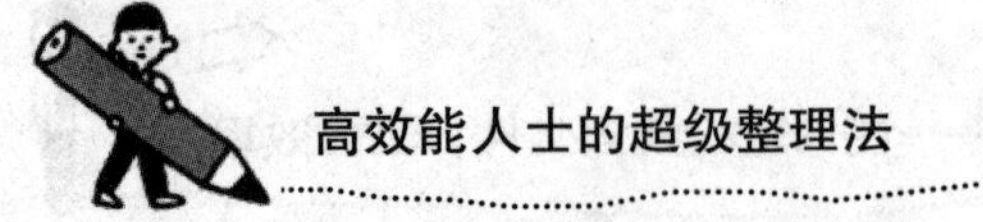

整理的关键和重中之重是什么?

整理关键：物归原处，不让努力白费。

很多人有这样的苦恼：为何整理没几天又乱了？难道需要每时每刻都整理吗？……其实，一切并不是这样，之所以出现这类苦恼，主要是因为大家不懂得整理的关键，那就是在物品用完之后做到物归原处。假如整理完了之后你又到处丢弃，那么一切将会进入一个恶性循环，因此整理还有什么效果可言呢?

丽丽的办公桌是绝对的整洁，在整个办公室里是数一数二的。办公室的同事都很欣赏她这种爱干净的好品质，慢慢地大家都受到她的影响，懂得了自我整理。但是总不能每天都处于整理的状态吧？平时忙的时候根本没时间去收拾办公桌，一堆工作已经让大家手忙脚乱的了，所以其他同事很容易就恢复了之前的杂乱状态。这到底是为什么呢？有一天下午，办公室的小李就问丽丽："同样的整理，为何大家跟你整理的效果就差距那么大呢？你的办公桌每天都很干净整洁，可是即便是大家整理得很干净，但是为何没几天又乱了呢？"这时候丽丽微笑着说："没什么大的诀窍，主要的一点可能大家没有在意，每次进行整理之后我都记得把用后的物品放到原先的位置，这样物归原处对于整理效果的保持还是比较有意义的。"

是啊，谨守这个规则，一次整理或定期整理环境就可以了，否则很快就又会处于永远需要整理中的状态。频繁地整理，让人陷入无休止的劳动之中，直到筋疲力尽。整理若打成了疲劳战、持久战，也就失去了整理的意义。所以。保护成果是整理术的关键。

整理的重要之处：为自己建立梦想资料夹。

梦想是美好的，一个人如果没有梦想，那么他的生活简直不敢想象。不管现实如何，我们都要时刻牢记自己的梦想，不断努力，一步步地积累能量向自己的梦想靠近。假如我们现在所走的路与梦想无关或者有一定的出入，不要紧，我们要相信不管走在哪里我们都在为梦想积蓄能量，相信自己一定能整理

出一个更精彩的人生。

怎么办呢？我们不是在整理嘛，在电脑里单独创建一个文件夹，或者在实际中准备一个独立的文件夹，随时随地发现搜罗来的那些与我们的梦想相关的资料都可以存放进去。我们在整理工作，力求在工作中能够轻松、高效，节省出的时间来做什么呢？不妨每天都用一点儿时间来观照梦想，不积跬步，无以至千里嘛！

小语是有很多想法的，她已经建立了她的梦想资料夹，并且开始收集资料来填充她的文件夹了。当然，刚开始小语还不是那么自觉，看见了也未必就马上能想到，但是习惯成自然。当这个资料夹不断丰满起来的时候，也许渐渐地就会发觉和梦想的距离不那么遥远了。而当机会来临时，小语就能迅速掌握到梦想实践的重点，不需从头开始收集资料。慢慢地小语发现，养成良好的整理习惯能省下许多时间来让工作轻松、愉悦，更让自己有时间为梦想努力。加上梦想资料夹从旁协助，小语觉得自己一定会有机会成就自己无限的可能。

整理启示

整理中其实有很多细节，这些都需要我们自己去摸索，去尝试，当有一天自己能在整理中感到舒心、幸福的时候，或许我们就能悟到整理对我们工作及生活的真正意义了。

没用了？那就毫不犹豫地丢弃

你的身边是不是堆积着许许多多自己也不知道是什么、不了解还有没有用处的东西？那么你还在打算继续忍受它们吗？这些东西或许之前对你来说很重要，于是慢慢地就留了下来，但是长久下来，它们还需要放在原来的位置吗？

名片、账单、杂志、照片、书籍、合同、广告彩页、活动企划书……如果不进行整理的话，越积越多，东西叠加再叠加，直到堆成小山，再大的存放空间也装不下。并且，很多有用的、重要的东西夹杂在里面，当需要时，翻来翻去，总是找不到。

缓解一下自己的负担吧！很多有用的东西都无处安置，为何还对这些不再需要的东西念念不忘、浪费自己的心力呢？只有懂得了舍弃，我们才能为自己腾出更多的空间，容纳更多需要的东西。

但是，扔东西也是有讲究的，不能够想当然地说扔就扔，也需要用到我们的“整理”步骤。在丢弃之前，必须要做出正确的判断，只要是确定不可能再使用的东西，就立即扔掉；如果觉得还可能用得到，就要进行分类，再保存到相应的位置。

琳琳的办公桌可以说已经堆积成了一座“小山”，有时候同事过去找她谈工作的时候都故意开玩笑说：“琳琳去哪了呢？怎么找不到了呢？”琳琳在公司人际关系挺好，平日里嘻嘻哈哈的，同事有什么话都直接跟她说，其实她的堆积物品的习惯自己也是了解的，很多同事都提醒过她，但是她总是觉得不是大问题，琳琳觉得很多东西自己都是需要的，如果丢弃了总是觉得少了点什么，即便是平日里找东西非常不方便，琳琳也就这样凑合着过去了。但是有一天早上，琳琳的上司给她一份重要资料，让她填写好下班之前交给他，当时琳琳很快就把资料填写好了，无意间夹在了一本书里面，随后琳琳就开始忙别的任务。但是在翻找资料的过程中那份重要资料被压在了底下。后来琳琳忙完之后打算再审一下早上的资料，可是怎么也找不到了。于是琳琳就挨个地把桌面上的东西翻了个底朝天，这一下可把琳琳惊呆了，原来自己一直认为珍贵的这些东西大部分已经成了废物。很多资料已经都是很久之前的了，还有一些过期的杂志、报刊、广告彩页，就连原先待在自己座位上的前辈的废弃资料也在这里堆着。后来琳琳终于在一本书中找到了那份资料。但是当时由于时间紧迫，上司一催，琳琳就急着把资料交了上去。结果因为琳琳的疏忽导致里面一个重要的地方填写错误，琳琳被上司训了一顿。如果当时领导没有认真审核一下，或许会铸成大错。后来琳琳终于明白了自己的错误，把桌面收拾得整洁利落，上面再也看不到没用的东西了。

怎么确定哪些东西该扔呢？下面我们从以下三个方面来说一下处理东西的准则是什么：

第一，物品是否已经用过？是否已经没有再次利用的价值？

第二，这件物品对你来说是不是重复的、是不是一件可替代的物品？

第三，以后你还用它吗？留下的意义还有吗？

当然，前面两点很容易判断，对于第三点，很多人判断起来就有点儿困难了。不止一次地听人抱怨过："我以为没有用了，顺手就扔掉了，后来再想用的时候就没有了，有点儿后悔啊！"

所以，在这里建议大家，当你无法判断一件东西是否还有用的时候，就"暂时保留"，如果一年以后这件东西还是没有用过一次，那就下决心扔掉吧，不要犹豫。

整理启示

不要总想着把东西留着，觉得以后会用到，但是你真的用到了吗？很多东西在一个地方堆积一年又一年，我们估计已经都忘记那是什么了，于是一切废品就这么无声无息地占据着我们的内心，何必呢？朋友们，该扔就扔了，不要犹豫，当你丢弃一堆物品的时候，我们会发现原来我们内心的垃圾也随之清理了，倍感清爽。

第15章 高效工作整理法
——不怕事情多，就怕做事没条理

我们每天都在工作，但是我们是尽力去干工作吗？同样是干工作，但是不同的人的效率是截然不同的，这其实就在于我们是否懂得整理，让工作效率实现最大化。事情不怕多，就怕你没有条理地去做。条理源自整理，高效工作需要秩序维护，面对繁忙的工作，先为工作排排序，学会巧干，这样才不会让你的努力白费。

今天工作不努力，明天努力找工作

“学了这么多年的知识，让我做一些打杂的工作？待在这里还有什么意义呢？”

“就给我这么一点儿工资，还让我做那么多的活，凭什么？这是不公平的，只要我做的工作对得起这点工资就可以了！”

“你看看那几个部门，整天那么闲，同样是上班，我们累死累活，还不一定比人家挣得多，既然这么不公平，我也学着偷懒，何必这么亏待自己。”

……

这些都是一些抱怨的行为，他们总是看着眼前，从不考虑长远，他们总是想着偷奸耍滑，却从不想着脚踏实地地为之后的腾飞打下坚实的基础。工作中连自己的简简单单的任务都整理不明白，做不顺手，那么就算给你一个理想的职位，你也未必不会抱怨。

抱怨公司的老板，抱怨工作时间过长，抱怨公司管理制度过严……有时，

抱怨的确能够赢得一些善良人的宽慰之词，使自己的内心压力暂时得到一定的缓解。但是一旦你养成了这种抱怨的习惯，你的人生就已经开始走下坡路。你不去努力，而总是一味地找寻生活中的不如意，这样你就会与你当前的工作越来越疏远，越来越充满敌意，这会严重阻碍你的发展道路。如果你不抓紧摆正自己的心态，在工作中积极进取，终于一天你会感到非常落魄。

阿威和阿诚是同班同学，大学毕业之后两个人一起步入了社会。经过一段时间的应聘，他们才发现当初的梦想在现实的面前显得非常遥远，社会的竞争压力真的是非常大。终于经过一段时间的苦苦寻找，他们成功的找到了一份工作，而且都来到了同一家公司。但是当真正上班的时候，一切并不是向他们想象得那样美好，部门竟然让他们做的都是一些打杂的活儿，而且哪里有需要他们就被安排到哪里。

尽管阿诚感到非常失望，十分看不起这份工作，但他为了生活不得不留下来。可是，阿诚并不是非常敬业，每天上班懒懒散散，做工作时也是敷衍了事。一次，两次，三次，经理认为他刚从学校毕业，没有多少生活经验，于是便一次又一次地给他机会。可是，阿诚内心深处对这份工作抱着很强的抵触情绪，每天都在应付自己的工作。经理让他出去办点事，结果半天也完不成；让他去打印一些资料，结果总是把资料搞得乱七八糟；让他跟着老同事跑跑腿学点东西，他总是觉得那些他自己都懂，从来不把别人放在眼里……结果，没多久他就被辞退了。阿诚只好又回到社会上，重新开始找工作。没有什么经验，还不想吃苦，也不懂得上进，这样的情况怎么安心找工作，怎么踏实做工作呢？因此，阿诚就好像是瞎混日子一般，一直在找工作。

相反，阿威在工作中并不在意自己的高等教育学历，他觉得自己就需要从底层开始锻炼，这样才能学到更多的东西，所以说不管安排什么工作，阿威都竭尽全力地做到更好。此外，阿威经常主动去做事，看到其他同事忙不过来，他就主动去帮助同事分担一些力所能及的事情；遇到自己不懂得的事情时，他总是非常谦虚地去询问前辈和他的经理。3个月后，经理便分派阿威做一些重要的任务锻炼他，他的工作态度和交际能力受到了大家的一致认可，在公司与大家相处得非常融洽。因为工作积极，认真勤奋，1年后，阿威就被经理提拔成助理。此后的阿威并且依然抱着一种积极的态度，在工作中不断进取，认真负责。

而阿诚此时才刚刚找到一份工作，在一家工厂当学徒。但是，阿诚认为自己拥有高等学历，应该属于白领阶层。结果，阿诚在自己的工作岗位上仍然干得一塌糊涂，终于在某一天又回到街头去寻找工作。

今天工作不努力，明天努力找工作。请思考一下：努力找工作还是努力干工作。朋友们，好工作都是自己努力干出来的，一个不轻视自己工作的人，工作中任何一件琐碎和不起眼的小事都会成为他成长和锻炼的机会，一个尊重自己所从事工作的人，他的未来必定充满希望。很多员工总是在失去了工作，在体会到找新工作的艰难才后悔不已，后悔自己为什么当初不努力工作。更可悲的是，那些陷入了“找工作——不努力工作——失业——找工作”的怪圈的人，好似从不知反省自己，而是觉得是外界的原因导致了自己的失败。但是细想一下，这样下去有什么好结果呢?

钢铁大王卡耐基曾经说过：“有两种人成不了大器，一种是别人非要他做，否则不会主动做事的人；另一种是即使别人让他做，也做不好事的人。那些不需要别人催促，就会主动做事，而且不会半途而废的人必将成功，这种人懂得要求自己多付出一点点，而且做得比预期的更多。”成功不是一蹴而就的事情，需要你的努力和坚持，不要总是对你的工作抱怨，我们要学会调整心态，改变自己，这样才能让自己的工作效率越来越高，我们的前途才会越来越美好。

整理启示

不要总是幻想着一些坐享其成的事情，美好的未来离不开自己的努力，在工作中，少一点儿牢骚，就多一点儿时间去工作，你前进的脚步也会更有动力。希望职场中的每个人都能整理好心态，整理好自己从事的每一项任务，提高自己的工作效率，让自己的心和脚步一直走在成功的路上！

忙不过来？那是因为做事没条理

同样的一份工作，有的人不慌不忙，做的是井井有条，能在规定的时间完成得很出色；可是有的人却是越做越忙，简直像是一个无头苍蝇一般，忙得团团转。这是为什么呢？这主要是因为有的人懂得整理自己的工作，把事情办得有条理，而有的人不懂得整理自己的工作，没目标没方法，最终导致自己越来越忙。有条理的人总是围绕着目标工作，他们清楚知道被琐事包围是不可能集中精力的。他们会根据自己的目标合理规划家庭和工作。这样一来，不仅把任务完成得非常出色，还能让自己的身心愉快，也能空出时间休息。

有这么一个故事：

一个胖子，一个瘦子，两个人同时去找鲁班拜师学艺。鲁班刚开始并没有答应他们，只允许他们在旁边观看他的手艺。

一个月后，鲁班对他们说："如果你们真想拜我为师，必须经过考验才可以。"两个人异口同声地说愿意接受考验。

"你们各自做一套家具，这套家具必须包括桌子、椅子、凳子、柜子和床。桌子一张，椅子两把，凳子四个，柜子两个，床一张。你们谁能做好，我就收谁为徒。"

胖子一听脑袋就发晕，天啊，这么多啊！我做1年都做不完啊。

瘦子并没有多想，他开始把目标具体化。先做1张桌子，这个目标最好实现。再做两把椅子，接着做四个凳子。几个小部头做好后，再做大部头。他的计划是最后攻克两个相对来说比较麻烦的柜子。瘦子的计划有条不紊，先易后难，每完成一项，都给自己打气，自我鼓励地说："下一个目标就是一个凳子嘛！太容易了！"然后就忘我地投入到工作中去。

再来看胖子，一想到要做那么多的家具就发愁。"这么重的任务怎么能完成呢？太多了啊。为什么一定要做那么多呢？少做一点儿不行吗？真的太多了啊。我肯定完成不了。"胖子语无伦次地抱怨任务太重，心中毫无目标，不知

从何下手。既想做椅子，又想做桌子，还想做柜子，恨不得一下子全做完。于是椅子做了一半就丢在一边去做桌子，桌子的四条腿还没有完成又跑去做柜子。

两个月后，瘦子的一套家具全做好了，而胖子连一张椅子都没有做好。鲁班收了瘦子为徒，胖子垂头丧气地离开了。

工作有条理、有秩序，才能赢得更高的效率。分派相同的工作任务，胖子做得是乱七八糟，而瘦子却能认真地完成。所以说不要抱怨你有多忙多不容易，为何别人就能做到呢？其实有些工作你看着多繁杂，其实当你在头脑中理清后，就没有那么繁重了。我们可以把一个总的工作任务具体化和细化，学会有条理的分类与归纳，头绪理清了，效率就会加倍提升。可见一个人如果能够在做事的条理性这方面加强自己，就能够在做事的时候取得事半功倍的效果，再难的事情也不在话下了。

其实，我们可以为自己制定一系列的工作日程，合理安排自己的时间和任务，这样会更好地帮助我们有条不紊的进行接下来的工作。根据工作性质以及各自情况的不同，工作日程的制定也会有所差异，一般情况下我们需要遵守以下几个原则：

原则一，日程围绕着每天的重要任务展开进行。如果遇到非常重要的事情，我们就要学会调整自己的计划，让工作日程先围绕着重要工作而展开。

原则二，日程围绕着当天的首要任务而展开。做事要分清主次，分清轻重缓急，不要稀里糊涂同时做多件事情，我们要先把最主要、最重要的做完，这样才能让我们的工作更有秩序的开展下去。

原则三，相关联的任务可以安排到一起。一些琐碎的工作任务如果属于相同的性质，我们可以进行一系列的归纳，这样整理到一起去做的话会显得更有节奏。

原则四，制订符合自己身体状况的日程。我们每个人的身体状况和能量曲线是不同的，所以日程的制订上也是有所差异，我们一定要结合自身状况，制订适合自己的日程。能量曲线因人而异，一般的人上午精力充沛，因此，要利用这段时间去从事那些最有挑战性、最富于创造性的工作。而在精神、体力和

工作效率都在减退时，换做一些其他工作，或者做一些事先已经安排好了的工作，或者休息一下。

条理源自整理，高效工作需要秩序维护。能做出重大业绩的人，唯有那些办事有秩序、有条理的人。而那种做事头昏脑涨，没有次序、没有条理的人，业绩永远都和他擦肩而过。

整理启示

作家雨果曾说过："有些人每天早上预定好一天的工作，然后照此主意过日子的人，他们是有效地利用时间的人。而那些平时毫无计划，靠遇事现打主意过日子的人，只有混乱二字。"效率好、生产力高的工作者，会不断找各种方法克服混乱、全心处理重要工作、精简文书作业、避免浪费时间，且会妥善管理各项工作，这让他们能够灵活又有效率地做事。

工作，要有精心的计划性整理

我们不知道未来的某一天是怎样的，但是我们可以让当下每一天的生活有条不紊，这就需要懂得如何有计划地整理好自己的工作任务。成功的因素有很多，其中有计划性地工作就是一个很重要的方面。我们可以问一下自己："我是否认真思考工作过程中的每一步骤？我是否把每一个行动都进行了精心的策划？对于工作，我是用心完成还是随意应付？对于每一项工作我们是否做了一个精心的整理……"想必自己应该很清楚自己的心声是什么，因为你的工作效率如何你比谁都清楚。

孙武曾说："用兵之道，以计为首。"其实，无论是集体还是个人，无论做什么事情，事先都应该有计划。有了计划，你才能把工作安排得有条不紊，

有了计划，你的工作才会显得目标明确、步骤具体，对于提高自己的工作效率有着至关重要的意义。有些人之所以失败，就败在缺乏思考，轻率行事，而不是精心策划，所以，我们时常需要有计划地进行整理。

凯文是美国某个公司的董事长，他每一天的生活都非常有计划性。

早上六点之前很多员工想必都还在睡梦中，但是此时的凯文已经来到了公司。此刻是他的阅读时间，他会静心的阅读一些关于管理学方面的书籍。随后他就开始思考本年度内不同阶段中必须完成的重要工作以及所需采取的措施和必要的制度，接着就是重点考虑一周的工作。他把本周内所要做的几件事情一一列在黑板上。

忙完这些之后，大约八点的时间，凯文就跟自己的秘书一起商谈一下自己的规划。凯文把任务交代一下，然后由他的秘书具体执行、操办。凯文的时间管理法，极大地提高了公司的工作效率，这一点让很多公司的领导都纷纷向他学习。

人生走过的路，不可能从头再来，工作也是如此。故在迈出每一步之前，必须精心策划，不可轻率。轻率即不假思索，或感情用事，或随心所欲，鲁莽行事，这样，十之八九是要失败的。

清晨的时间是非常重要的，但是晚上的时间也很重要。很多人的想法和计划都是在前天晚上休息的时候制订好的，这样方便第二天快速执行。我们可以合理利用晚上的时间，形成一种习惯，不仅把当日的工作整理归纳好，还要懂得对第二天进行一个计划性的安排。

只有对工作安排有计划，你才能工作起来有条不紊，才能把每一个小的任务都做到至善至美，进而工作效率也会大大提升。以下几点对于提高我们的计划性整理能力有着很大的益处。

第一，作为管理者，每天、每周、每月的工作要有安排，搞个简要的计划：什么时候做什么？谁去做？怎样分工？怎样落实？应注意什么？简明扼要写出来。（订计划不要长篇大论、不要做文章、不搞“洋八股”和“老八股”，开门见山，第一、第二、第三……就可以了）

第二，合理利用晚睡前的时间，躺在床上反思一下自己一天的状态。我们不妨想一下，今天工作计划完成得怎么样？明天我要着手处理哪些事情？今天做得不足的地方和好的地方在哪里？明天的工作要如何避免今天的问题，提高自己的效率？

第三，每周和每月的最后一天，回顾一下这段时间的工作情况，哪些还没完成？下周（下月）该做什么？写在笔记本上。存在哪些问题？怎样解决和处理？也写在笔记本上。

第四，把突发状况充分考虑到你的计划中。所谓“防患于未然”，在制订计划的过程中我们要充分考虑到突发事件的问题，做到心中有数，这样才能保证工作顺利进行。否则，你就会乱套，就属于瞎忙！

学会了整理，就不怕遇事一团糟，因为你的每一项任务都被自己安排得井井有条。

然而，我们也知道“智者千虑，必有一失”，对于我们来说事情不按自己的计划也是非常正常的事情，或者说事情出现一些临时状况也是不可避免的。这也是上面第四点我们所提到的问题，充分考虑到工作计划中的突发事件问题。所以说，在这种情况随时可能发生的情况下，我们需要在自己的计划上做一些保障措施，整理得更全面一点，对此我们可以做以下安排：

第一，不要把时间安排得太过紧凑，给每一个计划留出多余的时间。这样即便出现问题，我们也可以及时调整。

第二，尽量让自己全身心地融入到工作计划中，远离嘈杂的环境，让自己一次性地把计划完成好。

第三，另准备一套应变计划。迫使自己在规定时间内完成工作，对你自己能力有了信心，你已仔细分析过将做的事了，然后把它们分解成若干单元，这是正确迅速完成它们的必要步骤。

很多人都想自己的工作做得得心应手，可是面临一系列繁杂的工作时就显得手忙脚乱，做的一塌糊涂。对工作及时总结，做好计划，会让你的工作效率得到很大的提高，从而增强你的自信心。有了计划，并按照你自己制订的计划付诸行动，距离你的人生目标就不再遥远。如果没有计划，再远大的人生目标都会是徒劳的。

整理启示

工作计划整理得有条不紊，那么你的思绪就会变得非常清晰。所以说，你不仅仅是让你的工作内容更加条理分明，你也让自己的身心变得更加轻松。提前整理好自己的计划，做一些必要的准备，如果养成了这种好的习惯，那么你将会终身受益。

备忘录，工作上的好帮手

有效率的工作需要头脑也需要技巧，即便是你的能力再强，你也不可能做到面面俱到，脑袋也不可能一直处于高速运转的状态，所以说，想要提高效率，我们就需要学会整理“备忘录”，它不仅是最好的整理工具之一，也是学习、工作、生活的好帮手。不管你的记忆力有多强，有时候也离不开“记一笔”来得踏实。总之，整理好备忘录，有备无患。

艾丽在一家公司做总经理秘书，一直以来她的头脑都非常灵活，特别是记性很好，很多事情从不需要做记录。领导交代的事情，一遍她就能记个差不多，所以领导很器重她，她的办事能力也受到了大家的信赖与赞赏。

有一天早上，艾丽的老公告诉她，他准备把住在农村的父母接过来一起住，艾丽坚决不同意，为此两人吵了一架。上班的时候，艾丽的气还没有消，坐在办公室里发呆。后来无意间艾丽突然想起今天领导要去跟一个大客户签订产品销售合同，这个合同非常重要，金额也比较大，前几天约好了在今中午十点签约。最近领导比较忙，很多重要事情堆积在了一起，领导再三嘱托艾丽

千万不要忘了提醒这件事。此时艾丽看着手表顿时傻眼了，已经十点半了。艾丽和领导以最快的速度赶到签约地点时，客户已经离开了。

艾丽因此而付出的代价可想而知，她被公司炒了鱿鱼。

或许你总是骄傲于自己有着多么好的头脑，多么好的记忆力，可是万事都不是绝对的，你不能保证自己任何时候都不会被你的心情等外界因素干扰。随手一记的习惯有时候真的能救你于水火之中。

小李是一家公司的销售助理，她的工作很繁杂，在别人看来在规定的时间需要张罗那么多的事情简直不可思议。可是奇怪的是，不管什么时候，小李都能轻松地完成每天的工作，从不丢三落四。

原来在小李的办公桌上，在最醒目的地方，放着一份工作备忘录。如果当天突然出现一些事情，如某客户催款、某客户需要货物，等等，小李都一一记录在工作备忘录上，然后，按照事情的轻重缓急程度，一件一件地落实，直到把全部事情做完。而且每做完一件事，小李都在备忘录上画上一个记号，并在下班前五分钟检查一下备忘录，这样即使有遗漏，也来得及补救。

在平时的工作中我们应该像小李一样养成这样的好习惯，一个好的习惯能给人的成功奠定很好的基础，学会整理就是好习惯中的一大内容。不要说工作繁杂，假如你能做好备忘录的整理，在备忘录中简单明了地记录一下，那么你就不会丢三落四，而且会收获出奇的高效率。另外，虽然只是做了一下记录，但是在记录的时候，很自然地就会加深对此事的印象，起到了提醒的作用。

对于容易遗忘的人来说，备忘录的作用相信他们自己都很明白；对于记性好的人来说，备忘录仍旧不可废弃，因为它是一种有备无患的好措施。备忘录除了具有防止遗忘和塑造好形象的作用外，它还具有核对的功能。当上司指派完工作后，你可以参考你的记录重复工作的要点，以核对是否有差错。

在日常工作中，我们可以依据备忘录上记录的内容来检查自己的工作进行得如何，看看进度是否能赶得上公司的要求，逐个确定，检查自己有没有什么地方漏掉，保证万无一失。

如果你记录了上司交代事项的重点，还可以避免日后在工作中产生“有没有交代？”“有没有听到？”之类的困惑，让你更高效地工作，还能解除后顾之忧。

朋友们，看完上面的内容我们是否感到惶恐？是否明白为何我们的工作效率如此之低，工作如此忙碌？从现在开始使用备忘录，它能让你用最少的时间，以充沛的精力去提高办事效率。

总之，当你使用备忘录时，你就能亲身体验到它带来的积极变化，为你的成功提供有力的保证。

整理启示

记住，好记性不如烂笔头，赶快培养记录的习惯吧。把所有要处理的事情都整理到备忘录里，执行起来才会有条不紊、有效率。养成整理备忘录的习惯，你一定会体会到使用备忘录给你带来的好处。不要过分相信自己的记性，即便再好，你也需要备忘录这个好帮手，它会让你生活得更加轻松。

“巧干”比“蛮干”更轻松

陈红在一家广告公司工作，她的职位是客户经理，平时常常忙得四脚朝天、疲于奔命，每天早上刚进公司，就有几个人找她汇报工作。先是公司的前台小林，她告诉陈红早上有客户打电话来抱怨他们公司的服务质量不好。陈红立刻给那位客户打电话，赔礼道歉之后，才把那位客户的情绪安抚好。

这些事情刚刚解决完，执行部的李哥又找了过来，李哥告诉陈红客户认为活动场地布置得不符合要求。陈红想起客户的确说过场地要求的问题，但是她以为客户会与李哥的人直接沟通，没想到李哥的人又来问她了，结果陈红只能跟客户解释并承诺马上做出补救的措施。

忙完这两件事情，不知不觉已经快到午饭的时间了，陈姐感到非常疲惫，但是这时策划部的王姐又来了。说明天是一个提案的截止日期了，但是陈红还没有提供充分的资料给他们。于是，陈红又忙着处理这件事，连午饭都没时间吃。

一个知名企业的老总时常这样对员工说：“我们的工作，并不是要你耗费体力、耗费时间去拼命，而是要你带着大脑去工作，要巧干，而不是蛮干。”陈红的这种工作状态就是典型的“蛮干”，虽然每天都因为各种事情忙得团团转，但是好像没什么工作成绩。工作上不仅要尽心竭力地投入进去，还要带着自己的大脑用心干，也就是“巧干”。一个人，能否干好事、干成事，究竟是事业有成还是一事无成，区别就在于善于巧干还是只会蛮干。

意大利有一个小村庄，除了雨水没有任何的水源。为了解决饮水问题。村里人决定对外签订一份送水合同，以便每天都能有人把水送到村子里。有两个年轻人愿意接受这份工作，一个叫布吉，另一个叫凯迪。于是，村长便和这两个人都签了合同。

之后，布吉便立刻行动起来。每天，他都奔波于10公里外的湖泊和村庄之间，将水运回村庄，倒在一个结实的大蓄水池中。由于起早贪黑地工作，布吉很快就开始挣钱了。而凯迪签订合同后就消失了，几个月来，人们一直没有看见过他。这令布吉兴奋不已，由于没人与他竞争，他挣到了所有的水钱。

凯迪干什么去了？原来，凯迪做了一份详细的商业计划书，找到了投资者，打算开一家公司。6个月后，凯迪带着一个施工队和一笔资金回到了村庄。他花了整整一年时间，修建了一条从村庄通往湖泊的不锈钢管道。然后，凯迪开始推销他的送水系统，每送出一桶水只赚很少的钱。就这样，所有的钱便都流入了凯迪的银行账户中。从此，凯迪过上了富足的生活。而布吉仍然拼命地工作着，为未来担忧着。

成功的秘诀很简单，就在于善于开动脑筋去想办法，用智慧去解决问题。只要我们在工作中主动运用我们的大脑，好方法就会泉水般涌出，我们也会在职场中找到属于自己的最佳坐标。同样一件事情，凯迪和布吉的处理方法却有着天壤之别，这就是“巧干”和“蛮干”的典型代表。很多时候，“蛮干”的人确实是“费力不讨好”，他们付出了特别多的努力和汗水，却往往不如“巧干”的人一时间的小点子管用。工作中，努力重要，选择对的方法更重要。没有对的方法你可能永远也无法从此岸到达彼岸，无谓的坚持是在浪费时间。如果说失败是成功之母的话，方法则是成功之父。只有方法对了，你付出的努力才有意义。在工作整理中，在我们动手准备以前，我们可以谨慎考虑一下有没有捷径可循，这样可以避免走很多弯路，吃很多苦。

一个巧干的人都是勤于思考的人，当你学会自我思考了，你会发现，你对事物的看法有了惊人的改变，而你做事情也变得井然有序了。当我们在头脑中想起一个好点子的时候，我们要对这个点子的可靠性进行评估，看看在解决问题方面是否合理、符合逻辑，如果可靠我们就用行动去实践，坚持不懈地把任务完成。这样我们的工作效率就会大大提升，我们的工作思路也会被整理得非常清晰，于是我们会发现，方法多一点儿，我们会节省出很多时间。

整理启示

讲究效率，就要学会整理自己的思路，多思考，灵活变通，“巧干”比“蛮干”更让你感到轻松。

第16章　数据资料整理法
——化繁为简，实现效率最大化

数据资料在工作中可以说占据着很大的比重，有纸质资料也有电子资料，如果不懂得整理，那么我们将会遇到很多的麻烦事，例如资料太多，自己找半天也找不到，最后浪费了时间还耽误了其他工作，相信这种苦恼很多人都曾经历过。即便是再麻烦，问题也总有解决的办法，那么我们如何把这些繁杂的问题简单化，实现效率的最大化呢？这节我们将从几个方面为大家详细讲解。

过期的纸质资料要果断丢弃

你的办公纸质资料是不是已经堆积如山？你是否毫无原则地保留纸质文件？其实，很大一部分人依然存在这样的情况，即便是如今电脑已经在大多数地区普及，但是人们的办公环境仍旧没有变化多少，或是习惯，或是保障，纸质资料的堆积让人们的办公环境越来越难以整理。比如急需的资料，纵使自己找个“翻天覆地”，它也迟迟不愿现身，相信大家都有过如此尴尬的经历。

虽然这个苦恼一直困扰着大家，但是问题总有解决的方法，那么这个制胜法宝是什么呢？其实很简单，就是将这些久攻不下的资料整理问题迅速歼灭，一网打尽。这些制胜法宝就是接下来要和大家分享的一系列资料整理术。只要充分利用这些制胜法宝，就一定能瞬间秒杀那些困扰大家多年的麻烦事。

对于废弃纸质资料的问题有以下几点需要我们注意：

第一，明白如果有电子文件备份，那就别再犹豫，果断丢弃。既然是打印的纸质资料，电脑中就必然保留着原始的电子文件。同时保留电子版和纸质版，毫无疑问是莫大的浪费，所以开会打印的资料在会议结束后就应该迅速处理掉。

第二，资料已经过期，那就无须珍藏。很多时候我们开会的时候会分发到许多资料，而这里面的资料仅用于当时会议，会议结束后，资料已经没有什么价值，既然已经过期，我们也无须耗费精力把它们一沓沓珍藏在文件柜中了。有时候资料可能对你来说非常重要，这时你可以用图片的形式把它存在电脑上，当然这是特殊情况，如果没必要就不必浪费这些精力了。

第三，改变习惯，转换思维。好的习惯可以保持，但是有些习惯已经不适应我们现在的生活，所以我们一定要学会丢弃。比如，人们对于大部分资料总有一种防范意识，总觉得以后还需要，于是就习惯性地堆积下来，殊不知大部分资料已经完全没有用处，放在那里简直是浪费空间，因此这种对资料全部存留的习惯我们一定要丢弃。要改变这种习惯，就要改变自己的思维方式。我们可以这样想“我已经在电脑上把资料备份了，那就没必要在收藏这些纸稿了，这样只会让自己的办公空间变得更为杂乱。”只要我们学会这样时刻提醒自己，以后就不会继续重复之前的习惯。

不过也有例外，有些打印的纸质资料确实是需要保存的，这需要我们参考电子文件判断纸质资料的去留。

整理启示

我们提倡丢弃纸质资料，但是不代表纸质资料就毫无优点可言，与电脑画面相比，纸质资料阅读起来的确有不可比拟的优势。阅读纸质资料既不需要打开电脑，视野也更开阔。但是过多过期的纸质资料聚集起来就会严重妨碍工作效率，所以我们提倡合理整理，不断丢弃。

把纸质资料装入透明文件夹

如今电脑办公越来越普及，那么纸质资料是不是可以被取代了？答案肯定是不可以，因为尽管电脑极为便利，但是纸质资料的部分优势仍是不可比拟的。其中之一就是可视性强。有些文件太大，无法用有限的电脑屏幕阅览，纸质资料却能一览无遗。此外，想看纸质资料的时候可以立刻拿出来阅览，电子文件则还要等待电脑开机。所以，对于那些正在进行的项目，我们还是需要保存一份纸质资料，这样对于我们工作的进展会有很重要的作用，可以说能够减少时间浪费、提高工作效率。

那么，对于正在利用中的那些纸质资料我们该如何整理、方便随时找到呢？下面我们将介绍一种比较实用的整理方法：将纸质资料放入透明的文件袋，并标注日期做好排序。相信这种方法会给我们的工作带来极大的便利。

其实这种方法是非常简单易学的，只不过是我们平日里没有养成这种归类整理的习惯罢了。具体做法就是将某个项目的全部相关资料都统一放进一个透明文件夹中，在文件夹右上角注明日期和项目名称，然后将最近使用过的文件夹都排在前面就可以了。随后我们需要培养这种良好的习惯，自觉地把自己常用的文件夹放置在前面位置，这样当我们需要的时候也能及时的取出。长此以往，那些不太重要的或者长久没用的资料就自然而然地排到了后面。

这种方法对于管理正在利用中的纸质资料非常的方便，但是随着资料增多，透明文件夹也越来越多。这时候我们可以结合上一节的方法进行整理，将那些时间比较长远或者是不经常使用的资料果断地处理掉。如果还有用处的话，我们可以将它们扫描保存一下，然后再把纸质资料丢弃。这样我们的纸质资料经过一定的瘦身就会占用文件夹很少的空间，我们再查找资料也不会很费劲了。

配合项目的不同，使用不同颜色的透明文件夹，就会更加清楚明了。

进行中的项目资料全部放入透明文件夹中管理。扫描保存电子版，放心扔

掉许多纸质资料后，仅办公桌的抽屉和文件盒就足够应付现有的纸质资料了。

整理启示

透明文件夹的好处是能够一目了然地看到自己需要的文件，减少挨个寻找的时间，可以说是非常的方便。工作中整理的技巧其实很多，只要我们用心发现，那么我们也会把自己的工作环境整理得井井有条。希望大家为生活多用一点儿心，多一些创意，那么我们生活中的烦恼将会越来越少。

用截图的方法实现网页的保存

有时候我们在寻找网络资料的过程中会遇到很多重要的网页，为了方便日后需要，我们会把网页给保存下来，那么大家都是如何保存网页的呢？很多人会用这样的方法：第一，打开想保存的网页；第二，点击浏览器上方的文件按钮；第三，点击“网页保存”，选择页面另存为（快捷键ctrl+s）；第四，键入文件名，选择保存类型（有文本文件和网页文件），保存。但是大家可以思考一下：万一哪一天网页突然无法打开了，那怎么办？我们好不容易找到了感兴趣的网站，满心欢喜地收藏起来，结果却遭遇网站服务器删除数据，网页再也打不开了。就算你用浏览器里面的历史记录功能，用网页快照浏览网页，它能追溯的历史网页也很有限。

这就是我们本节向大家介绍的主要内容，一个与图片有关系的网页整理方法：截图。

向大家推荐一个应对之策，即重要的网页要截图保存。有一种工具叫Capture It，只要在Internet Explorer里安装这个工具，轻轻点击就可将网页截图

保存下来，截下的图会以JPEG格式自动保存到“我的图片”中。

此外，还有一个更为简单的方法，直接用快捷键“Ctrl+Alt+A”截图，选取自己需要的部分。这种方法比较便捷，但是无法实现一步截取全部网页的功能，需要自己调节截取部分的大小框架。截取成功之后我们可以点击上面的保存按钮，把图片保存到自己指定的文件夹里面。

截图的种类很多，不仅可以将显示画面全部截取下来，还能只截取画面的一部分。保存的文件名会自动加入截取时间，所有文件的截取日期都一目了然。不过，自然生成的文件名全是数字，不方便搜索，建议大家保存文件后马上根据具体内容来修改文件名，但最好保留日期，方便日后搜索。

整理启示

对于重要的网页我们最好截图保存一下，这是一种保障措施，因为我们并不确定哪一天这个网页会不会被删除，到时候我们后悔都来不及。

从杂志上获取实时信息

即便如今移动互联网飞速发展，但是纸质书本仍然是人们获取知识的一种重要途径。纸质书具有方便书写、有立体感、有手感、一翻即开、视野开阔等特点，所以说无法被电子书籍所取代，仍旧受到很多人的喜爱。要想在某个领域搜集一些特定的信息，或者想获得比报纸上更详尽的信息，那么，杂志是最好的信息来源了。因为你订阅了多种杂志，有时一个话题，你就可以通过多本杂志了解到不同视角的观点。

杂志阅读方便，视觉效果好。当你闲暇的时候或者需要了解某一方面信息的时候，可以顺手拿起身边的一本杂志阅读，难道这不是一种获取信息的重要

方法吗？在公司或者是家里，我们都可以订阅几本自己需要的或者是感兴趣的杂志，相信你的阅读会让你大脑的资料库越来越充实。

和读报一样，我们读杂志也是先浏览标题，然后认真读自己关注或感兴趣的内容，如果有些信息对自己有益，就摘录在电脑里，其中也有一些信息基本上不读就处理掉了。

“订阅这么多杂志你看得完吗？如果读不了多少，那不就太破费了吗？”有人发出这样的质疑。但是我们是否想到这样一点：知识是无价的。通过阅读杂志我们可以获取大量的信息，读到我们需要的知识，这份价值是什么都无法替代的。从另一个角度来说，如果不订阅这么多杂志，错过了一些有益的信息，那个风险才大呢。与那种损失相比，订阅杂志的费用就不算什么了。

整理启示

获取信息的途径有很多，除了杂志，还有报刊、电子杂志等，每一种都有它的独特优点，没有谁取代谁一说，我们可以根据自己的喜好来选择。如果我们的大脑能因此获取到更多的信息，那么我们的付出就没有白费。

邮件读一遍，收到早回复

发邮件大家并不陌生，因为它是大家工作及生活中一项非常重要的联系方式。与客户之间的往来、公司内部的信息传递，等等，很多事情都要靠邮件来完成。邮件可以传递各种类型的资料，它方便快捷的优点受到大家的一致欢迎，但其中也有一个问题让大家非常苦恼，那就是数量庞大的邮件该如何处理？

许多高层领导对此忧虑更多，他们每天都要接收来自各个阶层的邮件，包

括公司内部，也包括外面的客户。有的人会说，“我每天几百封邮件，我的脑袋都要炸了。如果加上我自己订阅的电子杂志等，那么数量真的是无法估计了。”

要是每封邮件都仔细阅读的话，光是读这些邮件就要花去一天的时间，所以，必须运用“超级整理术”迅速对其进行整理。

为了能够迅速高效地处理邮件，我们可以给自己设定以下几条规则：

第一，不要反复阅读，大多数邮件只读一遍即可；

第二，读完一遍之后，十秒钟内即刻做出判断，不要犹豫不决；

第三，尽量即刻回复，不要拖延，回复要有条理，做到简洁明了。

想要做到以上几点，我们就要集中注意力去阅读，不要犹豫拖延，这样我们在处理大批量的邮件时阅读的时间就会大大缩短，效率也会得到提高。

但是有一点大家需要注意，如果你需要回复的邮件对你或者对公司非常重要或者处理起来比较麻烦，这时候你可以根据具体情况酌情处理，在时间花费上也可以多一些思考的时间。

此外，在我们收到邮件后，哪怕不能立即详细回复，也应先写一句“邮件我已看到，稍等”或“等我有时间尽快给您答复”发给对方，这一点很重要。

假如你不懂得及时给别人一定的回复，对方可能会一直怀疑你有没有收到邮件，这对于对方来说也是一种时间的浪费。假如你的回复对对方的问题处理有一定的影响，那么对方则会更为挂心。

如果让对方等得太久，对方说不定会再次发一封邮件过来，或是打电话过来询问，这样会让好不容易建立起来的信赖关系受到损害，这样对双方都是一种损失。

所以说，收到邮件请尽快回复，不要拖延，这样更有助于整理你良好的人际关系。即便你很忙不方便立马回复，那也及时通知一下对方，这样对方就会觉得你很有礼貌也很重视他的这份邮件。

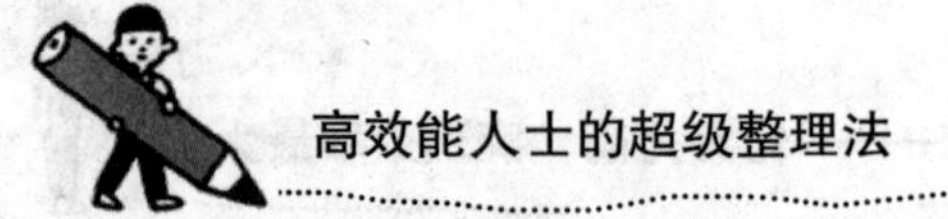

整理启示

邮件在工作中有着非常重要的地位，想要高效地工作就必须懂得整理好自己收到的每一封邮件，时间就是金钱，希望大家不要在邮件中花费太多的时间。

邮件阅读完该如何分类整理？

收件箱里的邮件越来越多，即便是一封封的回复完成，自己的思绪仍旧是混乱的。是的，收件箱里有大批量的邮件，如果是仅仅将已读邮件放在收件箱里的话，就会搞不清楚哪封邮件比较重要、该尽快回复哪一封。因此，这时候我们就要想办法对此做好整理，只有明确归类好我们才能分清楚里面邮件的轻重缓急，哪些需要保存，哪些需要立即回复，哪些仍需处理……其实我们可以选择邮箱里面的一种用颜色和标签给信件分类的功能，可以自由地设定10种以上的颜色和项目名，不用对邮件进行“拉拽”操作就可以进行分类，打开收件箱后，各种邮件一目了然，这一点与对文件夹进行分类的方法相比更加方便。

以下颜色标签的设置方法大家可以参考一下：

红色——未回复邮件；

绿色——今日所需邮件；

橙色——等待回复邮件；

蓝色——抽时待办邮件；

黄色——珍藏邮件。

设置上面的几个颜色标签之后，我们就可以非常清晰地对收到的邮件进行归类处理了。当然，这种归类方法以及标题也是根据自己的情况和喜好来设置

的，你可以做相应的调整，只要方便阅读和使用就达到了整理的目的。

下面，我们来介绍一下当我们收到邮件之后进行整理的具体方法：

第一，对于那些垃圾邮件我们无须归类整理，直接删除即可，没必要浪费空间。

第二，需要看一遍的邮件，看过一遍就分入已读邮件，这类邮件一般是我们订阅的一些资料，根据自己情况看一遍即可，如果遇到自己喜欢的东西我们可以把它归入珍藏邮件那一类。

第三，需要回复的邮件当场回复。

第四，对于无法当场答复的邮件，再分成以下几类保存：

未回复邮件；

等待回复邮件；

抽时待办邮件。

将邮件按以上几种类型进行分类，然后保存在相应的地方，这样当我们回复或者阅读的时候就一目了然，非常清晰明了，我们的工作效率也会因为我们的整理而大大提升。

整理启示

有一点大家需要注意，如果很多邮件回复完之后已经没有什么意义，我们要学会及时清除，因为我们即便是进行了详细的归类整理，但是如果邮件多了也会感觉非常杂乱，所以我们可以根据自身情况定期批量删除。

第17章　电脑桌面整理法
——让你电脑里的文件一目了然

这是一个信息时代，一个飞速发展的网络时代，如果我们离开了电脑，那会是一番怎样的现象？你的工作还那样方便快捷吗？你的效率还会那样高速吗？所以说，这个时代，IT知识很重要，我们一定要把握好这一资源，让电脑为我们的生活创造更多的价值。我们要懂得把电脑当做自己的“外脑”，集合各类有用的信息，让电脑帮助我们把工作打理得井井有条。但是，信息多了是不是会出现杂乱的现象？那这时候我们又如何运用整理术来改变这一问题呢？这一章我们将为大家讲述整理术在电脑中的运用。

利用好电脑，让工作更高效

今日电脑的普及就像几十年前打字机的普及一样，当行业内的研发人员持续推出新产品时，电脑变得越来越小巧，功能愈益强大，界面愈益友好。会熟练地操作电脑，这已成为一个现代人必备的技能。电脑可以说已经渗入到各行各业，原本需要人力工作的任务已经被电脑替代，电脑的出现让人们的工作效率得到了大大的提高。特别是如今的互联网时代，假如离开了电脑，很大一部分工作将难以完成。如果你不懂得利用电脑，那么你将与这个时代脱节，更不用提工作的效率如何了。

对大多数人来说，电脑的以下功能都是必不可少的：

1. 陈述发言

很多公司在组织会议陈述个人理念的时候都会用到PPT等办公软件，讲述者把自己要陈述的话题内容呈现在大屏幕上与大家分享、交流。通过使用标题、表格和其他工具，呈现的学习成果会给听众留下更深刻的印象。这样的视觉效果对于大家来说是非常舒服、便捷、明了的。

2. 打草稿

对于文字工作者来说，这一点非常重要。每次写作任务你可能都会写上几稿。有了电脑，你可以轻松地编辑，比如移动、删除或者添加文字，检查错误，而不用每一稿都全部重写。这样不仅节省时间，还让你能多修改几稿。

3. 网络技术操作

多数公司是离不开电脑办公的，发邮件、查信息、编写程序……互联网的应用让各行各业实现了高效化的办公，人们的思维不再固定在书本或者是生活经验，人们获取知识、创造知识的途径越来越宽广。

4. 数据处理

可以用数据库和电子数据表快速将信息整理分类，计算很长的几串数字，同时快速进行复杂的统计。

5. 存储和移动

有了信息技术，可以在光盘或者U盘中存储大量信息文件。我们可以把一些关键的资料在电脑中进行保存，也可以传送到网络上备份。这样我们的工作的便捷性将大大提高。

此外，电脑可以让人们的工作实现模式化。只要实现了模式化，之后的工作可以交给其他人去做就可以了，对于经营人来说可以很好地利用这段时间去“学习”。学习有关新事业的知识，向他人学习，并扩展人脉，导入各种信息。

整理启示

对于一个现代商务人士来说，电脑是他的另外一个大脑，那些人脑不擅长的记忆、计算、日常操作一类的工作，都可以让它去做。所以建议尽量不要浪费自己的脑力，多使用我们的外脑——电脑吧。电脑运用得好的话，工作效率会得到很大提高。总之，我们要学好电脑这门技术，尽量利用好电脑的功能，把电脑能做的工作交给它做，让它为我们的工作带来更高的效益。

电脑那么乱，文件找得到吗？

戴文因为生病请假了一天，这天她的直线领导李经理不得不亲自处理所有的事项。当李经理打电话给戴文，说自己需要某个文件的电子版时，戴文告诉他，文件存放在自己的电脑里，同时也意识到，领导很可能会抓狂——她的电脑简直乱得不成样子。果然，电脑刚打开，领导那边就传来颇为不悦的声音："戴文，你的电脑桌面怎么这么乱？"当领导好不容易从杂乱的图标中找到了戴文存放那份文件的文件夹以后，他发现，自己还需要从数百个文档中再甄选出自己需要的那份。

虽然当时领导并没有过分责怪病中的戴文，可戴文感觉，如果再有这样的事情出现，自己在公司中的前途可就难说了。

如今网络时代飞速发展，电脑已经成为我们工作中不可或缺的办公设备，人们总是让希望电脑能高效地为我们的工作服务，可是我们是否有一种意识：整理电脑。假如你的电脑一片狼藉，里面各种资料堆积的乱七八糟，当你需要资料的时候自己找都找不到，还谈什么效率？

也许你会说："反正我的电脑怎么样也不会被别人看到，整理不整理都一样。"但事实上，越私人的所在越能体现出个人的整洁能力，外表的光鲜亮丽永远不能证明你是一个整洁的人，卧室才是最能证明这一点的。朋友们，当你的上司看到你杂乱不堪的电脑桌面，他们会怎么想？当他们跟你要任务而你还在苦苦找寻保存位置的时候，谁会理解你呢？你的外表再合格，在他们眼中，你也难免会被定义为"失职"。

整理启示

找不到资料你就会浪费时间，浪费时间你就会耽误工作的进程，耽误了进程你还有什么效率可言呢？朋友们，电脑是我们的好助手，我们不应该一味地往里面丢东西，我们也要学会整理里面的内容，否则你怎么对它，它就会怎么对你，慢慢的一切就会乱套，我们的心情也会变得更为烦躁。

将工作文件夹做一个大致分类

我们在工作的时候会需要在电脑上面保存大量相关的资料，这些资料涉及面非常广，内容也非常繁杂，有的是公司内部的重要资料，也有外部的一些合作文件，还有一些合同、数据之类，此外或许还有些备份的以往的资料，这些不同类型的文件如果你都把它们堆积在一个盘或者是一个文件夹里，那么你可有的忙了，或许没几次你就会被领导叫去问话了。

在当下的电脑系统中，不管搜索功能如何方便，我们毕竟还是需要经过"输入关键词""搜索""设定目标文件"等几个步骤的。因此，我们应该设定一个专门存放工作资料的盘，我们不推荐把资料放进C盘，因为这样会大大的阻碍电脑的运行速度，所以说大家可以在其他盘里选择一个盘，命名为“工作”，当然这个重命名的问题可以根据自己的喜欢来设定。随后我们就可以在这个“工作”盘里进行逐层设置文件夹并进行归类整理了。

我们不提倡将文件夹进行过于细致的分类，有些人习惯将文件夹设置了一层又一层，管理得过于细致反而会有弊端，因为它会让你在存放新文件时产生这样的疑惑：“这个文件到底要保存到哪个文件夹里呢？”文件夹分得越细，想要找到目标文件所花费的时间便越长。

所以说，根据不同的资料类型我们只需要给文件夹进行大致的分类就可以了，这样我们寻找起来也比较方便，否则设定无数个子文件夹之后你的工作将会更为啰唆。我们可以尝试一下下面的方法。

第一，设置一个名为“工作”的盘，将与工作相关的文件都存放在这个盘里。

第二，工作盘中，按不同的公司与领域，再设置“大分类文件夹”。

第三，“大分类文件夹”下再按照不同的项目进一步设置“小分类文件夹”。

这个方法非常简单，对于电脑文件夹的整理工作也是非常实用、便捷。学会了分类整理，相信我们电脑里的所有文件就都被有序地管理了起来。

整理启示

分类是整理工作中一个非常重要的步骤，不懂得分类的整理工作将会崩溃，结果也是一团糟，所以说为了自己日后的方便，我们一定要养成归类存放文件的习惯，这样才不会在工作的过程中显得措手不及。

给文件起一个靠谱的文件名

我们设置了专门放置工作资料的“工作”盘，我们在盘里根据自己手头资

料的类型进行了大致的归类，那么为了方便查找，我们的文件名又该如何命名呢？这一步我们就要谈谈文件名的整理工作了。

为了便于搜索，文件名称应该详细一些。最好可以制定一些固定的、好记的规则。在存放文件时，你要牢记这一规则，所有的文件都要按这一规则执行，这样会让你的文件更好管理。

为了能够迅速地知道哪些文件是最新的，最好在所有的文件中都加上日期，并配合以“项目名称”等关键词。如果你平日习惯将文件名起得很短，看上去很简洁，可这样的文件找起来会非常费力。为了减少这种不必要的麻烦，将关键词加入到文件名称中去是最恰当的做法。

有时候人们也会收到一些客户发来的电子文件，这些文件最好也要按以上规则重新命名，将时间、关键词都放进去，日后再想要找，便会变得很容易。

整理启示

让文件名规则化是一种非常明智的选择，只要我们牢记住自己为其设置的规则，我们的搜索工作将更为迅速，可以说是一步到位，时间就是靠这些整理技巧省出来的，效率也正是因为这些技巧而不断创造新高度，朋友们，相信整理术，它会让我们的工作变得更为轻松。

打造清新整洁的电脑桌面

你是否有这样的习惯，不管是软件还是文档，任何东西都往电脑桌面上放？

或许为了一时的懒散和方便，很多使用电脑的人都习惯把什么都放在电脑桌面上，哪怕这个东西只是用一次，使用后有没有养成删除的习惯，久而久之，桌面上就变得很满，使得操作起来什么不方便，想删除又怕删错了……这样种种苦恼都是因为我们不懂得去整理电脑桌面造成的，如果你想摆脱这些困扰，就要做一个勤快的人、一个整洁的人，让自己的电脑时刻保持一种清爽自然的感觉。我们要明白，电脑桌面就如同办公桌面一样，若处于乱七八糟的状态，不仅会降低电脑的运行速度，还会影响工作效率。

那么，我们应该怎样整理桌面让它变得清晰、简洁，以便更好地服务于我们呢？其实，整理我们的电脑桌面并不是什么复杂困难的事情，只要做到以下几点就可以了。

第一，过期文件及时清理。

既然有些资料已经作废了或者是过期没用了，那我们应该把它从桌面上清理掉了，或许当时是一些常用的文件，为了方便自己随时使用我们就把它放在了桌面最显眼的位置，但是用完了我们就应该做好一定的处理，如果你觉得以后可能有用，那你就把它放置在你的工作盘里，这样岂不更好一些？如果一直放在桌面上，会直接影响电脑的运行速度。

第二，删除不必要的程序快捷方式。

没有必要让那些可以从其他途径打开的程序或很少用到的快捷图标占用我们的桌面空间，除了应该将它们及时删除以外，还应该在每次安装一个新程序时都选择不创建桌面快捷方式，这样我们也不必花时间一个个寻找并删除它们了。比如说，有些人明知道右键直接就可以创建新的excel表格，但是他却偏偏在桌面上留下一个快捷方式，这不就是典型的占用桌面空间吗？

第三，清理掉桌面上不需要的软件图标。

排列在电脑桌面上的快捷方式并非每个都有用，要整理桌面，你不妨从删除没用的图标开始做起。删掉那些不常使用的程序的快捷方式，不必担心，你可以通过其他途径打开这些程序（比如Windows系统的开始菜单）。另外，当你安装新程序时，尽量选择“不创建桌面快捷方式”，以免让你的桌面被图标占满。

第四，创建文件夹来管理桌面上的各类文件。

电脑上的文件较多，我们可以创建一个新的文件夹，把同类的文件全部放进去，这样我们的电脑将会摆脱乱糟糟的局面。

整理启示

在工作中，大部分人都免不了安装一些软件或者下载一些必要信息，这些东西往往会在桌面上形成图标。如果不注意整理电脑桌面，在桌面上寻找文件就会变成大海捞针，会使你浪费许多时间，严重影响你的效率。

整理易忘步骤：备份与清除

在整理的过程中我们希望被整理的对象最终达到一个明了、醒目、便捷的目的，但是我们也不能忽视了一个很重要的步骤，那就是备份。

虽然说当下的电脑安全性能越来越好，可是，依然有秘书遇到过电脑突然出现故障的情况。这也是将所有信息都使用电脑进行管理的最大缺陷，一旦电脑坏掉、信息丢失，不仅公司会承担损失，那么你的办事能力也会遭到质疑。

所以说，重要的资料我们一定要记得备份，否则当问题出现的时候真的是后悔莫及。在备份之前我们先要做好各个文件的整理工作，把文件的文件名以及类型进行归类，然后进行压缩处理，可以放在自己的笔记本中，也可以复制一份在自己的移动硬盘里，这样如果你在公司的电脑出现问题导致资料丢失，你就不会因此而铸成大错，可以淡定的拿出自己备份的资料。进行备份的日期可以根据自己的情况而定，或者是一个星期进行一次备份，也可以半个月进行一次备份。

备份是一种防范措施，它也是整理中一个很重要的步骤，毕竟有些资料一旦丢失将无法找回。备份资料可以降低风险，让自己的心更为安定。

下面我们再谈一下清理的问题。

没有东西，便没有整理，当你面对电脑里杂乱无序的资料时，你需要腾出时间来去想一想：哪些东西直接清空，会比花费时间整理它们更值得？

其实细想一下，生活中我们做的无谓的整理真的是好多好多，有些东西已经没有什么存在价值了，可是我们竟然为了一些莫须有的原因对它们进行一次次的整理，难道我们的时间就那么不值钱吗？那些需要的、重要的东西已经耗费了我们很大的时间和精力去整理，为何我们还不懂得彻底清理掉那些废物的意义呢？电脑里有一个月以上没有用过的软件，大量早已过期且无用的文件，不停到来的新闻资讯订阅？这种时候，最好的方法不是去过滤它们，也不是去整理它们，而直接将它们从电脑中清除。

以上只是一些通用型的电脑整理方法，其出发点就在于简单易记、不需要花费太多时间，或许每个人都能够找到适合自己的好方法。

整理启示

我们把电脑当做自己的“外脑”，目的就是让我们的工作更为高效，让我们的身心更为轻松，希望大家在利用电脑的时候懂得整理，不要让它们在我们的工作中带来负面的影响。

第18章 大脑信息整理法——让思维清晰，大脑才不会感觉一片混乱

在现代工作节奏中，我们经常会用脑过度，从而导致创造力不足，分析事物出现偏差，致使自己心情糟糕，要么终日浑浑噩噩，要么到处抓狂。由于大脑的问题而导致一些麻烦产生，我们常称之为“工作缺氧”，俗称“大脑进水”。这时候我们怎么办呢？整理，我们要做的就是要通过自己的整理让我们的思维变得清晰而又敏捷，从而扭转大脑的混乱局面。本章我们将为大家介绍一些具体的做法。

适时让大脑处于“清空”状态

我们的大脑有那么多的事情需要记忆。不管是工作上的还是生活中的，如果装下太多的事情，那我们真的是太累了。所以我们要适时清空自己的大脑，这样才不至于让自己的思绪和状态变得混乱。

董燕最近承担了公司工会的组织工作，虽然只是个兼职，但满怀激情的她还是对这份工作充满了期望。

于是，董燕就把工作计划、内刊改版计划、近期职工活动计划等做了好几份，然而，没过多久，原本主管办公室工作的她开始吃不消了——计划要执行，工作要推进，董燕一个人需要各个办公室之间来回跑；而每天都有部门提出招聘需求，时时还有采购、会议的安排；前一天下午，董燕还答应了陈经理三天内做一个网站改版的建议方案……

其实，工作中出现的忙乱、思维最常见的混乱、人生最大的不安，其真正来源不是事情太多，而是有很多事情你该做而没有做，你跟人说了你要做却没有做。

因为压力不是来自任务本身，而是任务在大脑里的混沌塞积，这不仅增大了工作量，还会造成焦虑和抵触心理，进而形成恶性循环。

因此，如果你感到已经无法适应现在的工作，你的思绪已经彻底凌乱，请你清空自己的大脑，让自己适时的解放一下，这也是为了以后高效工作所必须做的事情。

当然，对于不管大事小事都习惯于惦记的人来说，清空大脑也不是一件容易的事。结合生活中经常出现的一些问题，现在我们给读者朋友介绍以下几种“快捷方式”。

第一，放松再放松——清空大脑，感受气息流动。进行呼吸的时候，要注意让身体呈现放松状态，进而让心灵也感到放松。现代人尤其是上班族，似乎都有着肩膀僵硬的毛病，或许是长时间打电脑、精神压力大的缘故，大家成天紧张兮兮、神经紧绷，总是习惯拱着肩膀，久而久之，肩膀不僵硬都难。

第二，想象一幅开阔、平静、以冷色调为主的画面，如平静的湖面、缓缓流淌的河水、蔚蓝的天空等，沉浸在这个情境中，直至心中无杂念。

第三，选择遗忘。也许你并没有获得人生中所谓的辉煌，也许你遭受了不应有的嘲讽和轻视，但你不必为此而苦恼，你完全可以潇洒地把它们忘掉。每个人都需要有一个心灵的空间去反思自己，在这个空间里，学会遗忘可以让你感受到自己的空间清澈了许多。

整理启示

人有时候需要在某段时间内，自己的脑袋里什么内容都没有。每天哪怕就十分钟或二十分钟也好，让所有的烦恼，不愉快的事都从脑海中赶走，使脑子里一片空白，一会儿便会发现大脑就像重获新生一样，有很多更新的想法冒出来。

换一种思维，让大脑走出迷茫雾区

我们的大脑中会陈放着很多很多年前以致根深蒂固的思想，也有一些传统规则和框架，这些信息在大脑里时间久了，我们的思维就会受到束缚，无法开辟新的天地，可以说我们会被束缚在一片迷茫的雾区。那么我们该怎么办呢？那就试着换一种思维，摆脱思维的定式，只有这样我们才能拥有柳暗花明的一天。

在北美洲有一个久负盛名的金矿，每年都吸引着全世界数以万计的淘金者。由于大量的采挖，黄金储量逐年减少。而要抵达金矿，必须渡过一条水流湍急的大河。但即便如此，在黄金那灿烂光辉的诱惑下，每天仍会有数千人在水面上挣扎沉浮。

一个淘金者，在经历了无数次的空囊而归后，有一日突发奇想："既然有这么多淘金者急于过河，我何不搞个轮船，接送他们？"于是，他很快购买了一艘轮船，专门用来接送每天数以千计的乘客，并在轮船上做起了外卖，使淘金者远离了河水的威胁，也不用再去啃冰冷的干粮。在淘金者的眼中，他们所看到的只有眼前的金矿，而不会计较区区的几个美金，他的生意很快红火起来，成了当地最有名的几个富翁之一。

面对故事中的问题，请问你的脑袋里装的是什么信息？是远方的黄金，还是金点子？当众多人的头脑中都存在采挖黄金的信息时，我们何不换一种头脑，向这位淘金者学习，创造更多挣钱的信息，那么一来我们收获的何止是那一点儿黄金呢？我们的头脑中会有很多的信息，我们要学会整理，不要总是执拗于以往的思想，要敢于融入更有创意的东西，这样我们才能活出更精彩的人生。

那么我们如何才能灵活地转换自己的思维，让大脑整理出更多新鲜的信息呢？

第一，拓展自己的人脉。

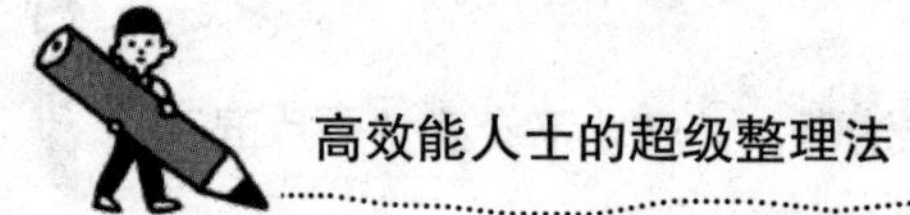

我们要多接触不同的人群，接触的人群种类多了，见识到的东西和思考的东西就会增多，自然思路也就广了。那么，当你再碰到任何事情的时候，不光有一种思维方式了，而是会有多种思维方式。

第二，多读书，多思考。

我们要懂得多去读一些有用的书籍、杂志或者报刊，从中我们可以发现我们的无知，认识到一个问题的多个看法，拓宽我们的思路和视野。此外我们也要主动思考，只读书不思考，那就是读死书。

第三，掌握善于变通的本领。

对已经熟悉的事物变换一个角度去认识，可以引起新的思考；将已有的信息加以调整，重新排列组合，也可以激发创造性思维的火花。从知识链中抽取一环镶嵌到另一组知识链中，可以寻找出新的联系。

整理启示

中国有句古话叫“不破不立”，艺术大师毕加索说：“创造之前必须先破坏。”破坏什么？当然是传统观念和传统规则这些框架，他们遮住了我们的视线，限制了我们的思维，不将它们打破，我们就看不到崭新的世界，思维也像坐井观天的青蛙一样，永远只在井口大的空间里打转。

散散步，顺便整理整理思维

散步是一种非常有益于身心的舒缓运动，在散步中我们能让自己的身体处于自然放松的状态，对于现如今压力过大的年轻人来说抽时间出去走走还是不错的。此外，散步也是一种整理思维的好方法，为何这样说呢？因为散步时大脑会分泌化学物质，使我们冷静下来，在我们安静的状态下我们可以非常有效

地把我们的思绪整理好。

可是，事实上，又有多少人会说自己有时间去散步呢？忙工作、忙家庭、忙事业……人们似乎完全没有闲暇时间。那是因为大家不懂得在合适的时间整理，那么什么时间对于忙碌的人们来说比较适合呢？其实，我们可以在中午午餐之后散散步，稍微绕一下道走回公司。这时就可以一边不经意地回想上午未能下定论的想法和没解决的问题，一边散步，从而使你思考已久的问题逐渐清晰起来。

其实，洗洗澡或者是游游泳对于思维的整理也是很有帮助的，这都是一些比较舒缓的放松活动，适当的刺激或者是转换思绪对于大脑来说都有着很好的作用。大脑大部分时间是在无意识中工作的，要使大脑无意识的部分更活跃，最好是动动身体，或适当接受外来刺激，选择步行和游泳等不用考虑太多也能做的事情比较好，因为无须动用意识，大脑无意识的部分就会变得更加活跃。在这里顺便说一些，我们在散步的时候最好保持每秒2步的速度，因为在这样的速度下我们的大脑分泌物质的效果最佳。

那么我们在散步的过程中如何进行思考呢？这里有一点大家必须谨记：简单的想一想就可以了，切忌过度深刻的思考。为什么呢？如果思考得太深，大脑有意识的部分或许会变得活跃，无意识的活动则会受到抑制。但真正的答案一般都是在你因寻求答案未果苦恼许久，正准备放松下来时突然浮上脑海的。所以说，不要总是钻牛角尖，试着放松一点儿，让思想自由一点儿，你的思绪才能得到更好的整理，你才更有机会发现新的解决办法。

整理启示

很多时候，经过一天的工作我们的大脑已经相当的疲惫，如果你仍旧无休止的在工作中钻研，那么你的工作效率未必能更高，因为你的思绪已经混乱，你的身心已经非常疲惫，这时候我们需要出去走一走，换个心情，在放松的环境里整理一下思绪，这样才能让新的刺激融入身体，让新的点子迸发出来。

集中精力，思维需要良好的心智模式

有没有这样的情况，面对生活中的干扰或者变化，我们常常不知所措，极易导致思维混乱？其实，大多数人都会遇到这样的情况，只不过不同人的思维的定力有所不同罢了。如果你不能对抗因外界干扰造成的浮躁心理，那么你就极易出现注意力不集中，甚至思维混乱的局面，这样你的大脑就会出现凌乱的状态。

对于很多上班族来说，完全集中注意力去完成一项任务是一件比较困难的事情，因为每隔两三分钟他们就会收到一个短信、一个电话、一个招呼或者是一封邮件，这样他们的注意力就很难处于高度集中的状态，在这种环境中，他们的心态会受到严重的影响，从而导致思维混乱、注意力分散。美国心理学教授安德鲁·麦克雷也对此进行了研究，在他的报告中显示，约有5%的美国人，也就是900万的美国成年人患有“思维混乱注意力分散症”。

是的，生活中我们的思绪被打扰的情况真的是时有发生，假如自己不能保持良好的心智模式，那么我们付出的精力就会大打折扣，我们工作的效率也得不到多少的回报。所以，一旦有变化发生，需要自己重新设计一个新的行动程序时，自己往往会感觉自己无所适从：“我该怎么办？”更值得警惕的是，我们自己已经很难集中自己的精力到一件重要的事情上，这使我们的工作质量下降。

假如你经常处于一种思维混乱的状态或者是时常注意力不集中，那么你就要努力做一些改变来调整自己的大脑了。下面我们列举生活中比较常见的问题借此给大家提供一些好的方法：

第一，拿起手机，选择关机。

如果此刻你正在从事一项很重要的工作，需要你有着高度集中的注意力，那么请你把自己的手机关掉吧。如果有重要的事情，相信对方会通过别的途径联系到你的，况且你只是短时间的关机。当你全心完成任务之后，你可以打开

手机看一下有无事宜。

第二，合理安排自己需参加的社交活动。

对于社交活动，按照重要程度每周进行一次排序，而不是接到邀请就立刻应允。如果你在一周内要参加6～7次的应酬甚至更多，那么你的注意力一定是分散、衰弱的，这深深影响着你的生活。你需要把它们逐递减少，最后控制在每周参加2次以下。

第三，在固定的时间处理邮件。

电子邮件即时提醒，这会严重干扰自己的工作，我们可以选择把收件提示给关掉，在每天固定的时间查阅并批量处理。从人们的经验和广泛的案例调查来看，绝大多数人在他一天的时间中只要处理两次电子邮件就足够了，不会耽误任何事情。

整理启示

如果你的注意力不集中，那么你就无法高效地完成你的任务，想要保持良好的思维能力就不是一件简单的事情，想要让大脑的信息得到最好的整理也是一场空谈。所以说我们要克服精神不易集中这一弱点，多寻求一些生活技巧，让思维越发清晰，大脑才不会出现一片混乱。

近义词，让你的思路进一步拓宽

当我们的思路被限制住无法突破当前的难关时，我们可以选择用近义词代替的方法。何为近义词？近义词，是指词汇意义相同或相近的词语，如“美好”和“美妙”“懒惰”和“怠惰”“枯萎”和“干枯”“宽敞”和“宽阔”等。用另一句话来讲，近义词就是词汇之间的亲属关系。

对于近义词拓宽思路的方法其实我们在上学的时候经常会遇到，比如说“围绕‘离别’这个话题写一篇话题作文”。当我们看到这个题目的时候，我们要做的就是拓宽思路从多个角度进行分析，想出一个拿手的话题进行写作。比如送别、告别、思念、分离……这些着眼点都是我们立足原题目进行的拓展，思路打开了，我们的文章内容才能一步步展开。又比如，在工作中如果我们在考虑包含“节约”这一理念的产品时，只盯住“节约”这一个词，就无法打开思路。这时可以想想近义词，能想到的有缩减、紧缩、压缩等多个词汇。如果从中选出“紧缩”这个词，将产品的理念重新诠释为“应对金融危机导致的财政紧缩的产品”，就能重新推动停滞不前的思维，发现新的想法。

从小学时我们就学习近义词，这么多年来积累的词汇相信会对大家的工作带来了很大的便利，即便你不是从事文字工作，你也需要懂得在工作中运用词汇之间的亲属关系为自己的思路开辟新的道路。

如果你平时喜欢翻看一些书籍，那就不妨买一本近义词字典来拓宽自己的思路，这是一种比较传统的方法。当然，现在是一个网络信息比较发达的时代，我们可以利用互联网来实现这一目的，可以借助网络来检索近义词，推荐大家使用网络近义词词典。近义词不仅能拓宽思路，对润色文章也非常有效。写网络日志时可以同时打开网络近义词词典，通过选词为日志润色。

整理启示

美国著名的企业家哈默说：“天下没有坏买卖，只有蹩脚的买卖人。”在工作中能够创造多少价值，就看能够融入多少智慧，在工作中加入创新思维，也许可以产生意想不到的价值。所谓创意，就是拓宽思路，不断创造新点子，想人之所未想，为人之所不能为，从而以新、以奇取胜，用常规思维逻辑之外的想法赢得成功和收获。

第19章　财富累积整理法——学会让钱生钱，让积蓄变成财富

回忆一下，当你拿到自己的第一份工资的时候，你拿它来做了什么？你一定还记得那时的喜悦，可是，你一定也对另一件事情深有体会，那就是，工资太不经花了。在物价逐年上涨、收入却少见调升的状况下，我们确实需要花一点儿时间来规划一下自己的财富，让支出与理财计划相互配合，让自己的资金“滚雪球”般越来越多。我们应该明白，理财，要的是科学的方法和知识，这样的理财才能是理性而非盲目的。因此，我们要学习理财基本知识，给自己充足“电”，为以后的发展打好基础。

不懂得理财，怎能创造财富？

孔子云：“君子爱财，取之有道；君子爱财，更应治之有道。”“取”就是赚钱，“治”就是理财。一个人赚钱能力再强，如果不会理财，也会让自己陷入经济危机。所以说，我们要懂得合理利用好自己的每一分钱，让它们发挥出超乎想象的价值。

丹丹和小惠在大学毕业后，不久都嫁了个普通的男人，她们自己也都有一份稳定的收入。丹丹和小惠都是漂亮好性格的女人，唯一不同的就是她俩的消费观念和理财能力不同。

丹丹是比较时尚的女人，喜欢享受生活，追逐名牌。她自己的工资都花费在高档化妆品、昂贵衣服上。而且还规定老公也要穿名牌衣服、用高档品，不

然出去给她丢人；在家庭生活用品和家具上也是坚持不是名牌就不买的原则；在吃饭问题上，两人经常是下馆子解决，很少在家里自己动手做。而小惠却是比较“会花钱”的女人，她对于一切用品只是追求舒适和质量，有时候会买打折了的名牌东西；而且小惠是一个勤快的女人，工作再忙，也是自己下班回来做饭吃，并且老公夸她做饭好吃；在金钱问题上，她跟老公商量每月除了必要的花费外，规定把一部分钱拿出来存在银行，再拿出一部分投资股票等。

一年下来，丹丹家还是一点儿存款都没有，因为她和老公每月的工资基本上都会花完；而小惠家不仅有了一笔小存款，而且她和老公投资的股票也赚了一笔钱，小惠拿这笔钱报了一个英语班。学好英语后，就跳槽到一家外企工作，工资翻倍，老公也在她的鼓励下事业有成。两口子的小日子过得越来越红火。

那么，我们如何整理好自己的那一笔财富呢？

第一，要勤俭节约。

勤俭节约是中华民族的传统美德，我们要继承和发扬祖祖辈辈流传下来的这种高尚品质，从生活中践行这一思想。此外，勤俭节约也是减少日常开支的一个重要环节，比如，使用一些节能、节水设施。因为生活中很多开支看似不起眼，但日积月累就不是一笔小数目，确实无须浪费。

第二，要有良好的消费习惯。

一个良好的消费习惯，应该是绿色的、本位的、合理的，可以节约很多的开销。不买污染环境的、对身体有害的东西，不因贪图便宜而买自己不需要的东西；合理地花销，不花还未到手的不保险的钱。

第三，活用手头资金。

要将手中有限的资金用“活”，使之永远处于一种流动的状态。要在一定时期里，规划好将资金同哪些所需商品进行互换，以求最大限度地实现资金收益。

整理启示 

同样是领薪水过日子，有的人却越过越穷，而有的人却越来越富有。站在这个贫富的天平上，你觉得自己是偏向哪个方向的呢？他们富有，你是不是觉得他们是依靠工资存在银行致富的呢？你是不是也在想，如果你也这样做是不是也就能成为富翁了呢？朋友们，懂得理财，“财”才能源源不断向你走来；多学一点儿理财知识，懂得整理，你积累的财富才不会贬值。

学会记账，明了资金出入

王晓云2009年毕业，现在在一家网络公司上班，月薪7000多元，单身，跟人合租，“月光族”。银行有10000多元的存款，那是她以前强迫自己存进去的。王晓云平时花钱很大方，以致每个月都要把工资花完，而具体花在什么地方她却总是想不起来，反正，一到月底就没钱了。最近，晓云打算在五六年之内凭着自己的能力给爸妈买一套经济房，可是，却不知道如何控制自己的消费欲望，以及怎样才能积累钱财。

王晓云就是一位不懂得理财的女生，平日里总是由着自己的性子消费，以至于“月月光”，攒不下钱。其实理财最基本的法则就是量入为出，为了避免平时无度地挥霍，对于王晓云来说就很有必要做个账本，把收入和支出都详细地列在上面，以便做到心中有数。否则她为父母买房的愿望是难以实现的。

人们都知道学会理财很重要，但是却有很多人不知道财该从何理起。理财专家告诉大家，学会记账是成功理财的第一步。通过记账的方法，你就能知道自己每个月的钱到底都花到了什么地方，哪些钱是该花的，哪些钱是可花可不

花的，哪些钱又是不该花的。此外，从账目上我们能够明了地看出我们这段时间的消费状况，这样就可以避免入不敷出的状况发生。

很多人以为记账就是把家庭的一笔笔开支记下来，可是你们记下来之后做了什么？是否统计分析账目？是否从中懂得了克制？是否明了自己以后的消费观？如果没有，那就等于白费时间，这笔流水账对理财来说根本起不到任何实质性的作用。下面我们来跟大家说一下如何记账。那么，想要合理理财，我们该如何记账呢？

第一，收集齐凭证。

我们在买东西的时候有没有索要发票的习惯？如果你更想方便你的理财，那么请你收好你的发票吧！因为在发票上清楚地显示着消费时间、金额、品名等项目，如没有标志品名的单据最好马上加注。此外，银行代缴的一些单据、借贷收据、刷卡签单及存根、提款单据等，也要一一保存好，而且最好摆放在固定的地点，以方便查找、核对。

第二，分门别类。

对自己的消费项目进行归类，这样可以看出自己在哪一方面消费超支，哪一方面需要投入一些资金。分类之后，我们把每一项按照日期的前后顺序进行再次排列。对记账较熟悉之后，不还可以根据个人需要将这些项目再加以细分，这可以让你更清楚钱都花到哪儿去了，同时也可以为下个月做好预算。

第三，账无巨细。

理财的问题通常不在于收入太少，而在于开销太多，尤其是一些平常看起来不起眼的消费。

第四，定时检视花费。

记账不是单纯地记下每一笔消费，而是要发挥出它监视、提醒的作用。我们每一个月要定下一个消费标准，并且时常查看一下自己的花费状况，这样便可以提醒自己不可过度消费，还可以显示本月自己还剩下多少钱可以用来消费。

第五，定期结算消费记录。

当把一个星期的消费记录全部结算清楚之后，如果你发现在“衣”的部分已经超过预算，那么你就必须减少其他部分的预算来弥补超支的这部分。如果你用信用卡记账，更要定时上网查看自己的消费记录，并随时做出调整和修正。

第六，让存款看得到。

我们为何记账？记账是为了让自己的消费更为合理，让自己把没必要的消费节省出来，让自己的手头存储更多的资金。当你看着存折里的数字慢慢增加时，就会很兴奋。所以要经常体验这种正面的感受，这样才能让你的理财行为增加强度，进而充分理解记账的价值和真实意义所在。

整理启示

有人说，理财就像一条河，有上游也有下游，上游的起点就是记账。记账之后，你就会有机会做好自己的收支管理，收支管理做好就能有余钱用于储蓄，而储蓄之后的投资就很有可能为你带来第一桶金！

十二存单法，让每笔闲钱都生息

王阳夫妻两个今年32岁了，每个人每个月都有3000多元的工资收入。以前，觉得挣的钱少，不值得理财。后来两家老人经常生病住院，王阳夫妻俩为了老人花了不少钱。但是，在这种情况下，夫妻俩还是买了房子，这多亏王阳充分利用了“十二存单法”。

王阳认为，除了必要的开支之外，剩余的钱对于工薪家庭来说放在银行里是最有保障的。他将这部分钱分作两部分，25%存为活期以备不时之需，75%存成定期，而且是存一年的定期。从第二年起，王阳就每个月再把当月的75%

和当月到期的存单一起再存成一年的定期。

对于这样存钱，王阳有自己的想法。第一，一年期的定期与零存整取相比利息要高一些。第二，一旦急需用钱，动用零存整取就意味着前功尽弃，可以根据需要用钱的数目及存单到期的先后顺序去考虑动用几张及动用哪几张，这样就不会使其他的定期存款受影响。第三，到期时，零存整取意味着相对的一大笔钱到期，这时会很容易让人产生购物的冲动，定期一年的存单，因为每笔的数额都不大，这种冲动就小多了。

除了固定的工资收入之外，过年过节的分红、奖金一类的数额较大的收入，更要计划好如何去存储。王阳的做法是不要存成一张定期存单，而是分成若干张，例如：1万元存一年，不如分成4000、3000、2000、1000元各一张。为什么？当然也是为了应付不时之需罢了，需要1000元时，就不要动其他的，需用5000元时就动用4000元加1000元（或3000加2000元）——总之动用的存单越少越好。

王阳的存款方式就是“十二存单法”，它在实际生活中会收到意想不到的效果。这种储蓄方式很适合年轻家庭，操作起来简单、灵活，既能有效地累积家庭资产，又可以应对家庭财务中可能出现的资金短缺问题。

平时比较关注理财的人，对于十二存单储蓄方法肯定不陌生。这种储蓄方法也叫月月存款法或者定期循环存储法。使用这样的储蓄方法，能够使一般家庭的资金逐渐积累起来，还能够很好地发挥储蓄的灵活性。

这种储蓄方法在进行操作的时候非常简单，可以每个月将定期存进银行的期限定为一年，每个月坚持做下去，等到一年以后，能够收到12张定期存款单。而从第二个月开始，月月都会有一张存款单到期，若是急于使用，就可以直接使用，对于存款利息没有影响，若是不急于使用，那么就将每个月想要存进的金额存入当月到期的存单中。

整理启示 

人闲着，钱不能闲着。赚钱的秘诀就是让钱不停地流转，像滚雪球一样越来越大。没有人是天生的理财专家，只有通过不断地学习才能达到一定的程度，年轻人即使没有经验也不要紧，时时做好战斗的准备，不放过任何时机，过节也理财，致富不遥远！

如何建立家庭理财档案？

家庭理财档案门类较多，具体说来其分类方法主要有以下几种。

1. 家庭收支档案

针对家庭的收入和支出而建，记录重大经济收支状况。目的是给消费计划提供一些必要的客观依据，便于发现平时家庭消费中不易发现的盲点和误区。家庭收支档案中要设立收支明细表，收入部分设有收入时间、来源、金额等栏目，支出部分设有支出时间、事由、单位、数量、单价、金额、余额等栏目。

2. 贵重物品发票档案

贵重物品发票档案，包括家庭中购置的各种电器、贵重物品的发票、合格证、保修卡和说明书等。一旦遇到质量事故，购物发票是讨回公道、维护自身合法权益的重要保证。同样，在保修期内，保修卡是商品的保修凭证。

3. 家庭金融档案

一是各类银行存款和记账式有价证券（如债券、国库券）的存单姓名、账号、所存金额和存款日期以及取款密码等资料。如果存单丢失或被盗，可根据家庭金融档案查证，及时挂失、办理有关手续。二是股票买卖情况的记录。三是各类保险的凭据。四是个人之间相互借款的凭据（收据、合伙契约、协议书

等）。五是各种金融信息资料，如信用卡使用知识、股票炒作技巧、如何进行综合投资、家庭收藏增值的途径等资料剪辑等。

4．珍贵物品类

包括家里的金银首饰、珠宝玉器、名人字画、稀有藏品以及有特殊纪念意义的珍贵物品。所收藏的物品要按照种类、名称、作者、制成年代、产地、购买地点及价格等作详细记录。

5．证件档案

包括家庭成员的户口簿、身份证、结婚证书、离婚证书、独生子女证、（子女）出生医院证明书、健康证、保险证、职工证、毕业证书、学生证、岗位培训证、从业资格证书、聘任证书、荣誉证书、专业技术职称资格证书、职务任命书，土地使用证、房产证等。

6．家庭理财档案管理中应注意的问题

（1）入档要及时，每次家庭经济活动后的凭据，都要立即入档，不能随便乱放导致丢失。

（2）内容要全面。

（3）一些重要的证件，如身份证、毕业证、职称证、驾驶证等，最好预先复印1至3份。在工作、生活和学习的时候，可以随用随取；而且在不一定要原件的情况下使用。

（4）存档要保密，对存折、身份证、个人印鉴、信用卡密码等有关家庭金融安全的重要档案资料，要注意分别存档，如在电脑上入档，还应设置必要的密码。

（5）资料要经常整理。

（6）对入档的理财资料经常进行研究分析，可提高自己理财的本领，避免不必要的损失，保证家庭理财取得最佳经济效益。

（7）所有档案不要放在一起，以免给不法之徒可乘之机。

整理启示 

成功理财就是有效地实现资金保值增值，有计划地改善家庭或个人生活，并拥有富裕的经济能力，可以储备美好的明天。理财应伴随你的一生，为你的人生增光添彩。

理财投资，心理素质极为重要

史玉柱，想必大家都知道。1991年4月，史玉柱带着汉卡软件和100多名员工来到珠海，注册成立珠海巨人新技术公司。到了1992年，巨人集团的资本超过1亿元，史玉柱本人也被罩上各种各样的光环，迎来第一个事业高峰。

1994年，史玉柱瞄上了保健品行业，通过铺天盖地的广告营销手段，仅仅4个月，使“脑黄金”的销售额突破了1.8亿元，让一款全新的保健品在中国家喻户晓。当年，史玉柱和他的脑黄金一起，成为妇孺皆知的明星。他在31岁那一年位列福布斯“大陆富豪排行榜”第8位，成为中国的新生代贵族。从白手起家到中国内地富豪排行第8位，他只用了短短5年时间。

然而，天有不测风云，1997年，史玉柱却彻底破产了。1995年下半年，卫生部对全国保健产品进行抽样质量检查，发现产品合格率只有30%，此结果导致了中国保健市场的全面萧条。1996年，史玉柱推广“巨不肥”失败。更要命的是巨人大厦投资巨大，资金告急，史玉柱将大量用于保健品推广的流动资金抽出投入大厦的建设，终因顾得了东边，顾不了西边，点燃了巨人集团财务危机的导火索。1998年元月，巨人集团资产债务呈冷冻状态，负债达2.5亿元，史玉柱成了全国的“首穷”。

事发后，史玉柱躲进了西藏，登上了珠穆朗玛峰。在经历了一段时间的沉寂之后，1999年，史玉柱选择了复出，仍是以保健品起家，接着又回到老本行做IT。到了2009年3月12日，福布斯公布的全球富豪排行榜，史玉柱以15亿美元位居第468位，在中国位居第14位。

在投资理财的过程中，人们通常更关注的是操作技巧，以及对市场基本面的详细分析，往往忽略了同样重要的心理因素，因投资失利而一蹶不振的投资者亦大有人在，因此，良好的心理素质，也是投资者们不可或缺的必备因素。一个经历了从巨富到巨穷的人，如果不是以一颗平常心对待他所面对的失败的话，那么就不会有一个新的巨富诞生了。

造成投资失败的心理，主要有以下几点，投资者应当加以避免：

1．投机赌博心理

具有这种心理的人总是幻想着有朝一日能够成为暴发户，他们的投资心理不太理智。他们恨不得抓住一只或几只投资品种，好让自己一本万利；他们一旦在投资中获利，多半会被胜利冲昏头脑，像赌棍一样频频加注，恨不得把自己的身家性命都押上去，直到输个精光为止。对于此类人群来说，一定要保持大脑的清醒，多一点儿理智。如果把市场当成了赌场，意气用事，那么终究会赔得一干二净。因此，有赌气行为的人一定要首先建立投资资金比例，理智投资，降低风险。

2．贪得无厌心理

其实投资理财很简单，不贪婪，买卖有度，我们才更容易获得成功。相反，见利就要、寸厘不让，会导致我们因一时的贪心忽略了对经济形势的判断，从而错过行动的良机，最后导致投资的失败。因此，投资者要及时纠正自己贪得无厌的理财心理。

3．盲目跟风心理

很多投资者存在着从众心理，就是在自己拿不定主意的时候跟着别人走，你买我也买，你卖我也卖。有这种心理的投资者，看见别人纷纷买入或卖出时唯恐落后，于是也匆忙买入或卖出。这就是我们通常所说的“追涨杀跌”。因此，投资者要树立独立意识，不能跟着别人的意志走。

4．犹豫不决心理

举棋不定、犹豫不决，一直都是投资理财的一大忌，就算投资者在进入市场之前，已经制订了一套完美的投资计划，但由于受到这种心理的影响，依然还是会犹豫不前，想在最稳妥的时候进行交易，殊不知，很多时候，往往正是在左挑右选的过程中错过了最佳时机。

5．漠不关心

有些投资者买入以后，就不闻不问，任其自然发展下去。有时甚至全权委托自己的亲朋好友或经纪人操纵，自己很少介入。这种做法在大势向好的情况下，还可以赚点钱，如果是处在下跌的趋势中，必然会血本无归。所以说，自己的事情自己一定要用心，不要事事依赖他人去打理，平日里我们自己也要多留意行情变化，否则出现问题，后悔也来不及。

6．诚惶诚恐心理

比如，有的人投资黄金，一旦外界出现风吹草动，他们就会对黄金前途充满恐慌，于是，便拼命抛售自己手中的黄金。但众多成功投资者的经验表明，这完全是没有必要的。作为一名投资者，在面对市场的不利消息时，最应当做的是先保持镇定，然后在仔细分析消息的可靠性以后再做出明智的选择，而不是自乱阵脚，手忙脚乱。

整理启示

人生不如意之事十之八九，不要因为一时的投资受挫，击垮了一个巨人。要从失败中站起来，重新踏上征途。保持健康的投资心理是投资者在投资市场中取胜的关键。保持健康的投资心理是投资者对市场获得正确认识和正确实践的必要条件。

时间整理法：整理是时间的升华

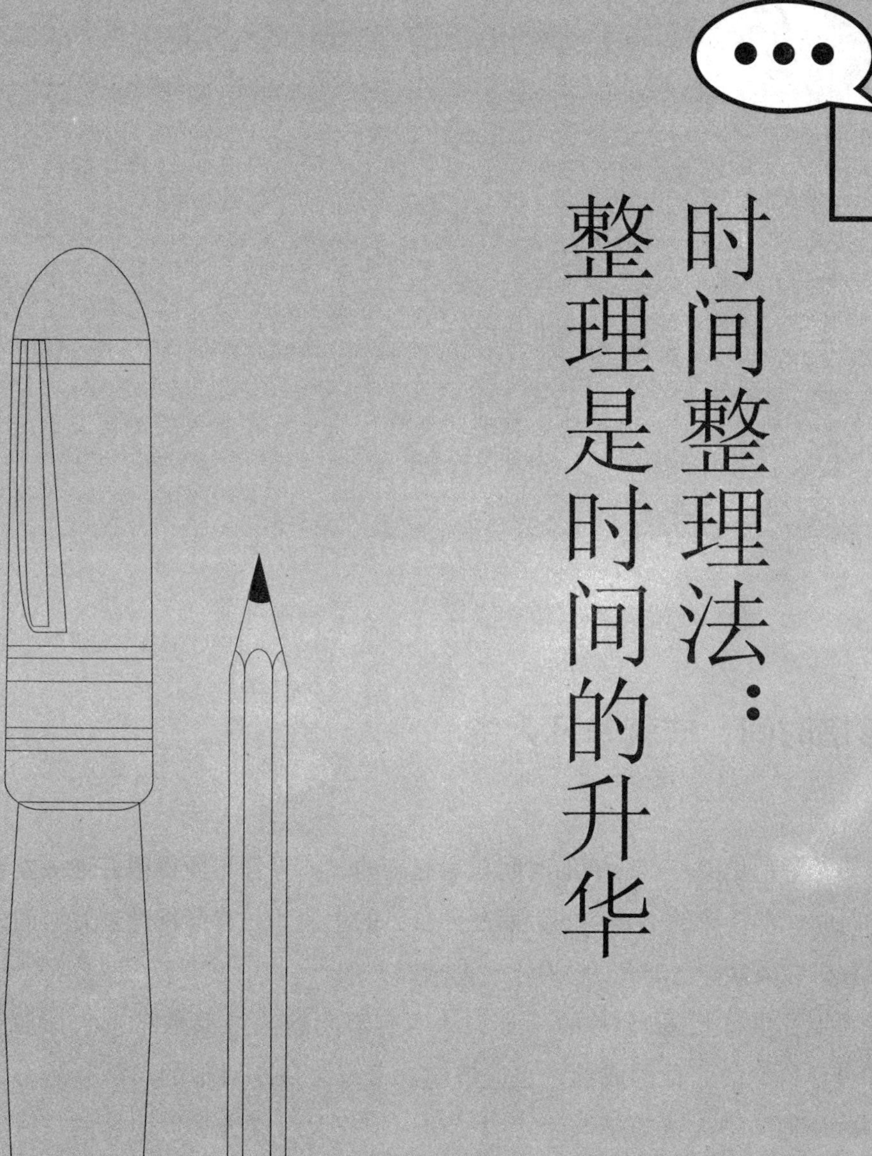

第20章　超级时间整理法
——在同样的时间里，让你的生命充盈起来

同样的时间，但是不同的人却让它呈现出不同的价值，这就是整理术的魅力！如果你热爱生命，那么就请你珍惜时间，如果你珍惜时间，就请你学会整理，学会整理时间，是人生中极为重要的一步。“明日复明日，明日何其多，我生待明日，万事成蹉跎。”世界上的许多东西都能尽力争取和失而复得，只有时间难以挽留。人的生命只有一次，时间永不回头。希望大家时刻记住这首诗，学会整理，让自己的一生在有限的时间里绽放出最绚烂的光彩。

珍惜时间，成就非凡人生

人的一生都是由一点一滴的时间积累起来的，如果你不懂得很好地去整理自己的时间，那耗费的不是别的，而是你自己的生命。只有懂得整理好时间，你才能有机会成就自己非凡的人生！

爱迪生一生只上过3个月的小学，他所有学问的获得都是靠母亲长期的教导和自学得来的。他的成功，也应该归功于母亲从小对他的谅解和耐心的教导，才使原来被人认为是低能儿的爱迪生，长大后成为举世闻名的“发明大王”。

爱迪生从小就对很多事物充满好奇心，对于自己不明白的事情他总喜欢亲自去试验一下，直到将其弄明白为止。长大以后，他根据自己这方面的兴趣爱

好，一心一意做研究和发明的工作。他在新泽西州建立了一个实验室，一生共发明了电灯、电报机、留声机、电影机、磁力析矿机、压碎机等总计2000余项发明。爱迪生强烈的创新精神，帮他为改进人类的生活方式做出了杰出的贡献。

“浪费，最大的浪费莫过于浪费时间了。”爱迪生常对助手这样说，“人生太短暂了，要多想办法，用极少的时间办更多的事情。”

一天，爱迪生在实验室里工作，他递给助手一个没上灯口的空玻璃灯泡，说：“你量量灯泡的容量。”他又埋头工作了。过了好半天，他问：“容量多少？”他没听见回答，转头看见助手拿着软尺在测量灯泡的周长、斜度，并拿了测得的数字伏在桌上计算。爱迪生见状，惊讶地说：“怎么需要那么多的时间呢？”然后走过去，拿起那个空灯泡，往里面注满了水，交给助手，说：“里面的水倒在量杯里，马上告诉我它的容量。”助手立刻读出了数字。

爱迪生说：“这是多么容易的测量方法啊，它又准确，又节省时间，你怎么想不到呢？还去算，那岂不是白白地浪费时间吗？”助手的脸霎时就红了。

爱迪生接着喃喃地说：“人生太短暂了，太短暂了，要节省时间，多做事情啊！”

我们的时间是有限的，要想发挥它最大的价值就必须懂得节约时间，寻求最高效、便捷的方法去做事，这样我们才能整理出更多的时间去做更多的事情。

整理启示

对时间吝啬的人，时间才会对他慷慨。珍惜时间才能在有限时间内成就无限的事业。莫等闲，白了少年头。我们要抓住今天，整理好自己的每分每秒，我们才有可能收获成功的果实，生命也会因此变得更有价值。

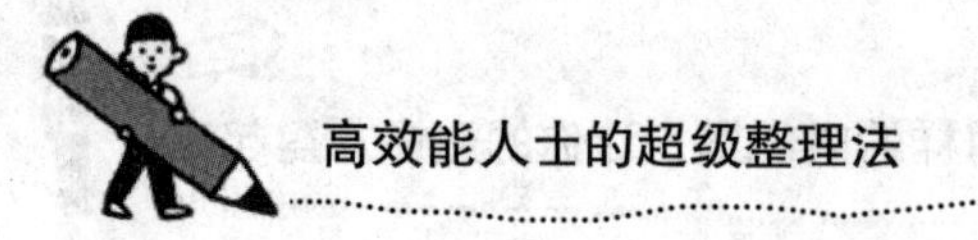

记得先做最重要的事情

关于时间，还有一则有趣的经典寓言。

四个20岁的青年去银行贷款。银行答应借给他们每人一笔巨款，条件是他们必须在50年内还清本息。

第一个青年想先玩25年，用生命的最后25年努力工作偿还，结果他活到70岁都一事无成，死去时仍然负债累累。他的名字叫“懒惰”。

第二个青年用前25年拼命工作，50岁时他还清了所有的欠款，但是那一天他却累倒了，不久便死了。他的遗照旁放着一个小牌，上面写着他的名字“狂热”。

第三个青年在70岁时还清了债务，然后没过几天他去世了，他的死亡通知上写着他的名字“执着”。

第四个青年工作了40年，60岁时他还完了所有的债务。生命的最后10年，他成了一个旅行家，地球上的多数国家他都去过了。70岁时死去的时候，他面带微笑。人们至今都记得他的名字叫“从容”。

贷款给他们的那家银行就叫“生命银行”。

朋友们，看完上面的故事，相信大家也是感慨颇多，同样的时间不同的人有着不同的管理方法，所创造出的人生效益也是大相径庭。生活中，有效利用财富的人很少，但更让人惋惜的是，懂得该如何利用时间的人更少。众所周知，人的精力是有限的，无论是正在学习知识的学生，还是进入社会的工作人员，我们每天都要做很多不同的事情，如果你不能分清事情的“轻重缓急”，先把最重要的事情做好，就容易浪费许多时间，甚至使你的努力全部“归零”。

重要的事情通常是与目标有密切关联的并且会对你的使命、价值观、目标有帮助。这里有5个标准可以参照：

（1）如果我做完这些任务，就能更进一步地靠近我的目标。这些目标既

包括短期的每日目标，也包括长期的年度目标，还包括远大的人生目标。

（2）完成这些任务有助于我为实现组织、部门、工作小组的整体目标做出最大贡献。

（3）我在完成这一任务的同时也可以解决其他许多问题。

（4）这些任务一旦完成，那么我就能获取一定的利益，或者给公司带来一定的大的效益。

（5）这些任务一旦完不成，会产生严重的负面作用：生气、责备、干扰，等等。

总之，我们提倡简单的处事规则，把重要和紧急的事情加以区分，最大限度地降低时间成本。摒弃不分轻重缓急、混淆事物优先级的做事方法，把那些并不一定特别紧急却很重要的事情作为主角，投入最多的精力和时间。这样，我们才能用效率诠释我们所利用的时间。

整理启示

复杂多变的现实中，我们能够自由支配和充分利用的时间并不是很多。如何最充分最有效率地利用时间，如何在最短的时间里获得最大的效益，是每一个想在事业上有一番作为，想抒写人生辉煌的人应该充分注意的问题。

改变“瞎忙”的生活状态

很多人每天忙来忙去，但是不出成效。原因是什么呢？其实就在于该做的没做好，不该做的却做了一堆，所以才让工作变得越来越复杂，时间越来越不够用。如果你想要成为一个日事日清的员工，就一定要忙出成效，使自己成为

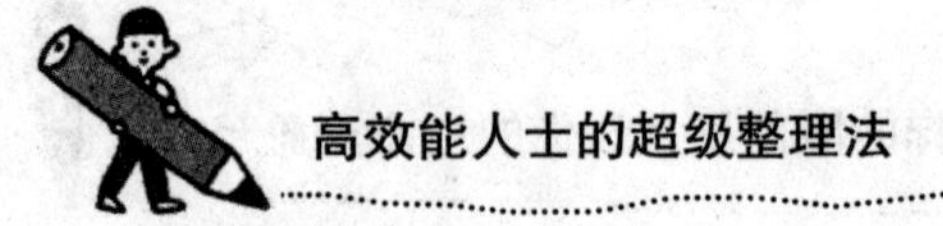

一名能够出色完成任务的高手。这样才不会把自己的时间白白浪费掉。

公司将同样的一项计划交给王颖和刘华两个人，希望他们各尽其才，能够在1个月内提交出各自的项目方案，公司将从中择优选择一个方案，进行跟进。

接到了任务的两个人开始制定项目方案。王颖每天最早一个来到公司，最后一个离开公司。在工作期间，王颖看上去非常忙碌，好像总也停不下来，哪怕中午休息的时间都没有丝毫的懈怠。相反，刘华自接到任务之后，还是一如既往地悠闲自得，与之前没什么变化，每天还是照常上班、照常下班。

1个月后，两人准时向公司提交了项目方案。结果出人意料，刘华的方案被顺利地通过，而王颖的却被否决了。

从领导办公室出来，王颖非常沮丧，刘华见此，宽慰了他几句，然后不解地问道："你每天忙成那样，都干什么了？"王颖无奈地回答："我也不知道，其实，你别看我好像非常忙碌，但大多数时候，我也不知道自己究竟在忙些什么，时间倒是用了不少，可就是没用，白浪费了。"

案例中王颖的行为就是典型的"瞎忙"。对于一个已经设定好的事情，没有分析清楚做好事情需要遵循的脉络，在缺失计划、引导的情况下，只知道一味地勤奋工作，最终还是白费力气地瞎忙活。

工作是很多的，时间却是有限的。不会合理地使用时间，目标再高，能力再强，也不会产生好的结果。所以，一个人要想使自己优秀，必须要学会整理好自己的时间，不被动地被时间牵着鼻子走，而是主动地把握时间、规划时间，让有限的时间发挥最大的效用。

那么，怎样才能避免瞎忙呢?

第一，明确自己的工作目标。

我们在工作的时候，必须先搞清楚做这项工作是为了什么，明白做这项工作要达到什么样的效果。确定下来工作目标，才能让看似琐碎的工作有一个方向，知道在工作的时候，得把我们的劲儿往哪使。

第二，活用"死时间"。

回顾一天的事务，以半小时为单位列一个详细的时间表，了解自己一天的时间是如何花费掉的，并分析总结哪些时间段被白白浪费，成了莫名溜走的“死时间”，并将这些时间用来做一些琐碎的小事，比如打电话、填单据、回复邮件等。

第三，每一步都要做到位。

每做一步的时候，都要认真将这一步做好，这样，前面夯实了，后面才能顺利地进行。如果做到后面，突然发现前面哪一步没有做好，再急急忙忙翻回去返工，那就是自乱阵脚了。所以每一步都要做到位。

整理启示

会不会利用时间不是单纯地看某个人在下班时间内是不是依然忙个不停。有很多人，从早忙到晚，工作效率也未必很高。原因就在于他们不懂整理时间，总在“瞎忙”。懂得了整理，你的时间将会被利用到最佳水平。

拖延，让时间悄悄溜走

你是否有这样的习惯呢：今天的工作拖到明天完成，现在该打的电话等到一两个小时以后才打，这个月该完成的报表拖到下个月，这个季度该达到的进度要等到下一个季度……凡事都留待明天处理，都在拖延。拖延者的工作时间并不比他人少，只是他们的这种惰性让时间在悄无声息中溜走了，以至于什么都没有做成。哈佛大学人才学家哈里克说：“世上有93%的人都因拖延的陋习而一事无成。”看到这句话，有拖延陋习的你是否紧张呢?

一个猎人带着他的袋子、弹药、猎枪和猎狗出发了。虽然人人都劝他在出门之前把弹药装在枪筒里，但他还是带着空枪走了。

“废话，”他嚷着，“以前我没有出去过吗？我走到森林里得一个钟头，哪怕我要装100回子弹，也有的是时间。”

然而，他还没走到森林的时候，就发现了一大群野鸭子密密麻麻地浮在水面上，这个猎人一枪就能打中六七只野鸭子，足足够他吃上一个礼拜的——如果他出发前装了子弹的话。

不过现在，等他匆忙装上子弹的时候，野鸭子发出一声“嘎嘎”的叫声一齐飞起来，很快就看不见了。更糟糕的是，天空又突然下起雨来。猎人浑身都是雨水，而袋子里空空如也，他只好拖着疲惫的身体回家去了。

拖延行动，那么你将会浪费大把的时间，或许这段时间正是你成功的绝佳时机，可惜你失去了。时间是公平的，关键是看你对待时间的态度，如果一再抱有“明日复明日”的心态，那么你就会离成功越来越远。那么如何才能整理好心态与时间观念，克服自己的拖延呢？

第一，要树立时间观念。

徐特立曾说：“想要成就一番事业，必须珍惜时间，充分利用时间。”做事拖拖拉拉的人没有时间概念，缺乏对时间重要性的认识，他们对于要做的事情总是慢吞吞的，这种行为就是典型的缺乏时间观念。

第二，立即动手。

你的庭院该打扫了吗？现在就去找工具。得交报告吗？马上拿出纸列出几个要点。要勒令自己，决不拖延，有事及早干。拣有兴致的办，让精神状态为你服务。

第三，制订计划。

既然现在知道了自己拖延工作的原因，那就制订计划去减少和控制拖延。可以从你安排项目的每个具体任务开始，将完成这个项目所需做的任务列出来，排好轻重次序。完成一个任务就做一个标记，并奖励一下自己。

第四，每天做结算。

“明天即在眼前，学会把每一天当做礼品来对待”。每天起床前要决心过好今天，还要准备让明天过得更好。把时间看作财富，你就不会再拖延了。

整理启示 

管理大师彼得·德鲁克说："真正推动社会进步的，是默默地高效率工作着的人。"不管做什么事情，一定要振作精神，明确我们的目标，以饱满的精神面对我们的任务，做好安排，有了好的想法立即行动，行动过程中绝不拖延，高效地完成工作！

合理安排假日的美好时光

我们不是每天都在上班，周末和假期可以说是大部分上班族的"幸福时光"，那么这些时间大家该如何度过呢？其实，下班后的时间如果好好地利用，可以是很好的充电时间。不但可以去进修课程、充实自我，也可以去运动健身，保持身材的健美，更可以陪伴家人，度过温馨的时光。休闲是为了让自己在工作时更有活力，只要懂得合理整理这些时间，那么我们不仅能充实自己的生活、拥有健康的身心，也能在接下来的工作中精神更饱满。

小华和晴晴是一起长大的朋友，如今两个人都在上海上班。虽然两个人关系非常密切，但是她们对于时间的观念却迥然不同。每当周末或者小假期来临的时候，晴晴就一直窝在被窝里上网玩游戏或者看电视剧，可以说大部分时间都浪费了。每当小华让她出去一起做点别的事情，晴晴就说："哎呀，好不容易休息了，我要好好睡个美容觉，好好放松一下身心嘛！"于是，晴晴的大多数时间就这样窝在房间里浪费掉了。但是小华不同，小华的周末和假期可是非常的充实。小华报了好几个学习班，周末的时候她就安排好时间去学习游泳、瑜伽等运动，放松身心，锻炼身体；有的时候就跟同事一起学学插花，陶冶情操、美化心灵；有的时候自己去图书馆看会书，增长知识、修身养性；清明、

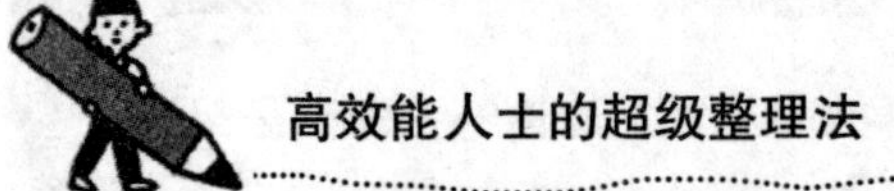

五一等小长假来临的时候，她都跟朋友们一起出去旅游，既能踏青赏景也能开阔眼界，了解各处的风土人情……一样的时间，但是不同的人却用它做了不同的事，不懂得把这宝贵的假日时间利用好，那么时间就在你的浑浑噩噩中晃过去了。

时间整理好了，那么你的每一天都是充实而快乐的，反之，你就会觉得生活是枯燥乏味的。那么在安排时间上我们应该注意哪些问题呢？

第一，提前做好规划。

想要更好地利用时间就要懂得合理的规划，我们可以在闲暇时为自己制订一个计划，让自己在假日的娱乐中也不忘了适时为自己充电。比如想学一个特长或者想学习一门外语，我们可以报个班，安排好每个周末的固定时间去学习。

第二，不要懒惰，立刻执行。

如果事事由着自己的性子，那么你还怎么去实现自己的目标呢？所以说我们要有一定的自制力，决定的事情就要马上去做，否则一拖再拖，什么也做不了。

第三，学会总结，有自己的心得。

当假期过去的时候，我们要反思一下自己：我学到了什么？我最大的收获是什么？相对于之前懒散的周末时光，我的进步在哪里？不断地总结才能不断进步。

下面几个项目可供大家参考：

（1）短期旅行。可以缓解工作压力、拓展视野，改善内分泌、恢复好心情。

（2）阅读杂志或书籍。读书不但能跟上世界的脚步，还能找些话题到职场上讨论与分享，拉近同事间的距离。

（3）陪陪家人。家人是你最宝贵的资产，不论多成功的人，若是没有家人，人生一定是有缺憾的。安排一次休假陪家人，会让你的生活更安定、人生更完整。

（4）运动。运动对健康有益，应该把运动列进日历，每周固定运动。随时提醒自己，正在做一件对自己重要且对健康有益的事。

整理启示

人生比你想象的更丰富，关键看你怎么去走好自己的每一步。好好地整理自己的时间吧，只有懂得利用好时间的人才能得到生活最美的回馈。

第21章　有效日程管理法——灵活安排日程，提升运作效率

日程管理无论对个人还是对企业来说都是很重要的，做好了日程管理，个人可以更好地规划自己生活，企业能确保各项工作及时有效推进，在规定时间内完成既定任务。本节我们将为大家讲述不同的日程管理法。

制定日程表，时间更有效

科比·布莱恩特是备受大家喜爱的球员，人们羡慕他的光环，欣赏他的能力，但是大家知道他成功背后付出的努力有多少吗？每个人的成功都是需要付出一定代价的，没有人能随随便便就成功，成功需要勤奋，成功也需要方法。那么科比是如何一步步努力走向成功的呢？

科比是一个非常珍惜时间的人，他的成功离不开对时间的合理规划。科比给自己制订的训练计划，比任何一个人都要长，练得比任何一个人都刻苦。当你晚上11点看到他离开球馆，第二天凌晨4点又看到他出现在训练场上，你就会明白，我们眼前的科比是如何“炼成”的了。在科比看来，成为一名出色的球员不仅需要勤奋地付出，还要为自己的每一份付出做好打算，让一切充满计划而又不断突破自己的计划。

“每天早上首先是举重，我靠它来提高自己的力量和肌肉爆发力。通常情况下，我会一直练到手臂发抖，再也举不起来为止。7点到11点半的这段时间里，我会去练习投篮。其他的时间，我有时会打打沙袋，这也是为了增强力量和爆发力。”也许那看起来枯燥无聊，但是科比告诉你：“基础的体能训练，非常有帮助。不管你的计划是怎样的，突破自己的万能钥匙就是把自己逼到极限。如果做不到这一点，是很难收到效果的。你要做好准备去承受身体的一些痛苦，准备好你的肺部像要爆炸，甚至，你觉得你可能要吐血了。如果你出现了诸如此类的反应，那么你自然会变得越来越强。”

多年以来，科比并没有因为自己已经取得了如此巨大的成就而放弃自己的努力，他一直以来都在坚持自己每日安排的计划，不断地完善自己，似乎这每天坚持进行的700到1000次的投篮练习已经成为他雷打不动的习惯了。科比说：“现在的我，只能说变得效率更高。而不是把每一项都练一下就交差了事。当你刚进入这个联盟时，你在意的是什么情况下自己的身体处于最佳状态，什么会给你的身体带来伤害和负担，以及哪种方法最利于恢复。我已经打了10多年球，所以我很了解自己的身体。你必须有一套计划，给自己订一张日程表，然后坚定地去执行它。”

日程表是我们的指挥员，它告诉我们一天应该干什么和怎样干。日程表对于每个人来说必不可少，当我们开始崭新的一天时，应该清楚自己这一天的行程。制定日程表对时间的高效利用有着必不可少的作用，那么在进行日程安排时有什么需要我们注意的吗?

第一，在日程安排上，我们要尽量把每天最重要的任务放在上午干完。当其他人开始主要工作、公司运作进入高潮时，我们已完成了主要任务。这样一来，可能受到的干扰就少了，因而工作效率较高。因此，在进行日程安排时，要把干扰较少和易被干扰的时间考虑进去。

第二，闲暇时间很关键。

其实，我们每天都有很多零碎时间，如果你懂得利用，那就是一笔宝贵的财富，它能让你的一天过得充实而快乐。不要让未列入计划的空闲时间和等待时间白白从身边溜走。比如，把午休前或者下班前的几分钟时间也利用起来，用来做准备工作、计划工作或事务性工作，这样下来一周我们会完成很多事情。

第三，学会休息，劳逸结合。

人的精力有限，我们要懂得安排时间排除干扰进行休息，在这段时间里，没有人打扰，我们的精神高度集中，工作效率得到极大提高。这段时间也可用于重要但并不急迫的长期任务，如再教育等，这类事情往往淹没在日常事务中。

整理启示

将日程表安排得满满的也并不是件好事。对于日程表中要完成的任务排得太紧凑，往往会“欲速则不达”。所以说我们要懂得给自己一定的空间。

日程表，给思考留点时间

你的日程表是不是处于饱和状态？

如果你说“是”，那么你就需要静心反省了，因为你已然忘记了思考的重要意义。

或许你会说“实在太忙了，哪有什么时间思考啊！”

这个有趣的问题只有那些花时间思考的人才会提出来。

可是，他们哪里有那么多时间思考？又或者说，他们真的有大量时间用来思考吗？

其实，思考并不一定需要写在日程表上，但是我们有零碎的时间可以进行思考，比如在晚上睡觉之前，这不就是一个绝佳时间吗？

弗兰克·A. 范德利普是美国最大银行的董事长，他每天需要面对一个接一个的会议。可以说，他每天的工作就是由这些会议组成的。有一次有朋友问他：“你有思考的时间吗？”

他是这样回答的："相信你能想象到，我根本没时间在银行里思考，只有在家里才行。"

铁路奇才格林曾说，他最希望看到当他不经意拜访某个部门时，该部门的主管正把脚搭在桌子上，看起来仿佛无所事事的样子，因为这在他看来是正在进行思考的表现。

可在现实中，被人看到坐在桌旁清闲，对于主管来说简直是一种耻辱，起码10个主管中有9个都是这么认为的。现在的流行趋势是，每一刻都应该展现出自己忙碌的样子。

某家大型企业在上一次经济大萧条中受到重创，银行家们不得不接过这个烫手的山芋。由于急需一个重组计划，银行家们必须集思广益，争取在下次会议时提出一些建议或方案。

在接下来的会议上，老银行家们照旧进行了空洞的发言，一位年轻的银行家在他们发言后站了起来，为企业的发展勾勒出了一个完整的计划。针对这家企业的每一个阶段，他都设计出了一份蓝图，并为每一个问题都提供了解决的建议，结果他的计划得到了大家的一致认同。

一位老银行家在散会后对他说，要是能够让他如此清晰地把这么一个复杂的问题分析透彻，并提交出如此全面、有条理的方案，他愿意为此支付100万美元。

为什么老银行家做不到，而年轻的银行家却做到了？那是因为，这位年轻的银行家一周之中会拿出五个晚上用来思考和学习。这个完整的计划是他花费了很多心血想出来的。

没有思考，哪来的成功？脱离了思考，一切忙碌又有多大的意义？所以说，即便再忙，我们也不要忽略了思考的时间。要知道，每件事情都是从大脑中的某个想法开始的，而不仅仅是成功。

总之，要想你的日程表没有白费，要想你规划的日程更有效率，那么请为思考留点时间。

整理启示

我们应该时刻将这个真理放在心上，并常常提醒自己：要成功就必须进行思考；我们每一天都应该抛开一些事情，为思考留出足够的时间。

合理安排，简化日程表

艾琳·詹姆斯是美国著名的作家，她一生在倡导过一种简约的生活。她认为人只有过简约的生活才能活出生命的真色彩来。

其实，艾琳·詹姆斯在年轻的时候，是一个投资人兼一个地产公司的投资顾问。这两种工作使她每天都陷入忙碌之中，乱七八糟的事情塞满了她在清醒状态下的每一分钟。在这种生活持续了几十年以后，突然有一天，她觉得她再也无法忍受了。那一天，她呆呆地静坐在自己的办公室中，望着眼前写得密密麻麻的事宜和日程安排表，突然觉得这是一种最为愚蠢的生活状态。

也就是在这个时候，她最终做出了一个决定：简化日程表，给心灵放个长假。

接下来，她就拿起日程表，把里面原本的八十多项内容，简化为十多项。她取消了当日所有的电话预约，并将堆积在办公桌上所有的文件全部清理掉，就连信用卡，她也几乎全部注销了，为的是不让无休止的银行账单函件来打扰自己。

就这样，她通过改变自己的日常生活与工作习惯，使她的房间以及庭院的草坪变得更加简约、整洁。简化之后，艾琳·詹姆斯得到了更多的空闲时间，心灵也得到了休整，整个人顿时变得快乐了起来。艾琳·詹姆斯曾经在自己的作品中这样说道：“我们的生活已经太过复杂了。在人类的历史进程中，从来没有如我们今天这个时代拥有如此多的东西。这些年来，我们一直被外在的物欲诱导着，我们误以为自己只要努力就一定会拥有一切东西，但是，这些东西事实上却让我们沉溺其中并且心烦意乱，因为它们让我们失去了创造力。与其这样忍受折磨，不如舍弃这些东西，给自己的心灵多腾出时间来休个假，这样才能使我们的创造力永远旺盛。”

过于复杂的日程表会让人压得喘不过气来，影响人们的身心，所以说我们要学会适当的简化才能拥有更高效的人生。那么，对于我们来说，简化日程表要从哪几点来考虑呢？

第一，哪些事情是勉强自己去做的？如果没必要，不如舍弃。

第二，追求外在的面子和烦琐的例行公事是否让你的生活也陷入浪费时间、浪费精力的陷阱中呢？能简单就简单一些，将宝贵的时间和精力用在最有价值的地方。

第三，是否对某些事情感到心累？从现在开始就学着去清醒，放下该放下的，让自己的心静下来。可以用这些时间去散散步、读点书、养养花草。

整理启示

简化你的日程表不是教你如何偷懒，而是告诉你如何善用时间，提高生活质量，取得更好的工作成就。只有这样，你才有时间去做真正重要的事！

利用神奇的番茄工作法

番茄工作法是一种简单有效的时间管理方法，它的创立者是弗朗西斯科·西里洛。20世纪80年代末，弗朗西斯科·西里洛正在上大学，他一度苦于效率低下，作业做不出来，功课学不进去。山穷水尽处，柳暗花明时——多亏

一个红色、定时响铃的圆形物件，“于是我和自己打赌，下猛药，狠狠鄙视自己说：‘我能学习一会儿吗？——真正学上10分钟？’我得找个计时教练，谁来替我掐表呢？后来我找到了，是一枚厨房定时器，形状好像‘番茄’。就这样，我邂逅了我的番茄钟。”这个方法看似简单，但是它却能极大地提高人们的工作效率，还会给人带来意想不到的成就感。

如果我们对于时间不知如何把控，那么我们可以试着去了解一下番茄工作法，相信你会从中领悟到高效利用时间的秘密。番茄工作法会让你的每一小时、每一天、每一周、每一月都得以充分利用，你不会因为时间的不断丢失而垂头丧气，你要做的就是定好25分钟番茄钟，然后全然专注于手头的任务。如果番茄钟响铃，25分钟结束，而任务还没完成，这并不代表失败。相反，这铃声在为你已连续地工作了一整段时间而喝彩。

其实，我们每个人持续集中注意力的时间是有差别的，这个地方我们不必如此死板，可以依据个人情况而定。比如有的人习惯20分钟一个单位，这样我们可以在进行4个单位之后进行一次大的休息时间，只要你提前准备好工作计划表和秒表就可以了。

“番茄工作法”的具体操作步骤如下：

（1）从工作计划表中选择要做的具体工作。

（2）把秒表时间设定为25分钟。

（3）在秒表响之前，心无杂念地集中精力工作。

（4）秒表响后，先检查一下工作完成情况，然后休息5分钟。

（5）4个25分钟循环过后，可以休息较长时间。

当然，在进行工作的时候肯定会遇到一些无法排除的因素，比如说中途有事或者被干扰，因此我们的25分钟肯定无法按时进行。这时候我们可以把具体原因记录下来，避免以后出现类似情况。

4个循环大概需要2小时的时间（不算最后较长的休息时间）。你可以把一天之中完全集中精力工作的时间就定为2小时。如果你早上的状态好，就把这2小时安排在上午的时间。

番茄工作法就是用简单的工具和方法提高个人或团队的工作效率，这个方法可以缓解长时间的工作积累所带来的疲劳压力，减少被打断的次数，能够更好地集中注意力做事情，能够保质保量完成工作任务，达成一定的目标。

整理启示

请注意，每一个番茄钟都必须聚精会神做好每一件事，不喝水、不上厕所，甚至一个多余的动作都不要做。每个人的晨起时间不同，上班时间不同，因此，番茄工作安排也会不同。试着写出一个适合自己的番茄时间安排吧，尝试之后，会发现，每件事都可以专注地去做，都可以做到最好。

颜色标注，日程更加一目了然

日程表上的计划越来越多，一眼望去，密密麻麻，怎么办?

这种情况是非常常见的。如果堆积的日程太多，我们真的是很难识别里面的各个计划，这样的情况对于自己的时间整理工作是发挥不了多大效力的，只会令自己越发慌乱。

其实，我们可以对不同的日程进行分类，为了让视觉不至于疲劳，能把握更多信息，我们可以尝试颜色标注的方法。

例如，我们把工作计划标为蓝色，私人计划为橙色，用冷色调与暖色调的色彩来明确区分。如果能把学习和培训的时间标为绿色，就更完美了。

另外，当日程表上可能有很多进度条、任务、截止日时，要怎样用颜色去区分不同任务呢?

我们可以采取这样的方法，用三种颜色来区分：长期计划、临时任务、重点工作。例如，橙色是长期进度的进度条与截止日，也代表核心工作；黄色则代表这项核心工作里又特别重要的工作；紫色则代表临时任务、次要琐事。这样的三个颜色区分，就能让我们一眼就辨别出应该关注的重点在哪里。

不同的情况，我们可以根据自己的需要用颜色标注，相信这会为我们的生活带来很大的方便。

颜色标注虽然方便，但是过多的颜色也会给直观把握日程表造成障碍，因此，所用颜色的数量最好是在3个左右。

颜色标注清楚了，我们的工作计划可以说是一目了然。此外，我们还可以很明显地看出工作和私人时间在一周里各自占据了多大的时间比例，这样对于自己的时间调整来说更为便捷、明了。

我们既不能用肉眼看到时间，也无法给它涂上颜色。然而时间却是真实“存在”的，也是有“触感”和“色彩”的。于是我们可以用日程表来将这些东西都变成“可视”的。

在日程表的管理上，颜色标注是一种非常简单、非常实用的方法，它能让我们随时感受到时间的变化，慢慢地学会如何合理调整自己的时间。我们要明白，一个懂得更好地分配自己时间的人才能把自己的人生规划得更为有条理、高效。

整理启示

这个方法虽然看似简单无奇，可用了之后你会发现，你使用时间的方法会不断发生变化。因为这个方法能让你清楚地意识到时间的存在。

第22章　提升时间效率法——加强时间管理，创造时间价值

做事是需要效率的，如果看不到成果，那么一切努力的时间不就白白浪费了吗？所以说我们要学会找方法、寻技巧，在最短的时间里创造更多的价值。那么如何去做呢？本章我们将为大家详细讲解。

调整呼吸，让注意力更集中

当我们在进行一项重要的工作时，我们是否会因为这样或那样的原因而分散了自己的注意力？那么注意力不集中的情况下我们如何谈得上能提高自己的时间效率呢？所以说，注意力不集中会严重浪费我们的时间，让一些杂乱的思想干扰我们的心灵，只有把自己的思绪收回来，我们才能更好地发挥时间的价值，完成该做的事情。

小雨是一名初二的学生，一直以来她的成绩还是非常好的，但是她有一个很大的问题就是不敢面对公众，极易出现紧张的状况。每次上讲台进行演讲比赛的时候小雨总是表现不好。走上讲台，面对全班同学，小雨准备好的演讲内容就忘得一干二净，每次都紧张得说不出话来。后来老师把小雨叫到办公室谈话，耐心地问小雨到底是什么情况。小雨告诉老师自己一站到讲台就紧张，注意力全部分散了，完全忘记了自己要讲的内容，脑袋里总是想一些乱七八糟的事情。后来经过老师的开导，小雨终于明白了如何调整自己的心态，集中注意力，终于远离了恐惧的困扰。

需要超强注意力的运动员在关键时刻用控制呼吸和视野的方法来让自己集中精神。这种提高注意力的妙招大家一定要用用看。

首先是呼吸。

先说一下腹式呼吸法。先慢慢地由鼻孔吸气，吸气过程中，胸廓上提，腹部会慢慢鼓起，再继续吸气，使整个肺充满空气，这时肋骨部分会上抬，胸腔会扩大。这个过程一般需要5～10秒，然后屏住呼吸5～10秒，停顿2～3秒钟后，开始新一次的呼吸。使用了这种呼吸法，你的心情会逐渐平静下来。也能慢慢赶走杂念。做公开报告时，如果你感到非常的紧张，那么你不妨试一下这个方法。当你的心情感到慢慢平复下来的时候，你就更能把时间高效地集中在你需要做的事情上。

此外还有一种有趣的方法是逆腹式呼吸法。这种方法吸气时收紧腹部，吐气时将腹部鼓起。也是一种非常有效的方法。逆腹式呼吸是以横膈肌的活动为主，比胸肌的活动面积大得多，吸入的氧气是自然呼吸的三四倍。有利于保持呼吸道通畅，增加肺活量，有效增加身体的氧气供给，使血液得到净化，肺部组织也能更加强壮。逆腹式呼吸法的感觉很奇妙，也能让人心平气和下来。

接下来是视野的问题。其他东西进入视野后，人的注意力总会不由地涣散。或许当你想将精神集中到某件事情的时候．最好的方法是让自己的视野变得狭窄一些。

这时我们要将视野缩至工作范围内，光凭这个我们的注意力就会有很大的提高。如果你还想更加聚精会神地思考，那么也可以戴上眼罩。视线被完全遮住之后，杂念也会随之消失。这是一种强制提高集中力的方法。

整理启示

朋友们，想要高效率地做好一件事情，没有高度集中的注意力是很难做好的。所以说我们要学会调整自己，在一定的时间里发挥出自己最好的状态。

专属时间，勇于拒绝外界烦扰

我们每个人都有自己的时间，或需要静心思考，或需要认真做事，不论如何都有不希望被打扰的时候，因为如果自己的思绪被打断了，将很有可能要重新开始自己的工作，那么这就要浪费很多的时间。所以说，想要保护好自己的时间，那就学会拒绝外界的烦扰。

小敏是一家杂志社的编辑，她为人热情开朗，是一个乐于助人的女生，虽然来到公司时间不久，但是大家都非常喜欢她，因此有什么需要的地方总是第一个想到小敏。

小敏平日的工作主要是与文字打交道，很多时候都需要自己静下心来琢磨，但是这时候却有很多同事因为这样或那样的事情需要她帮忙，因此小敏感到非常郁闷。有些时候领导催着小敏交任务，可是小敏还要不时地被他人求助，最终小敏自己的工作也没有做好，受到领导的批评。

每个人的时间都是有限的，如果你不能很好地维护好自己的时间，让自己的专属时间一次次被打断、夺走，那么你怎么去创造更高的效率呢？对于小敏来说，想要拒绝他人的请求需要很大的勇气，但是你在帮助他人之前应该明白自己分内的事情有没有做好，所以说她只能改变自己，否则小敏将没有时间去专注于自己的工作。因此，小敏可以试着婉言拒绝同事，告诉同事自己现在的工作真的是很紧急，看看能不能稍等一下，相信这样说之后同事也能理解。

那么我们如何才能充分抓住自己的专属时间呢？

第一，全力以赴地冲刺。

如果你要静下心来做一件事情，那么就请你抛除杂念、全力以赴。只要你全身心地投入一项工作中，你的效率一定会大大提升，这段时间你所创造的效率绝对会超乎你的想象。

第二，采用激励的方式。

为了达到工作目标，时间管理者可以事先给自己定下一些奖惩措施。例

如，每完成一项任务，就为自己记上一笔，等到完成若干任务时，奖励自己和朋友聚餐一次。若是工作完成不了，自己也必须接受惩罚。

第三，做好本职工作。

我们的时间和精力是有限的，所以我们要懂得做好该做的事情，如果你连本职工作都做不好，还去多管闲事，那么你应该反省一下自己了。如果你是领导，就要善于授权，把下属有权处理而且有能力处理好的事交给他们去办，你只需要听取他们处理结果的汇报就行了；如果你是普通职员，那就只需处理自己职权范围内的事。

第四，没用的话尽量少说。

有句话说得好“少说话，多做事”。是啊，一个成功的人更懂得如何珍惜自己的时间，他们很少有时间去到处说大话、闲聊，鲁迅先生就极为不理解那些爱四处聊天瞎扯的人们哪来那么多的时间挥霍。朋友们，多做点具体的有意义的事情吧，不要把时间浪费在一些无聊的事情上，抓住现在的时间，只要坚持下去，距离成功也就不远了。

整理启示

想办法拒绝打扰，并不是希望职场人都变成只会埋头工作、不懂交际的“工作狂”，而是通过特定的办法，让自己避免成为被打扰的对象，保护好自己的时间。

寻找规律，为自己创造时间

很多时候不是我们没有时间，而是我们不会抓住身边的一些“小规律”，为自己创造时间。假如我们能够做到多观察、多总结，那么相信我们一定能在

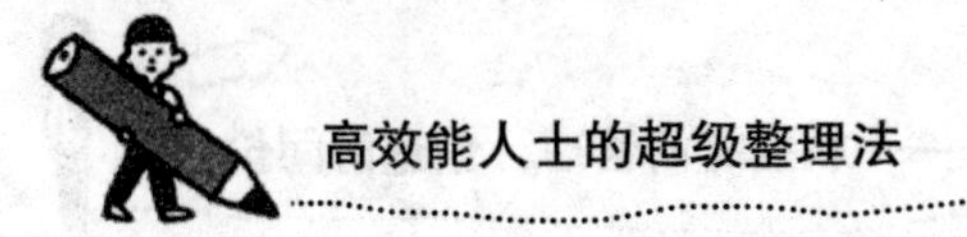

与时间赛跑的过程中抓住主动权。

事实上，我们每天都可以寻找规律，提高我们的行事效率。如大家熟悉的去有名气的医院看病的时间选择的问题。有名气的医院，好的医院，人肯定多，因为大家都觉得那里可靠，能尽快治好自己或者是家人的病。这里，大家一般都是说："要去就早一点，晚了人就多了。"言下之意就是早去人少，排队等待的时间就少。应该说，这是有道理的。于是，很多人都早去了，你早，我比你还早！于是，又有人总结出规律："要么早去，要么晚去。"晚去，排队排在后面，就抓上午或者是下午最后的几个号。这样也确实可以少些等待时间。那以后又会是什么情形呢？那就等待我们根据具体情形再去总结了。否则不懂得总结一些规律，盲目地去做事情，那我们将会耽搁多少时间啊！

陈芸是一位很懂得把握生活规律的一个人，所以她从来不像身边的那些人们一样抱怨时间不够等问题，在她身上什么都安排得井井有条。比如说早上上班的时候很多同事就抱怨交通拥挤，自己堵在路上，浪费时间还耽误上班，但是陈芸却从来不会迟到。为什么呢？因为陈芸注意到她经过的那条线路的公交一般都是周一或者周五比较容易堵车，每当周一周五的时候陈芸都是提前半个小时起床，这样她会很早到达公司，这时候陈芸就在公司附近锻炼锻炼身体，然后再去上班，这样不仅没有迟到，还能运动健身。陈芸喜欢周末的时候去附近的图书馆学习，但是每周末都有大批社会上参加考试的学生和热爱阅读的人们聚在那里，有时候自己真的很难抢到一席之地。后来经过一段时间，陈芸终于摸出了规律，图书馆是8：30开门，大多数人都集中在9点左右来看书，于是陈芸就改掉自己周末睡懒觉的习惯，坚持早起，8：30准时到图书馆，这样她再也不用在那里等待座位浪费时间了。

其实生活中有很多小规律可循的，只是我们没有注意罢了，但是仔细想想如果我们好好利用这些规律，我们将会节省出很多的时间，积少成多，我们省下的时间一定能够做更多有意义的事情。

整理启示

对一件事的处理要尽可能地找到规律，高效解决。同时，我们还要做到系统思考、系列开发。我们日常工作和生活中的任何事情都是相互联系的，都是成系统的、有序列的。所以，我们对一个问题要全盘考虑，然后一步步地、一个一个问题地去解决。

提前你做事的截止日期

周一早上刚到公司王总就把下属陈航叫到了自己的办公室，对他说：“陈航，咱们部门前段时间投标的那个项目需要一份营销报告，我想让你来写，你能完成这个任务吗？”

王总分配的任务陈航当然不能推辞，于是就满口答应：“一定能完成！”

王总又问：“你看需要多长时间？”

陈航想了想说：“这个营销报告很复杂，需要参考很多资料，所以我估计要一个星期才能写完。”

王总听了以后，说：“陈航啊，其实按照我的经验，应该不需要7天时间，最多只需要2天。”

“啊？2天的时间是不是太紧张了？”陈航有些难以置信。

“如果你需要什么资料，现在就马上去找，如果需要行业数据，就马上去资料中心拿，然后马上开始动手写报告。2天的时间足够了。”王总不容置疑地说道。

看到王总的态度这么果断，陈航也不好再说什么了，只能勉为其难地接下了任务。

一走出王总的办公室，陈航就立刻投入到了紧张的工作中，趴在电脑前开始奋战。真正投入到工作中，陈航才发现其实这个工作没有自己想象中的那么困难，写起来十分顺手。最后，他果真只用了2天的时间就把报告交到了王总的手上。

把截止日期提前，对你的工作有何好处呢？这样能够增强你的紧迫感，可以为你空出一个“缓冲带”，这样你就可以在发现问题时候及时采取补救措施，甚至还会有时间把所有不合格工作推翻重做，从而保证工作质量。此外，在提前截止日期完成工作还能锻炼你的能力，让你看到自己在紧急状态下一样有能力把事情做好。

将你工作的截止时间提前，活用职场中的各种时限，你就能一扫自己的懒散，成为上紧发条、效率极高的“工作娃娃”。

第一，压缩你的时间。

时间的压缩可以带动内容和形式上的压缩与精简，比如会议时间缩短一半，直接导致报告缩短一半，那么所有的事情都缩短了一半。压缩逼着你开门见山、直奔主题，只抓重点、言简意赅，这样既不会影响质量，也不会无端地浪费时间，务实又高效。

第二，禁止自己拖延。

利用时间多做事情，不要总是推到明天，否则你将一事无成。只要自己有时间就抓紧把任务完成，然后主动去做下一个任务，这样我们才能主动地把握住时间。

整理启示

如果你改不掉到截止日期才动手的坏习惯，就多给自己准备几个截止日期。将你的工作分割，平摊到每个星期，然后把每个星期五都当成一个截止日期，强迫自己在每个星期五之前完成自己的工作，这样一来，就能尽量避免浪费时间了。

新的爆发离不开空档期

前面的几节主要为大家介绍如何集中注意力来争分夺秒的高效利用时间，相信大家已经从中学到很多。但是有人肯定会发出质疑，他们会说：“我们在高效利用时间的时候难道不需要休息吗？”这就是我们本节要讲的内容。人的精力是有限的，人们需要休息，这段休息时间应排除一切干扰，什么都不做。不管做什么事情，也不管处于哪个阶段，“什么都不干的时间”都是不可忽视的一部分。

本来精神高度集中的极限只有2个小时。所以为了下一轮的集中精力，我们也应该有意识地给自己留出一些“什么都不干的时间”。我们把这段什么都不干的时间叫做“空档期”。只是，这段时间并不是真正无所事事的时间，而是为了下一轮集中力爆发瞬间的到来才积极进行的休息。

我们强调的休息是一种“放空”的状态，什么都不要想，什么都不要做。如果你在这个“空档期”还在忧虑工作中的事情，或者是思考一些生活中的杂事，那么你就浪费了这段时间，也达不到充分休息后爆发新能量的目的，因为你的身体与精神的疲惫状态并没有解除，这样根本就不是休息。休息的时候应该忘却一切身外事，将心情调整到放松状态，告诉自己，“即使在这个时间休息，也不会发生什么事情。就算发生点什么事，待会儿也能搞定的”。

因此，我们应该明白，“空档期”是有条件的，不是说你闭上眼睛躺下就能达到理想的效果了，它是一种放空的精神状态，我们应该认真地、有意识地调整好自己的这一种状态。

这点欧洲人尤其是北欧人做得很好。有的国家甚至有长达一个月的假期。这些国家的国民便能够在这段悠长假期内彻底休息自己，放松精神。像日本这样没有超长假期的国家，可能怎么休息都觉得不够吧。

其实大家都明白，不好好休息怎么可能在生活或者工作中产生高效、创造性的成果呢？是啊，假如自己能调整好这种状态，在节约时间创造人生价值的

同时能够懂得适时地给自己休息减压，那么我们的生活不就更为轻松愉快吗？其实，这何尝不是一种真正意义上的提升时间效率的好方法啊！

整理启示

不好好休息就没法做有创造性的事情，如果一直忙，没时间休息的话，人根本就没有多余的心思去想新东西，也没有东西去做新的事情。时间在于自己的调整，你的身心状态也在于你的把握，希望大家能从生活中找出最合适的时间让自己“放空”。

第23章　时间投资回报法 ——有所付出，就尽可能地收获

你投入的时间都做了些什么？是否对你的人生有所帮助？朋友们，我们要整理好自己的时间，就要懂得让时间有所“回报”，不管是物质还是精神，也不管是收获经验还是获取教训，投资时间就要懂得收回一定的成效，提高办事的效率。这一章我们将从几个角度来探讨一下获取时间回报的那些方法。

追求时间“回报”，不让努力白费

有句话说“有付出就有回报”，那么我们付出时间之后生活会回报给我们更多的时间吗？这并没有，因为时间是一去不复返的，谁也不能让时光倒流。那么这又是怎么一回事呢？其实，你投资时间后，它会以另外一种形式返还给你。有人花费了时间在“慢跑”上，也许他能收获“健康”。有人把时间花在追求男朋友或者女朋友上，也许获得的回报是“爱情”。然后在商业领域，我们能够得到的大部分回报是“金钱”“经验”和“信用”。所以说，我们在付出时间的同时一定要告诉自己，不要白费了时间，请带回自己应有的收获，让生活给自己更多形式的回赠。

著名美国作家杰克·伦敦的房间有一种独一无二的装饰品，那就是窗帘上、衣架上、柜橱上、床头上、镜子上、墙上……到处贴满了各式各样的小纸条。杰克·伦敦非常偏爱这些纸条，几乎和它们形影不离。这些小纸条上写满各种各样的文字，有美妙的词汇，有生动的比喻，有五花八门的资料。杰克·伦敦从来都不愿让时间白白地从眼皮底下溜走。睡觉前，他默念着贴在床头的小纸条；第二天早晨一觉醒来，他一边穿衣，一边读着墙上的小纸条；刮脸时，镜子上的小纸条为他提供了方便；踱步、休息时，他可以到处找到启动创作灵感的词语和资料。不仅在家里是这样，外出的时候，杰克·伦敦也不轻易放过闲暇的一分一秒。出门时，他也把小纸条装在衣袋里，随时都可以掏出来看一看，想一想。

是的，对待时间就要懂得精打细算，杰克·伦敦之所以在文学创作中能够带来如此大的成就就在于他懂得合理利用时间，他知道时间的长远价值所在。杰克·伦敦通过自己付出的每一分每一秒的努力，实现了自己的人生价值，时间没有亏待他，没有让他的努力白费，这就是收获。

你有没有想过不去学金融，这让你损失了多少利润？不去学外语，这又让你放弃了多大的机会？很多“应该干却没干的事情”因为你的放弃，让你遭受着莫大的损失。但是很多人对此并不在意，因为他们根本没有把这些当做成本来考虑。你付出的时间不会白费的，生活会反馈给你经验、才能、情感、荣誉、金钱等你意想不到的收获。

有人说“时间就是金钱”。为何如此说呢？美国著名的思想家本杰明·富兰克林有这样一则名言，“记住，时间就是金钱。假如说，一个每天能挣10个先令的人，玩了半天，或躺在沙发上消磨了半天，他以为他在娱乐上仅仅花了6个便士而已。不对！他还失掉了他本可以挣得的5个先令……记住，金钱就其本性来说，绝不是不能生殖的。钱能生钱，而且它的子孙还会有更多的子孙……谁杀死一头生仔的猪，那就是消灭了它的一切后裔，以至它的子孙万代；如果谁毁掉了5先令的钱，那就是毁掉了它所能产生的一切，也就是说，毁掉了一座英镑之山。”这段话通俗而又直接地阐释了这样一个道理：如果想成功，必须重视时间的价值。

整理启示 

我们的生命是有限的，时间是每个人最珍贵的财富。它不能储存，不能倒转。它比金钱宝贵，它是构成生命长度的基本单位。时间是用生命来衡量的，善用时间就是珍惜生命。

你的住处是否离公司很远

朋友们，下班的时候你是否有这样的担忧："又要进战场了，每天坐公交感觉比忙碌一天还要疲惫，挤得要命，还不知道会堵到什么时候……"于是，你的同事纷纷围在你的周围倾吐坐车的苦楚，恨不得自己的家就在公司旁边。你是不是每天筋疲力尽地奔波在上下班的路上，以致花在路上的时间成了你的一块心病？你是不是渴望着离公司近一点，免去奔波之苦呢？很多上班族为了节省资金在城市的远郊租房子，钱省了出来，但是时间却搭了进去。先走高速，然后走五环，再过四环，过三环，每天花在路上的时间至少90分钟，还得不堵车。我们身边何尝没有这样的事情呢？这一路的时间又需要什么来补偿呢？

如果你每天上下班需要花3小时，那么每个月就是60小时，每年就要花720个小时在通勤上。假设你的自我成本为每小时20元，便可以计算出你花在上下班上的成本高达十几万元。时间就是金钱，可是很多人还是忽略了这一点。

小程在市中心上班，他租的房子却在很远的郊区，每天他都要从家坐半个小时公交到地铁站，然后再坐四十分钟的地铁到公司。但是从家到地铁站那段路非常堵，因此小程经常迟到。小程9点上班，但是今天小张到办公室的时候将近10点了。他对领导说："实存不好意思，没想到堵车了。"其实，小程迟到的问题领导已经非常反感了，这次领导直接把小程叫去谈话。从领导的话中小程听明白了，如果继续这个状态，不管什么原因，自己要离走人不远了。

离公司近一点，你不仅减少了一路奔波的疲惫感，还能有大把的时间可以节省下来供自己利用。最好是30分钟就能到的地方，这样往返就是1个小时。这么一来，与刚才往返所需的3小时的地方相比，现在节约了2个小时。这2个小时你能做的事情真的是很多很多。

只是这里有个前提，那就是你在上下班的路上什么都不干。实际上很多人都在这段时间读读书，看看报纸，所以将这个考虑在内的话，上下班时间长点也不算是坏事。但是你要考虑好，你这段时间能否真正有条件为自己充电学习，不仅指外在条件，还包括你自身是否有高度的自觉性。

还有另外一个前提。那就是节约了时间，能让我们的收入增加。如果我们节约了上下班时间，我们把这段时间投入到工作中，那么我们的工作能力也会不断增强，当我们在工作上取得大的进步的时候，我们也有可能升职加薪，那么我们节约下来的时间就会变成收入进入我们的腰包。

整理启示

好好工作，享受生活，还是尽量选择离工作地点近一些的地方吧。你会发现，没有了路上的众多烦恼，工作生活都会变得轻松一些，关键是你能为此节约出宝贵的时间，而这段时间你可以更为专注地做一些更有意义的事情，而你做的事情将会在某一天呈现给你一笔大大的回报。

花时间做些提升自己能力的事情

海悦是某公司的一个实习生，每天的工作就是收发传真、邮件，打字，接电话等，虽然一直在用电脑，却只会使用简单的办公软件。于是，海悦在书店买了

一些电脑书籍，自学起来，很快就掌握了几种常用软件的用法。海悦知道自己在专业方面是拼不过其他同事的，于是决定从各个方面充实自己，只要有时间，海悦就投入到各种各样的学习中。公司是做外贸的，常常要与外国人打交道，海悦知道多掌握一门语言就多一次机会，在查看了公司的相关资料后，海悦报了一个韩语进修班。公司有不少韩国客户，可是翻译却只有一个，海悦觉得自己一定会有机会。有一天，市场部的经理慌慌张张地跑到各个部门询问有谁会韩语，公司接待了一个韩国客户，客户只会说韩语，公司唯一的韩语翻译正在接待其他客户，一时抽不出身来。眼看这笔生意要泡汤，市场部经理不得不到各个部门求援，同事们个个都摇头，一直坐着没说话的海悦鼓起勇气说："不如让我试试吧。"就这样海悦立了一功，签下合同的那一天，市场部经理向公司提出申请，希望海悦一毕业就到市场部做助理。就这样，海悦在实习期间就完成了实习与求职的华丽转身。

在职场中，怎样让自己比别人更有优势，怎样使自己不断成长壮大？答案只有一个——学习、学习、再学习。学习是成功的必要过程，只有学习，你才能收获一把利刃——真正的知识和本领，带着它披荆斩棘，无往而不胜；只有学习，你才能找到解决困难的办法，实现自己的目标；只有学习，你才能拥有更多创新的方法，走在事业成功的前沿；只有学习，你才能不断完善自己，突破自我。所以说，朋友们，多花点时间学点东西吧。在他人玩乐的时候你要努力花时间填充自己，相信你的努力不会白费，生活会把各种形式的美好回馈给你。当你有所成就的那天，你会非常欣慰。

时间是有的，机会也是有的，关键是你是否懂得付出的真谛。有付出就会有收获，从此刻起，好好整理自己的空闲时间，时刻为自己充充电，这样你人生的道路才会更加开阔。

整理启示

只有天天学习，才能天天进步，才能让能力不断提升。每个人都应该把学习作为自己的责任之一，当仁不让。只有这样，才能更好地为企业工作，创造出更辉煌的业绩，获得更多的成就自己的机会。

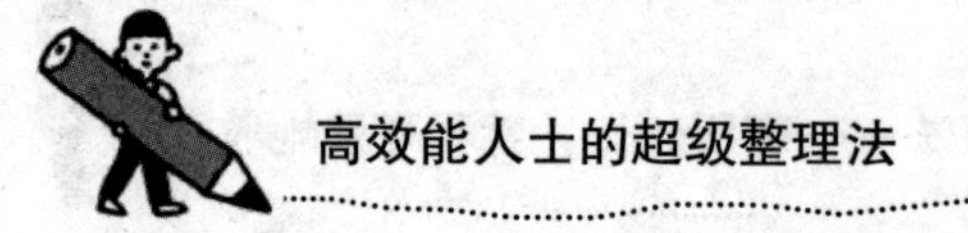

做好前期工作，磨刀不误砍柴工

我们都知道一句谚语“磨刀不误砍柴工”，这句话究竟是什么意思呢？仅从字面意思上来看，这句话讲的是，把刀磨一磨就不会耽误砍柴了。细想之下也是如此，如果一个人的刀并不锋利，花上一点儿时间去把刀磨一磨，总会比那些立即用钝刀砍柴的人要有效率得多。所以说，要办成一件事，不一定要立即着手，而是先要花时间进行一些筹划、进行可行性论证和步骤安排，做好充分准备，创造有利条件，这样才会大大提高办事效率。

日本“经营之神”松下幸之助年轻时曾经在一家电器商店当过学徒。同时在这家店里帮工的还有另外两个学徒，他们都是同时进入这家商店的。开始时，三人薪水很低，另两个学徒时常发些牢骚和抱怨，对工作日渐马虎起来。

松下以前从来没有做过电器方面的事情，这次到了一家电器商店工作，面对着那么多的电子产品，他感到了自己的无知。他每天都比别人晚下班，用这些时间阅读各种电子产品的说明书，在其他两个同事外出休闲的时候，他参加了电器修理培训班。他花了大量的时间学习电器知识，因为他下决心要成为这方面的行家。

终于，通过不断的努力，他从一个对电器一窍不通的学徒变成了一个能够给顾客清楚明了地讲解电器知识的专家，并且还可以自己动手修理与设计电器。这一切努力都没有白费，店主将这一切都看在眼里，对松下的这种学习精神非常赞赏，不久便将他由普通学员变成了正式员工，并且将店里的很多事情都交给他处理。这为松下以后的创业打下了坚实的基础。与之相反，他的两个同事因为一直没有知识和技能上的进步，最终只能被商店解雇。

想要做好一件事并在某一领域做出大的成就，就要懂得付出时间去全身心地努力奋斗，安排好做事的步骤，创造有利条件，做好十足的准备之后，这件事情办成的效率会更高一些。换句话说，做事之前做充足的准备，就可以提高工作速度，达到事半功倍的效果。

想要在激烈的竞争中获得成功，制订详细周密的计划是很有必要的。那么，我们要如何制订好自己的计划、做好准备工作呢？

首先，需要确定自己的目标。在制订计划前，一定要明确自己想要完成的目标，何时完成、完成效果等。

然后，将总的目标分解成多个详细的计划，这样就会使原本困难复杂的工作变得简单，然后一步步完成。

最后，为每个小计划设定一个量化指标，来衡量这个计划能否完成，并为每个小计划设置一个最终的完成期限。

当然，很多时候，“计划赶不上变化”，这就要在实际中根据具体情况进行适当的修改。

事前多计划，事中少折腾。只有事前做好规划，才能够临危不乱、水到渠成。

整理启示

很多人一生都在兢兢业业地努力工作，不敢让自己有丝毫的停歇，但是无论他们怎么努力都无法取得好成绩，得到丰厚的薪水，这恐怕跟他们没有随着时间推移而不断提高自己的能力有很大关系。先思考后行动，磨刀不误砍柴工。

记得留给自己一些用于学习和钻研专业的时间

你每天的生活是怎样的呢？是否处于上班、下班、休息或者是长久加班的无限循环中呢？如果是，那么你就要反思一下了。除去工作的时间，我们有周末也有假期，这段时间我们应该懂得为自己所用，去做一些自己喜欢的事情，

或者是创业，又或者是参加一些社会活动，不管怎样，在工作时间之外，我们应该给自己一些用于学习和钻研专业的时间。周末的时候，不要再无休止地埋头加班加点工作，适当地搞一下学习和研究，相信长时间下来你将收获更多。

唐宋八大家之一的欧阳修曾说过："余平生所作文章，多在'三上'，乃马上、枕上、厕上。"新原子论创始人道尔顿，在教学之余攻读数学、外语和哲学，进而成为著名的科学家；印刷工人富兰克林，则是在劳动之余坚持自学，最终成为电学的先驱者和社会活动家。我们老一辈的无产阶级革命家也是如此，比如，毛泽东、周恩来、朱德等，在战火纷飞、国家局势动荡不安的情况下，依旧在马背上、油灯下学习军事著作，研究古代军事书籍，利用业余时间锲而不舍地学习、钻研古代兵法知识。尤其是毛主席，更是在"厕所里、床铺旁"堆放书籍，以便业余时间阅读。正是如此，他们才以正确、富有远见的指导思想指导中国革命走向胜利。1930年10月，一道200多年来一直没人能解答的数学题，被科尔教授成功解决。有的人问他：这一公认的数学难题，您花了多少时间论证？科尔教授的回答令在场的所有人惊叹，他说：用了3年内的全部星期天！科尔教授成功解决数学难题所用的时间恰恰是人们容易忽视的业余时间。

除去我们上班本应该做的事情，业余我们也要有属于自己的生活，自己的学习和研究，这样终有一天，我们闲暇所学会为我们的生活排忧解难，你投资的时间将会用知识武装你，让你在不同的角度闪现多样的光芒。

整理启示

其实，有心的人可以发现工作之余其实还有一大段的空白时间，忽略了这一大段的时间，真的是太可惜了。反之，如果将这些时间利用起来，给自己制订一个计划，并且有条不紊地按计划行动，一定会有助于自己取得更大的成功。

第24章　学习工具利用法——善于利用资源，塑造更完美的自己

手机、耳机、MP3、录音笔……这些设备相信很多人都有，可以说是随身携带，但是你是否用它们进行高效的学习呢？其实，这些物品都可以成为自己的学习工具，它们能在我们高效利用时间中发挥巨大的作用，比如在上下班、等人、吃饭、开会时我们可以利用它们把每一点细碎的时间拼凑出很高的效率。学习工具有很多，学习方法也因人而异，只要我们善于利用身边的资源，就可以打造出更完美的自己。

利用互联网，快速获取信息

我们思考一下下面几个问题：

（1）你喜欢上网吗？你每天花费多久的时间来上网？你上网是主要做什么呢，是学习、工作还是娱乐、打发时间？

（2）你认为自己的互联网行为中，哪些可以帮助你在最短的时间内获得最多的有用信息？

（3）在接下来的工作中，若有机会使用科技手段节省时间，你是否会掌握此类技术？

如今社会互联网飞速发展，可以说是进入了一个高效、智能的网络时代，越来越多的人开始利用互联网获得先进的知识、查阅资料、联系客户、传输文件、与客户联络。可以说，互联网给我们带来了无尽的快捷和便利。如果你不

懂得更有效地利用互联网，那么，你便已经落于时代的后面了。不管是工作还是学习、生活，很多知识的获取都离不开互联网，一键搜索，应有尽有，在最短的时间里得到我们需求的知识，这就是高效。

互联网是一个全球性的巨大的计算机网络体系，它包含了难以计数的信息资源，向全世界提供信息服务。融入互联网这个世界，我们就可以尽情搜寻我们需要的全部知识，它覆盖面极广，可以说“上知天文、下知地理”，很好地把握住这一资源，相信它对我们获得自己需要的信息定会有很大的帮助，对我们的工作也会大有帮助。互联网为人们的生活带来了极大的便利，这种便捷性正好为我们时间的高效利用创造了更多的空间，希望大家能够利用好这一资源，创造更多的社会价值。

利用互联网获取信息需要掌握一定的方法。有时候，若你的方法使用不当，想搜的东西怎么也搜不到，那也只能干着急。在这里向大家介绍几条搜索技巧：

第一，阅读搜索网站的搜索指南。不同的搜索引擎有很多选项，搜索的技巧也取决于我们选用的搜索引擎。

第二，如果进行多项条件的搜索，要注意使用的布尔逻辑类型。比如我们要搜质量和体积的关系，在Web搜索引擎上可以组合成：质量+温度，采用逻辑AND。

第三，如果找不到想要的内容，那就去多个不同的搜索引擎搜索。

第四，搜索结果太多？搜索到的内容不符合自己的意愿？这时候我们可以进行相关领域搜索、添加概念单词，一些引擎支持在现有的搜索结果中再次搜索。

整理启示

互联网为我们创造了很多社会价值，这一点不可否认，但是我们应该适度上网，采用积极健康的心态对待互联网，千万不要沉迷于网络，否则后果不堪设想。我们必须合理安排上网时间，用网络做一些有意义的事情，一定要在上网和工作之间取得平衡。这样才能做到有效率地使用网络资源，并使其真正地为工作、生活带来便利。

让随身设备变“学习利器”

文文是一名大二学生，她不仅爱学习，还会学习，因为她懂得如何安排自己的时间，让娱乐与学习巧妙地结合在一起。在大家看来，手机、耳机、MP3、录音笔等都是一些娱乐工具，平日里室友都是用这些来看看娱乐节目，听听歌曲。但是文文不同，文文的英语听力不是很好，她并没有安排出专门的学习时间听英语，而是在自己晚上休息的时候或者其他安静的时间戴上耳机静下心来听英语方面的资料，如果累了就听一些英语歌曲等放松自己。文文的MP3里面下载了很多英语素材，长期下来，文文的英语听力果然提高了不少。手机可以说是人手一部，文文也不例外，现在的智能手机可以说是非常方便，不管是看电子读物还是阅读一些新闻，随手一点就可知天下事。文文喜欢阅读，平日里文文的书桌上摆着很多本图书馆借来的名著、小说、杂志等书本，有时候文文也在自己的阅读软件里面下载很多文学作品，闲暇的时候文文就喜欢打开它们一页一页地阅读。有时候上课老师讲述的重点很多，为了集中注意力听课，文文就不选择紧张地做笔记，她选择在下课的时候用手机以图片的形式记录下上课老师板书的重点，然后再在笔记上详细记录，做好整理，在文文看来，这样对于上课时间的高效利用很有意义。

手机、耳机、MP3、录音笔，不起眼的随身物品皆可变身“学习利器”！如果我们利用好了这些智能化的学习工具，那么我们就能让它们更好地为我们的学习、工作及生活服务，我们的时间效率就会大大提高。

那么我们如何更好地把握住这些随身资料，创造更有效率的生活呢？

第一，合理分配手机等学习工具的利用空间

手机不仅用于娱乐，我们也要学会利用它存放一些关于学习等有意义的东西。当我们没时间去学习一些知识的时候，我们可以随时拿出手机，利用闲暇时间看一遍，这样一定会给自己带来一定的收获。

第二，利用耳机等工具为自己创造安静的环境。

如果外界很繁杂，你无法静下心，那么请戴上耳机，选一曲平静的音乐，让自己烦躁的心慢慢静下来。我们可以在无法入眠或者是心情不好的时候利用这一方法帮助自己快速进入安静的状态，以便随后可以更有效率地做其他事情。

整理启示

朋友们，手机等随身设备的价值并不是单一的，那要看我们如何去挖掘，如何去利用。如果你能够把它往积极的方面利用，那么它将会为你带来更大的效益，反之你就会被它牵着走，更不用说利用它创造属于自己的财富了。

积少成多，零碎时间很关键

董海是一个大公司的经理，他经常要乘坐飞机出差，在不同的城市间来来回回。每次他都是利用飞机上的时间休息和阅读，偶然的一次，他无聊中翻起旁边的一本杂志，看到了一位作家的文章，里面佳句不断，董海明知飞机即将着陆，但还是爱不释手，最后还是因为时间不够，没有看完。

下了飞机之后，董海感慨颇多，他知道以前对零碎时间没有在意，完全是错误的，突然间他感到了零碎时间的宝贵。

后来，每当董海坐飞机的时候，他都会争分夺秒地阅读杂志，恨不得一口气全都看完，甚至达到了忘我的境界，深深感念到所谓的“闻所成慧，思所成慧，修所成慧”，是多么奥妙的哲理。

所谓零碎时间，是指不连续的时间或一个事务与另一个事务衔接时的空余时间。这样的时间往往被人们地忽略了。在日常生活中，有许多零星、片断的

时间，比如，我们在车上的时间、排队的时间、睡前的时间，等等。如果珍惜这些零碎的时间，把它们合理地安排到自己的工作中，积少成多，就会成为一个惊人的数字。

那么在生活中，我们怎样利用零碎的时间，让时间增值呢？

（1）在等公交或者坐地铁时可以背英语单词或看看报纸，给自己充电并了解一些时政信息；

（2）睡觉之前看看杂志和一些名著，增加自己的文学素养；

（3）经常检查备忘录，常常赶场的人一定要习惯抓住机会反复翻阅行事历，以免大意遗忘一些小事或约会，同时也可以盘算到底什么时候该为家人或自己安排个休假了；

（4）上厕所或是打水的时候，可以看一下窗外的景物，调节一下，缓解视疲劳，同时让自己有个好心情；

（5）最好随身准备一个小札记本记录一些即兴想法，因为很多好的创意和点子都来自日常的“灵光乍现”，及时记录下来便是极其宝贵的创作来源；

（6）大家都知道三省吾身的重要性，可惜，现代人在极度忙碌下，反省已经成为专业修行了，何不利用“等”的机会，闭目养神，祷告灵修，看看自己是否日渐庸俗，失去了童真；

（7）学会在上下班、等人、吃饭、开会时学习。这些时间虽然很零碎，但是如果你不利用就会浪费掉，而且还会让自己感觉到非常无聊，所以我们可以用这些细碎的时间拼凑出高效率，用更有意义的事情代替无聊；

（8）抽空打个小盹儿，或者闭目养神几分钟，以保持一天的高效。

整理启示

零碎的时间充分地利用起来，能够最大限度地提高学习效率。充分利用零碎的时间短期内可能不会见到成效，但是时间久了，就会有惊人的收获。如果你能长时期地利用零碎时间，化零为整，那么你的学习和生活将会变得更加轻松。

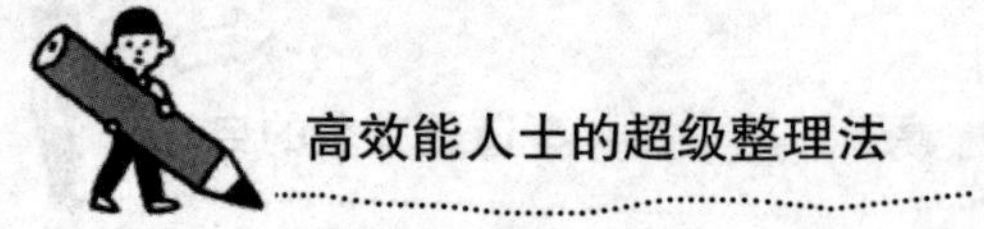

让公共场所变身完美自习室

公共场所是人员比较繁杂的地方，如果说利用这个地方去学习，很多人会觉得好笑，也会觉得莫名其妙，但是这真的是一个非常完美的自习室，前提是你能好好地利用起来。这里我们可以看一下高中学生小华是如何让公共场所变身自己的自习室的：

高中阶段的学习是非常的紧张，这一点大家都非常清楚，处于高中阶段的学生真的是争分夺秒地把握学习时间，为的就是有朝一日能够金榜题名。小华就是其中一名与时间赛跑的高中生。小华如今上高二了，她并没有在自己家所在的城市读书，从小成绩优异的她在初中毕业之后顺利来到了一所离家两个小时车程的重点高中读书。对于很多人来说，2个小时的车程真的是非常的枯燥，但是在小华看来这2个小时却过得非常快，因为她懂得合理规划自己的时间。小华平日是住校的，每两个星期回家一次。放学之后，小华就坐上去车站的公交车，学校离着车站大约20分钟时间，这20分钟小华主要是用来休息，她选择闭目养神的方式让自己彻底放松，缓解最近2周以来紧张的学习疲劳。当坐上回家的客车之后，小华就开始安排自己的学习时间了。公共汽车里并不是非常安静，里面坐着各种年龄段的人，于是小华就戴上耳机，放一点舒缓的音乐，远离车内的嘈杂。小华在车里主要是用大脑记忆的方式复习，小华先用手机定好闹钟，把时间分成4份，用来回顾不同的科目，或者听英语，或者记忆自己随时携带的学习小册子上的基础知识，或者读一些手机上下载好的名著……这样不一会儿时间就过去了，不仅打发了无聊，还充分利用闲暇时间温故知新，不知不觉每次回家坐车的路上俨然成了小华的移动自习室。

其实生活中的“自习室”有很多，只是我们不懂得利用罢了，比如公车站、地铁站、咖啡厅、餐馆……这里曾经溜走过我们多少闲暇时间啊！与其无聊地等待，还不如悄悄捡起这些零碎的时间，把嘈杂的公共场所变成自己完美

的自习室！

整理启示

“时间就像海绵里的水，只要你愿意挤，总会有的。”我们是那个挤时间的人，还是忽视时间的人呢？朋友们，有些人很忙，但是他们却有时间做一些自己喜欢的有意义的事情；有的人很闲，但是他们却总是说没时间去做一些事情，这就是懂不懂分配时间、懂不懂创造时间的区别。

不做无用功，简历投递有技巧

临近毕业，很多学生进入了投递简历找工作的时期，这段时间说长也长、说短也短，如果不能高效利用这段时间准确投中，那就耗费很长的时间做一些无用功，可以说容易进入一个漫无边际的过程：等待、投递、面试，继续等待、继续投递、继续面试……

毕业生有时候会麻木地投简历，参加招聘会就抱着厚厚的一沓简历，四处散发。同学见了面的问候语换成了“你今天招聘会投了几份简历”。现在跳槽率高，很大一部分是刚毕业的大学生的贡献，原因就是投简历太盲目。

小敏马上就要毕业了，时间越是紧张，小敏就越发着急，白天批量生产简历四处散发，晚上坐在电脑前搜索招聘职位，在小敏看来只要自己喜欢，条件合适就赶紧投一份，一个晚上小敏就投了50多家公司。

小敏的这种行为真的非常耗费时间，因为很多岗位根本不适合她。常常是有公司打电话让小敏去面试，而小敏自己却连是否投了这家公司都想不起来。于是每次跑来跑去都没什么好结果。有几个公司是小敏非常中意的，但是人家公司的要求小敏根本达不到，于是她只能苦苦等待，一天天过去了，却没什么

结果。“海投”的结果是手机费浪费了不少，时间耽搁了好久，自己也被折腾得筋疲力尽，但是合适的单位却还没找着。

其实，在现实中像小敏这样浪费时间还得不到成效的毕业生很多，主要分为以下三种类型。

（1）漫无目的型：求职目标不明确，投简历如天女散花。一些毕业生没有明确的职业目标，抱着“试试看”的心态，凡与个人专业、兴趣沾边的职位都想去碰碰运气。

（2）盲目崇拜型：很多毕业生心高气傲，刚刚毕业不懂得脚踏实地，反而不顾自身条件盲目投递一些知名企业，但是他们却忽视了自己专业、职业方向是否与名企的招聘需求相匹配，最终也就浪费时间、白费心力。

（3）稀里糊涂型：不清楚公司的情况或职位的具体职责、要求就急着应聘。毕业生通常缺乏经验，对企业岗位设置等知之不多，应聘又常常疏于研读职位说明，空手而归的可能性自然较大。

那么，我们如何做才能在有限的时间里得到高效的回报呢？

第一，正确认识自己。

我们要明白自己喜欢什么、适合什么，有计划、有目的地进行投递，否则你连自己适合什么都不知道，就算面试成功，但是因为自己不喜欢就没几天辞职，那么这就要浪费时间重新进入找工作的状态了。

第二，简历设计要用心。

如果遇到了一份适合自己而又喜欢的职位，那么我们千万不要让自己的简历拉分，否则连面试的机会都没有，怎能实现自己的梦想呢？简历要做到简而有力，清晰表达自己。还要懂得精心设计，扬长避短。我们可以从网上看看一些优质简历是如何设计的。

第三，以好的姿态迎接面试。

应聘者要呈现给面试官最美好的一面，让他们看到你优秀的才能，踏实的作风，良好的心态，即便是毕业生也要展现出自己最独特的一面。

整理启示

随便看见一家单位就投简历，就好像在大海里捞针，完全是在做无用功，而且还会产生副作用。因为很多你根本不了解的单位让你去面试，这样东奔西跑不但会浪费你大量的时间、精力和金钱，而且往往徒劳无功，打击自己的信心。

第25章　时间计划预约法
——不要浪费时间，制订可执行的计划表

你对自己的人生有一定的规划吗？如果没有，那么你真的应该好好反思一下自己了。没有规划就容易迷失道路，找不到方向，那么我们这一生又在追求什么呢？所以我们应该好好整理一下自己的时间，调整好生活的方向，做好时间计划，把生活打理得井井有条。

不可或缺的时间计划表

马汀·乔治是一位加入FBI长达5年之久的老特工，他清晰地记得刚到FBI时，FBI局长胡佛对他说的一句话："虽然你已经踏入FBI的大门，但并不意味着你就可以高枕无忧地生存下去。因为一名合格的特工不仅需要超于常人的忍耐力，还需要有强烈的时间观念以及能制订出有效的时间计划，如果不能做到这些，那么你将不适合在FBI生存下去。"胡佛的话对他的触动非常大，为了在FBI生存下去，他为自己制订了一套完整的时间计划表。在计划表中，他将一年内的训练计划以及日常吃饭、睡觉、散步、娱乐的具体时间都记录下来，并将其制成小卡片随身携带。对此，他表示道："当我从口袋中拿出这张时间计划的小卡片后，我就意识到时间的重要性，也清楚哪些事情还没有处理，这样一来，我就会提醒自己不要浪费时间。"最终在这张小卡片的提示下，马汀·乔治不仅有效利用了时间，还在FBI的生涯中谱写出辉煌的一笔。

朋友们，时间是一去不复返的，所以我们能做的就是总结好过去的时间，

抓住当下的时间，规划好未来的时间。其实，每天我们都可以节约出很多很多的时间，只是我们没有一定的计划性，让时间慢慢地从指间溜走了。不要认为一天省下30分钟算不了什么，算算看：减去除夕，一天30分钟，一年就是182小时。以一天工作8小时、一周5天来计算，每天省30分钟，1年就多出1个多月的工作时间。

时间能为我们创造一切，前提是我们能够把握好生命中的每分每秒，如果时间在你的手中荒废了，那么你还能要求生活回报你什么呢？我们羡慕他人的成就，我们可曾看到他们背后与时间拼命赛跑的艰辛？所以说，合理规划好时间才能有希望成就自己的梦想。

整理启示

在我们的一生中，有两个最大的财富：才华和时间。才华越来越多，但是时间越来越少。我们的一生可以说是用时间来换取才华，如果时间一天天过去，而才华却没有增加，那就是虚度了时光。所以，我们必须节省时间，有效率地使用时间，为自己的时间制订一份计划表。

计划，必须从自身实际出发

“诚诚，这是你的时间计划表，拿着。”妈妈把一张纸递给诚诚。

诚诚一脸茫然地看着妈妈，说：“我的时间什么时候被计划了？我怎么不知道？”妈妈说：“这个你不用管，这张时间表是我和你爸爸花了好几天研究，修改了很多次才最终确定的。以后，你就按照这张时间表来安排自己的生活和学习。知道吗？”

诚诚“哦”了一声，把时间表塞进了抽屉，继续看书。

妈妈急了，问："你怎么不看看时间表呀？按照上面的计划，现在你应该做什么事情？"诚诚重新拿出时间表，说"该做背英语单词了"，但身子却一动不动。

妈妈没办法，说："那你倒是行动呀！"诚诚懒懒地站起来，又坐下，说："妈妈，我喜欢在早晨背英语单词，而且，我不喜欢这张时间表。"

说着，诚诚再次把时间表塞进抽屉，并且再也没有拿出来。

制订时间计划对于每个人的时间管理来说非常重要，但是我们的时间计划也要符合我们自身的情况。案例中诚诚为何不喜欢爸妈制订的时间表呢？

第一，爸妈没有考虑诚诚的个人情况，只是把自己意愿强加到诚诚身上，不合适的计划怎么能实行呢？诚诚爸妈的想法就是尽可能利用时间，从他们认为合适的角度去安排诚诚的学习课程，显然诚诚是不喜欢的，也不愿去做。

第二，爸妈应该让诚诚参与其中，提出自己的想法和意见，这样制订的计划诚诚才会用心去实践。所以说，爸妈应该和诚诚一起商量一下，问问诚诚的想法，看看是不是适合诚诚的学习状况，这样的亲子互动式学习不仅能拉近家长与孩子的距离，还能让孩子学会自主安排自己的时间。

第三，爸妈应该给诚诚讲述一下制订时间计划表的重要性，让诚诚从内心深处认识到时间对于一个人的重要意义。孩子的时间观念需要家长的启发与引导，如果你只是强行的让他去做，不仅不能引起他对时间的重视，还会导致孩子的逆反心理，所以说家长要耐心教导让孩子自己去认识时间的重要性。

整理启示

懂得计划时间的人，往往能够更充分、更有效地利用时间，从而赢得比别人更多的机会。我们应该不断培养自己计划时间的能力，这样我们才能够充分利用时间、充实地过好每一天。

如何制订自己的时间计划？

美国著名管理顾问斯蒂芬·柯维指出：“我们都不愿浪费时间，但却很少计较花掉的时光。换句话说，当事业蒸蒸日上时，我们对时间的利用，却没有相对提高。”那么，在制订时间计划的过程中我们应该注意到哪些问题呢？

第一，制订出你为之努力奋斗的目标。

先制订通往长远目标的短期计划，再制你目前还无法达到的目标，但不要超出你的能力太远。先制订比较低的、很容易完成的目标，一旦你偏离了目标也能很快修正过来不至于浪费太多的时间，在一步步完成一些小目标时，你的时间也便得到了充分的利用。

第二，计划时间要讲究轻重缓急。

有些人看起来做事总是不紧不慢，但是却总是能有条不紊地把该做的事情做好，掌握该掌握的知识。而有些人做起事情来虽然风风火火、干净利落，但是却做不出什么成绩。原因就在于他们对时间的计划不同，对事情的轻重缓急认知不同。我们做事不能胡子眉毛一把抓，要懂得轻重缓急，这样才不会在时间的处理上乱了方寸。

第三，学会运用80%+20%原则

如果利用最高效的时间，只要投入20%就能产生80%的效率。相对来说，如果使用最低效的时间，投入80%的时间只能产生20%效率。我们要将一天中头脑最清楚的时间用于最需要专心的工作。

第四，一定要列出明天最重要的6件事。

每晚写出6件明天最重要的事情。就是这么容易，简单得令人难以置信！抓起手边的任意一张白纸，告诉自己：“我要开始了，明天最重要的事：第一……第二……”这种方法立竿见影。

第五，根据自己的实际情况制订计划。

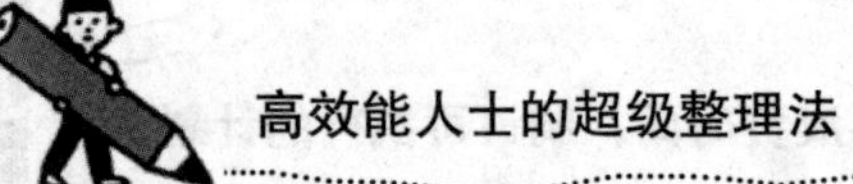

我们在制订时间计划的时候不可盲目，要结合自己的状况，这样才能制订出适合自己的计划。如果心态过急，那么你不仅不能为自己更好地安排生活，使自己从容不迫地做事，反而可能使自己倍感压力。

第六，巧妙使用时间碎片。

如果你做了上面的时间统计，就会发现，自己每天有很多时间都流失掉了，例如等车、排队、走路、搭车等，其实这些时间碎片完全可以用来背单词、打电话、温习功课等。不管自己平时有多忙，都要把那些可以利用时间碎片的事先准备好，等你空闲的时候有计划地拿出来做。

第七，务必给自己留出休息的时间。

如果不把“休息”列为时间计划上的一项，你就不会休息。所以你非得把它写上，而且不要写在最后。在适当的时候安排休息，不要等到过度紧张、筋疲力尽时才休息。适时地稍稍放松会让你保持稳健、高效的工作状态。

第八，计划时间要有弹性。

时间计划排得太满，生活规划太死板，容易让自己看不到生活的乐趣，甚至有时候自己还会产生逃避心理，使计划的实行变得困难重重。

整理启示

你每天、每周、每月，甚至一生做过的最重要的事，可能从来就没有在计划表上出现过。不要把你的时间计划表排得太过严密，那样你就不会发现其他的可能性——比如偶然的相遇或突然的灵感等。

依照季度制订自己的时间计划

之前我们介绍过短期的时间管理，比如如何规划你的一天，现在我们为

大家来介绍一个时间较长的时间管理方法，那就是按照季度进行时间的管理安排。毕竟一个人的一生也是很长的一段时光，想要把这一生的时间管理好，仅仅靠我们的日程表是不够的，我们也要懂得把目光放得长远些，做好长远的打算。

首先向大家推荐的是以三个月为单位来划分一年时间的方法。这里所说的3个月，相当于企业里的一个季度。既然企业都采用这个单位，其中必定是有某种意义的。这里向大家介绍的妙招就是要告诉大家如何才能把这种方法运用在个人计划的制订当中。

其实，我们上学的时候又何尝不是按照学期或者学年来安排我们的学习计划呢？每一个学期我们的时间都是安排了不同的学习任务，这就是我们的学习目标，一个长远时间段的打算，相信在这段时间的安排下我们度过了一段充实而不迷茫的时光。

我们年轻时的生活因为有一个长期的打算而过得非常充实，同时我们一定要注意现在的日子不要过得太过懒散了。即便我们想重过一次那段充实的日子，也难以实现。不过，我们至少要重新找回当时的时间分配的感觉。

此外，按照季度来制订自己的时间计划还有另外一个好处，那就是可以与我们的春夏秋冬四季相契合。每一个季节有着每一个季节独特的韵味，相信这一点会让我们的生活因为环境的季节变化而感受到不一样的惊喜。

整理启示

长久的打算能够让自己的生活不远离迷茫，因为我们知道自己的目标是什么，我们明白我们现在所做的一切是为了什么，这样我们的心会更为踏实、上进。所以说，想要把时间整理得更有成效，那就不要忽略了你的长久打算，按季度为自己制订一个时间计划吧！

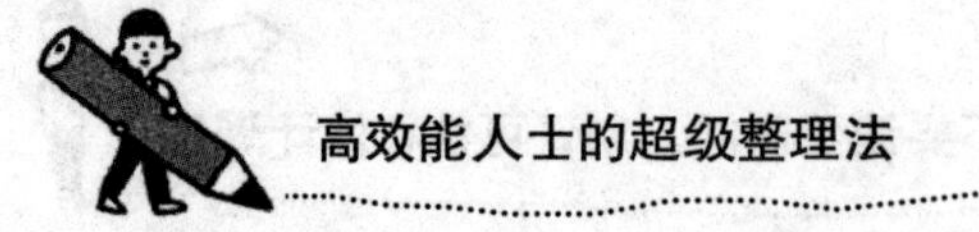

不同的季节，不同的计划

下面我们来谈一下分季节制订计划的具体方法：

1. 新春新气象，春天要开始新的常规工作。

春天万物复苏，一切都那么生机勃勃，冬眠的动物在在这个美好的季节苏醒而来，烂漫的山花在此刻绽放，处处洋溢生命的气息，青春的活力。这个万物生长的季节也是沉睡的思想苏醒的季节，我们应该把这种跃动的气息完完整整地反映到新的计划中。

于是，我们需要开始新的学习。做做体育锻炼，伸展伸展筋骨也不错。跟上春暖花开的步伐，不断扩大自己的兴趣范围，并从中获得与人相识相知的机会，这就是春天。所以说，伸伸懒腰，动动筋骨，别拖拖拉拉，多出去走走，多接触一下春天的气息，让自己生活的范围不断扩大吧！

2. 夏天要集中精神进行短线操作。

夏天要进行短线操作，可以划分几个阶段，集中处理事情。你可以设定几周或一个月左右的时间来埋头专攻某一件事。由于这个季节正值苦夏，比起周期较长的计划，短期内就立竿见影的计划更容易完成。其实，有一点我们不要忘记，夏天有个很好的优势就是昼长夜短，虽然天气比较炎热，但是早晨天亮得也比较早，相对还是非常清凉的，所以大家也容易早起。所谓一日之计在于晨，早上这段时间对我们来说是一段非常宝贵的时光，因此我们一定要好好把握住这一段时间。

很多人就喜欢在不冷不热的夏天早上学习，他们会很早起床，然后拿起书来阅读。还有的人喜欢利用早上的时间学习外语，锻炼自己的交际能力。有的人喜欢去锻炼身体。不管是什么样的计划，只要我们安排得合理，充分利用好每一段时光，相信我们的成功一定就在不远处。

3. 秋天是收获的季节，要尽情享受丰硕成果。

秋天是在春天和夏天开展的工作开花结果的丰收之季。例如，你在春天开

始了英语口语的学习，那么在这个季节你就可以安排一趟海外旅游，去验证一下你的实力。这个季节的时间还可以这样分配。因为这个季节一结束，马上就会进入冬天，所以总让人觉得提不起干劲。因此，如果你想要做点什么，就要抓住这个最后的机会。再加把劲，做完所有的事情。

此外，我们可以利用秋天让自己沉静下来，做一些比较文艺的事情。比如说去组织开展一些文艺活动，也可以利用闲暇时间在公园里读读书、看看杂志。此外我们还可以去一些铺满落叶的地方走走，享受寒冬来临前的这一美好时光。

4. 冬天适合反思过去。

我们要利用这个冬天认真思考，制订来年开春后的活动计划。整个冬天宅在室内，需要做的事情就是收集信息。要想在春天一吐在整个冬天无法放手大干的积郁，认真收集信息是必不可少的。然后，基于收集到的信息，制订计划。冬天就是这样的时节。

提到冬天大家都想到刺骨的寒风，冬日的温度可能真的把人们的热情给冰冻住了，因此人们更倾向于留在家里，很少有人愿意出去散步。所以说，上面我们提到的冬日计划对于大家来说是一种不错的选择。

在这里向大家介绍了分季节来制订计划的方法，但重点不是要大家完全按照这个标准来做。只要大家有意识地去划分时间段，并且分别给每段时间赋予不同的任务，就会收获不错的效果。

整理启示

每一个季节都有它不同的芬芳，我们要善于抓住每个季节的特点，与自己生活习惯相结合，让一年中的每一个时间段都发挥出最大的效率。

参考文献

[1]泉正人.超级整理术:工作效率是整理出来的[M].北京：中国友谊出版公司，2011.

[2] [日]小山龙介.整理的艺术[M].周洁，译.北京：世界图书出版公司，2012.

[3] [日]近藤麻理惠.怦然心动的人生整理魔法[M].徐明中，译.南京：译林出版社，2012.

[4]张一驰.你的效率是整理出来的:高效能人士的超级整理术[M].北京：中国商业出版社，2013.